CONTEÚDO DIGITAL PARA ALUNOS

Cadastre-se e transforme seus estudos em uma experiência única de aprendizado:

Escaneie o QR Code para acessar a página de cadastro.

Complete-a com seus dados pessoais e as informações de sua escola.

Adicione ao cadastro o código do aluno, que garante a exclusividade de acesso.

4877784A3038265

CB042194

Agora, acesse:
www.editoradobrasil.com.br/leb
e aprenda de forma inovadora e diferente! :D

Lembre-se de que esse código, pessoal e intransferível, é válido por um ano. Guarde-o com cuidado, pois é a única maneira de você utilizar os conteúdos da plataforma.

Editora do Brasil

TEMPO DE HISTÓRIA

RENATO MOCELLIN
- Mestre em Educação
- Professor do Ensino Médio

ROSIANE DE CAMARGO
- Pós-graduada em História do Brasil
- Professora do Ensino Fundamental e do Ensino Médio

COLEÇÃO
TEMPO HISTÓRIA 9
4ª edição
São Paulo, 2019.

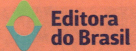

Dados Internacionais de Catalogação na Publicação (CIP)
(Câmara Brasileira do Livro, SP, Brasil)

Mocellin, Renato
　　Tempo de história, 9 / Renato Mocellin, Rosiane de Camargo. – 4. ed. – São Paulo: Editora do Brasil, 2019. – (Coleção tempo)

　　ISBN 978-85-10-07131-4 (aluno)
　　ISBN 978-85-10-07132-1 (professor)

　　1. História (Ensino fundamental) I. Camargo, Rosiane de. II. Título. III. Série.

19-23587　　　　　　　　　　　　　　　　　CDD-372.89

Índices para catálogo sistemático:
1. História: Ensino fundamental 372.89
Maria Alice Ferreira – Bibliotecária – CRB-8/7964

© Editora do Brasil S.A., 2019
Todos os direitos reservados

Direção-geral: Vicente Tortamano Avanso

Direção editorial: Felipe Ramos Poletti
Gerência editorial: Erika Caldin
Supervisão de arte e editoração: Cida Alves
Supervisão de revisão: Dora Helena Feres
Supervisão de iconografia: Léo Burgos
Supervisão de digital: Ethel Shuña Queiroz
Supervisão de controle de processos editoriais: Roseli Said
Supervisão de direitos autorais: Marilisa Bertolone Mendes

Supervisão editorial: Priscilla Cerencio
Edição: Agueda del Pozo e Andressa Pontinha
Assistência editorial: Felipe Adão e Ivi Paula Costa da Silva
Copidesque: Flávia Gonçalves, Gisélia Costa e Sylmara Beletti
Revisão: Alexandra Resende, Elaine Silva, Elis Beletti e Rosani Andreani
Pesquisa iconográfica: Daniela Chain Baraúna, Priscila Ferraz, Tatiana Lubarino e Odete Ernestina Pereira
Assistência de arte: Lívia Danielli
Design gráfico: Andrea Melo
Capa: Megalo Design
Imagens de capa: aapsky/Shutterstock.com; Everett Collection/Fotoarena; John Rodgers/Redferns/Getty Images e Minnesota Historical Society/CORBIS/Corbis via Getty Image
Ilustrações: Alex Argozino, Carlos Caminha, Carvall, Cristiane Viana, DAE (Departamento de Arte e Editoração), Fabio Nienow, Hélio Senatore, Paula Haydee Radi, Rogerio Soud e Rubens Lima
Produção cartográfica: Alessandro Passos da Costa, DAE (Departamento de Arte e Editoração), Studio Caparroz e Sonia Vaz
Coordenação de editoração eletrônica: Abdonildo José de Lima Santos
Editoração eletrônica: Select Editoração
Licenciamentos de textos: Cinthya Utiyama, Jennifer Xavier, Paula Harue Tozaki e Renata Garbellini
Controle de processos editoriais: Bruna Alves, Carlos Nunes, Rafael Machado e Stephanie Paparella

4ª edição, / 1ª impressão 2019
Impresso na Gráfica Santa Marta Ltda.

Rua Conselheiro Nébias, 887
São Paulo, SP – CEP 01203-001
Fone: +55 11 3226-0211
www.editoradobrasil.com.br

Prezado aluno,

Esta coleção foi pensada e escrita para você descobrir o prazer de estudar História.

Ao conhecer os fatos e as curiosidades do passado e entender os acontecimentos do presente, você perceberá que a história faz parte de seu cotidiano. Ao estudar História, somos convidados a observar a realidade e a procurar modificá-la de acordo com nosso papel na sociedade atual.

Esta coleção não esgota os assuntos e acontecimentos históricos, mas apresenta um panorama da história da humanidade, cujos fatos sempre podem ser revistos por meio da verificação das mesmas fontes ou à luz de novas descobertas. Portanto, a História está em constante processo de construção.

Desejamos que seu ano letivo seja de muitas descobertas e que esta obra o estimule a adquirir novos conhecimentos.

Os autores

SUMÁRIO

TEMA 1
República Oligárquica 8

CAPÍTULO 1 – A instauração da República 10

O Governo Republicano Provisório (1889-1891).......................10

O Governo Constitucional 11

O governo de Floriano Peixoto 12

A República Oligárquica.............................13

DIÁLOGO
O crescimento urbano de Manaus 16

ATIVIDADES 17

CAPÍTULO 2 – Conflitos sociais 18

Urbanização, indústria e imigração..................18

Movimentos sociais urbanos 20

Movimentos sociais rurais 21

DIÁLOGO
Lampião na literatura de cordel.................24

Movimento negro e atuação política 24

ATIVIDADES 25

CAPÍTULO 3 – O fim da República Oligárquica 26

O tenentismo e a Revolta dos 18 do Forte.....26

A crise da oligarquia 28

Cultura no início do século XX 30

LINK
Exposições universais 32

ATIVIDADES 33

FIQUE POR DENTRO
Pintores modernistas pelo Brasil.................34

LABORATÓRIO DA HISTÓRIA
A análise de uma canção 36

PANORAMA 38

TEMA 2
O mundo em convulsão 40

CAPÍTULO 1 – Primeira Guerra Mundial 42

Tensões na Europa..43

A eclosão da guerra..45

O fim da guerra 46

DIÁLOGO
As armas químicas da Primeira Guerra Mundial..................................48

ATIVIDADES 49

CAPÍTULO 2 – A Revolução Russa 50

O Império Russo...50

As mudanças sociais na Rússia czarista..........51

A revolução de 1905...51

A Revolução Bolchevique de 1917...................52

A guerra civil russa (1918-1921) 54

ATIVIDADES 55

CAPÍTULO 3 – A crise que abalou o mundo 56

As contradições dos Estados Unidos..............57

Crise de 1929..58

LINK
1929 e 2008: duas crises financeiras globais...............................60

ATIVIDADES 61

FIQUE POR DENTRO
Luta de trincheiras na Primeira Guerra Mundial..................................62

LABORATÓRIO DA HISTÓRIA
Fichas de estudo 64

PANORAMA 66

TEMA 3
Autoritarismo e guerras..... 68

CAPÍTULO 1 – Fascismo e nazismo 70
O fascismo na Itália 70
A ascensão do nazismo 72
ATIVIDADES 75

CAPÍTULO 2 – Autoritarismo em Portugal e Espanha 76
O Estado Novo em Portugal 76
A Guerra Civil Espanhola 77
ATIVIDADES 79

CAPÍTULO 3 – Autoritarismo no Brasil 80
A chegada de Getúlio Vargas ao poder 80
A Revolução de 1932 e a nova Constituição .. 81
O governo constitucional.........................82
O Estado Novo 83
LINK
Hora do Brasil.........................88
ATIVIDADES 89

CAPÍTULO 4 – Segunda Guerra Mundial 90
O início da guerra 90
O fim da guerra 92
DIÁLOGO
A bomba atômica 93
A criação da ONU e os direitos humanos 94
ATIVIDADES 95
FIQUE POR DENTRO
Campos de concentração.........................96
LABORATÓRIO DA HISTÓRIA
Elaborar um roteiro de análise fílmica 98
PANORAMA.........................100

TEMA 4
A Guerra Fria 102

CAPÍTULO 1 – Dois Estados para influenciar o mundo 104
Novas alianças, velhos inimigos 104
Plano Marshall 106
A era de ouro do capitalismo nos Estados Unidos.........................107
ATIVIDADES 109

CAPÍTULO 2 – A expansão comunista 110
O governo de Stalin 110
Domínio e resistência do Leste Europeu........112
A Revolução Chinesa.........................114
A Revolução Cubana 116
A Alemanha dividida 117
Os mísseis que abalaram o mundo 118
ATIVIDADES 119

CAPÍTULO 3 – Os conflitos bélicos 120
As guerras de procuração.........................120
A questão judaico-palestina.........................124
LINK
Zona industrial de Kaesong.........................126
ATIVIDADES 127
FIQUE POR DENTRO
Guerra nas estrelas 128
EXPLORANDO
O CINEMA Adeus Lênin!.........................130
PANORAMA.........................132

TEMA 5

O fim do neocolonialismo 134

CAPÍTULO 1 – O colonialismo no século XX 136
As guerras e o imperialismo 137
A Guerra Fria e um novo imperialismo........... 137
A fragilidade europeia e as libertações 138
ATIVIDADES 139

CAPÍTULO 2 – Emancipações na Ásia....................................... 140
Índia 141
O sul e o sudeste da Ásia................................ 142
Oriente Médio.. 143
ATIVIDADES 144

CAPÍTULO 3 – Emancipações na África..................................... 146
Crise do colonialismo na África....................... 146
Os processos de independência...................... 147
Desafios atuais 150
ATIVIDADES 151
FIQUE POR DENTRO
O pacifista Gandhi...................................... 152
LABORATÓRIO DA HISTÓRIA
Elaboração de um cartaz 154
PANORAMA 156

TEMA 6

Mudanças na América Latina 158

CAPÍTULO 1 – A América Latina e a Guerra Fria................................... 160
A "Aliança para o Progresso"........................... 161
O populismo no pós-guerra 161
ATIVIDADES 163

CAPÍTULO 2 – Reformas e revoluções 164
O populismo na Argentina 164
Reforma agrária e anti-imperialismo
na Guatemala.. 166
A via chilena para o socialismo....................... 167
Revolução Sandinista na Nicarágua 168
ATIVIDADES 169

CAPÍTULO 3 – O populismo no Brasil 170
O governo Dutra (1946-1951)........................... 170
A volta de Getúlio Vargas (1951-1954) 171
O governo de Juscelino Kubitschek
(1956-1961)... 172
O breve governo de Jânio Quadros (1961).... 173
O governo de João Goulart (1961-1964)......... 174
ATIVIDADES 175

CAPÍTULO 4 – Ditaduras na América Latina 176
O caso da Argentina 177
O regime do Chile 178
A ditadura no Uruguai 179
Militares no Paraguai....................................... 179
Os casos da Bolívia, Peru e Equador.............. 181
Redemocratização da América Latina........... 182
ATIVIDADES 183
FIQUE POR DENTRO
A construção de Brasília 184
EXPLORANDO
O CINEMA Machuca...................................... 186
PANORAMA 188

TEMA 7
Brasil: ditadura e democracia 190

CAPÍTULO 1 – Novo golpe de Estado 192

Antecedentes imediatos do golpe 193

Um golpe civil-militar? 194

Regime Militar: de Castelo Branco a Médici 195

ATIVIDADES 198

CAPÍTULO 2 – Violência e propaganda 200

Censura e propaganda política 201

Abertura política e fim do Regime Militar 201

O fim do governo militar 202

Cultura e resistência na Ditadura 203

ATIVIDADES 205

CAPÍTULO 3 – Redemocratização no Brasil 206

Diretas Já 206

A Constituição Cidadã 207

Políticas neoliberais 208

ATIVIDADES 211

CAPÍTULO 4 – O Brasil no século XXI 212

Políticas sociais 212

LINK
Lei Maria da Penha 216

ATIVIDADES 217

FIQUE POR DENTRO
Marcha da Família com Deus pela Liberdade 218

LABORATÓRIO DA HISTÓRIA
A montagem de um sarau 220

PANORAMA 222

TEMA 8
O mundo no tempo presente 224

CAPÍTULO 1 – O fim da URSS 226

Da URSS à CEI 226

A liberalização do Leste Europeu 227

O fim da Iugoslávia 227

As reformas na China 228

A Rússia pós-Guerra Fria 228

Nos Estados Unidos... 229

ATIVIDADES 231

CAPÍTULO 2 – As potências do século XXI 232

O que são países emergentes? 232

Formas alternativas de organização 236

ATIVIDADES 237

CAPÍTULO 3 – O mundo globalizado 238

Afinal, o que é globalização? 238

As manifestações no século XXI 240

ATIVIDADES 243

CAPÍTULO 4 – Guerra e paz 244

O terrorismo no século XXI 244

Refugiados de guerras e de terrorismos 245

LINK
Quem protege os cidadãos do Estado? 248

ATIVIDADES 249

FIQUE POR DENTRO
O mundo conectado pelas redes sociais 250

EXPLORANDO
OS MAPAS Os fluxos populacionais em diferentes tempos 252

PANORAMA 254

REFERÊNCIAS 256

Gustave Hastoy. *Assinatura do projeto de Constituição de 1891*, 1891. Aquarela sobre papel, 31 cm × 46 cm.

TEMA 1
República Oligárquica

NESTE TEMA
VOCÊ VAI ESTUDAR:

- a consolidação da República por meio de novas instituições políticas e de uma nova Constituição;
- os motivos que resultaram na Revolta da Armada e na Revolução Federalista;
- a urbanização e os conflitos sociais;
- as características da República Oligárquica, o tenentismo e a Revolução de 1930;
- a Semana de Arte Moderna de 1922 e as transformações culturais do período.

Durante os primeiros anos da República, a política brasileira foi conduzida pelos militares e pelas elites econômicas. O distanciamento entre os interesses desses grupos e os de grande parte da população provocou o surgimento de diversos movimentos contestatórios.

Você consegue imaginar que transformações políticas, econômicas e sociais ocorreram nesse período?

CAPÍTULO 1
A instauração da República

Neste capítulo, você vai estudar que não bastava proclamar a República: era preciso consolidá-la e criar instituições que a diferenciassem do império – ainda que as mesmas elites se mantivessem à frente da política e da economia brasileira.

Em 15 de novembro de 1889, com o golpe militar que derrubou a monarquia, o Brasil passou a adotar outra forma de governo: a República. O grupo que a proclamou era liderado pelo Marechal Deodoro da Fonseca, um militar monarquista que havia sido membro do governo imperial. Seu governo foi de 1889 a 1891, inicialmente como chefe do Governo Provisório e, depois, como presidente constitucional da República.

O Governo Republicano Provisório (1889-1891)

No Governo Provisório, Deodoro escolheu o advogado Rui Barbosa para o cargo de ministro da Fazenda. Com a ideia de mudar o perfil do país de agrário para industrial, Rui Barbosa buscou implementar medidas favoráveis a um processo de rápido crescimento das indústrias. Entre elas destacava-se a emissão de papel-moeda e a concessão de empréstimos para a abertura de novas empresas.

No entanto, a política econômica de Rui Barbosa teve consequências desastrosas. O país passou a enfrentar um grande descontrole financeiro, além do aumento do custo de vida e da inflação, da desvalorização da moeda e da **especulação** na bolsa de valores. A crise econômico-financeira brasileira foi gravíssima e entrou para a história com o nome de Encilhamento, pois os historiadores compararam o Brasil desse período a um hipódromo – lugar próprio para corridas de cavalo, onde os animais eram encilhados (selados) e se faziam apostas.

Diante dos problemas na área econômica, a impopularidade atingiu o governo de Deodoro. Somadas a isso, as políticas voltadas à indústria revoltavam os cafeicultores. As pressões das elites sobre o governo republicano recaíram no ministro Rui Barbosa, que renunciou em janeiro de 1891.

→ Charge "O Congresso e a Constituição", de Pereira Neto, sobre a promulgação da constituição de 1891 e a eleição do presidente e do vice-presidente em 15 de novembro. Publicada na *Revista Illustrada*, Rio de Janeiro, n. 615, março de 1891.

A Constituição de 1891

Ainda durante o Governo Provisório foi convocada uma Assembleia Constituinte. Entre os meses de novembro de 1890 e fevereiro de 1891, os constituintes reuniram-se para elaborar a primeira Constituição da República, tendo como modelo a Constituição dos Estados Unidos da América.

Promulgada em fevereiro de 1891, a Constituição dos Estados Unidos do Brasil previa o estabelecimento de três poderes – Executivo, Legislativo e Judiciário –, a adoção do presidencialismo e a separação entre a Igreja e o Estado. Também organizava o país em uma federação, composta de unidades federativas, o que dava mais autonomia aos estados para eleger os próprios governadores, elaborar seus regimentos, organizar a força militar e a Justiça estaduais e cobrar impostos.

A escolha dos governantes ocorria por meio do voto universal aberto, sem critério de renda: "São eleitores os cidadãos brasileiros maiores de 21 anos que se alistarem na forma da lei" (Art. 70). Estavam excluídos do sistema eleitoral os analfabetos, as mulheres, religiosos e alguns militares.

A Constituição de 1891 não excluía de forma explícita as mulheres; contudo, o direito ao voto dos cidadãos não alistáveis era vetado. Pela legislação complementar, as mulheres eram proibidas de se alistar, daí não terem o direito de votar.

O Governo Constitucional

Em fevereiro de 1891, a Assembleia Constituinte elegeu para presidente da República o próprio Marechal Deodoro da Fonseca e, para vice-presidente, o Marechal Floriano Peixoto. Floriano era o vice da chapa de Prudente de Morais, candidato derrotado na disputa presidencial, que era ligado aos cafeicultores paulistas. Naquela época, o presidente e o vice concorriam em eleições independentes. Assim, a vitória de um candidato a presidente não garantia que seu vice seria, necessariamente, o político que havia feito campanha com ele.

O governo de Deodoro sofreu muita oposição, principalmente por ter herdado a crise econômica e por ser considerado autoritário, exercendo grande centralização política. Diante dessa situação, Deodoro fechou o Congresso Nacional e decretou **estado de sítio**.

A reação foi imediata. Movimentos populares, encabeçados por políticos, cafeicultores e militares, eclodiram em vários lugares do país. Os ferroviários da Central do Brasil entraram em greve, e os militares da Marinha protagonizaram a Primeira Revolta da **Armada**, em 23 de novembro de 1891. Alguns centros da Marinha, entre eles o da Baía de Guanabara, revoltaram-se e ameaçaram bombardear a cidade do Rio de Janeiro, capital da república, caso o marechal não renunciasse.

Sem apoio político e militar, Deodoro renunciou à presidência em novembro de 1891. O vice-presidente, Floriano Peixoto, assumiu o governo.

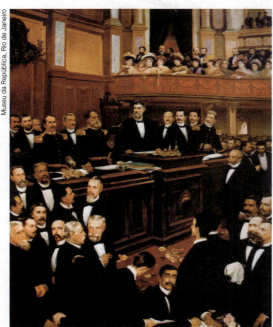

↑ Francisco Aurélio de Figueiredo. *Compromisso constitucional*, 1896. Óleo sobre tela, 3,3 m × 2,57 m.

GLOSSÁRIO

Armada: conjunto de navios pertencentes à Marinha de Guerra de um país.
Especulação: operação financeira oportunista, que aproveita as variações do mercado para conseguir lucros elevados.
Estado de sítio: suspensão temporária, parcial ou total, das garantias constitucionais com vistas a combater ameaça interna ou externa.

O governo de Floriano Peixoto

O Marechal Floriano Peixoto governou o país de 1891 a 1894. Por ser o segundo militar no poder, logo em seguida ao Marechal Deodoro, esse período ficou conhecido na história como República da Espada (1889-1894).

Floriano Peixoto adotou medidas de combate à inflação, além de promover outras ações de cunho popular, como a aprovação da lei de construção de casas populares e a diminuição do preço dos aluguéis residenciais. Apesar disso, seu governo sofreu forte oposição política, que chegou, inclusive, a ameaçar a estabilidade da República.

As reações contra o governo de Floriano concretizaram-se em duas grandes rebeliões: a Segunda Revolta da Armada (1893-1894) e a Revolução Federalista (1893-1895). Graças à violenta repressão a essas rebeliões e à sua postura autoritária, o presidente ficou conhecido como Marechal de Ferro.

A Segunda Revolta da Armada

Promovida por oficiais da Marinha, a Segunda Revolta da Armada começou no Rio de Janeiro, em setembro de 1893. Entre as motivações dos marinheiros estavam a reivindicação de maior participação política e a convocação de novas eleições. Na ocasião, sob a liderança de Custódio de Melo e Saldanha da Gama, os navios ancorados na Baía de Guanabara apontaram seus canhões para a cidade do Rio de Janeiro ameaçando bombardeá-la caso Floriano Peixoto não renunciasse.

O presidente decretou estado de sítio e, apoiado pelas forças do Exército brasileiro, pelo Partido Republicano Paulista (PRP) e por uma nova frota de navios, pôs fim ao movimento. Custódio de Melo seguiu com o navio para Santa Catarina, onde se aliou aos integrantes da Revolução Federalista.

↑ Fortificação provisória durante a Revolta da Armada, Rio de Janeiro (RJ), 1894. Fotografia de Juan Gutierrez.

A Revolução Federalista

Em fevereiro de 1893, no Rio Grande do Sul, teve início uma revolta liderada por políticos contrários à política autoritária do presidente do estado, Júlio de Castilhos, que recebia apoio do governo de Floriano Peixoto. Essa revolta logo transformou-se em conflito armado, que só terminou em 1895, após o fim do mandato do presidente.

Os grupos em confronto representavam dois quadros políticos: o federalista e o republicano. Os federalistas, liderados pelo fazendeiro Gaspar Silveira Martins, eram apelidados de "maragatos". Eles queriam estabelecer uma República parlamentar e divergiam das posições políticas estabelecidas no governo de Floriano Peixoto. Sob a liderança de Júlio de Castilhos, chefe do governo gaúcho, os republicanos — apelidados de "pica-paus" — apoiavam um governo forte e centralizado, representado por Floriano.

As movimentações dos federalistas expandiram o movimento para os estados de Santa Catarina e Paraná. Nas lutas ocorridas em Santa Catarina, os federalistas uniram-se aos revoltosos da Armada e, no final de 1893, ocuparam a cidade de Desterro, declarando-a capital do governo federalista catarinense. Foi instalado, então, um governo provisório, já que a intenção dos dois grupos de revoltosos era a mesma: destituir o presidente do poder.

Os federalistas invadiram o Paraná por três frentes: Paranaguá, Tijucas e Lapa, onde houve forte resistência. Curitiba foi ocupada. O objetivo dos rebeldes era derrubar o governo de Floriano Peixoto — e não restaurar a monarquia, como a propaganda oficial divulgava. O marechal reagiu, com o apoio do estado de São Paulo, e partiu para a contraofensiva. A inferioridade bélica fez com que os rebeldes batessem em retirada. Mas a resistência continuou no Rio Grande do Sul até 1895. A morte de Gumercindo Saraiva, principal comandante federalista, fez com que a derrota fosse irreversível. Um acordo de paz só seria assinado no governo de Prudente de Morais.

A guerra civil que atingiu os três estados sulinos deixou um saldo de mais de 10 mil mortos.

Apesar de ter sido responsável pela violenta repressão em Santa Catarina, Floriano Peixoto foi homenageado pelos vencedores, que rebatizaram a cidade de Desterro com o nome de Florianópolis. Para alguns estudiosos do assunto, mais do que uma "homenagem", foi uma forma simbólica do governo de impor, aos derrotados, a figura do presidente.

A República Oligárquica

O sucessor de Marechal Floriano na Presidência foi Prudente de Morais, eleito por voto direto.

O período denominado República Oligárquica (1894-1930) corresponde à fase em que o Brasil foi governado por civis ligados à oligarquia rural, principalmente de São Paulo e Minas Gerais. Durante todos esses anos, cabia aos oligarcas paulistas (cafeicultores) e mineiros (pecuaristas) fazer acertos e alianças para escolher quem venceria as eleições. Outros estados, como o Rio Grande do Sul e a Paraíba, também participavam dos arranjos políticos e buscavam garantir seus interesses.

Devido às atividades econômicas dos mineiros e paulistas, a política desse período ficou conhecida como Política do Café com Leite, termo pouco utilizado pelos historiadores atualmente. Durante esse período, sucederam-se no governo os presidentes listados no quadro a seguir.

Nome	Período de governo	Profissão e procedência
Prudente de Morais	1894-1898	cafeicultor paulista
Campos Sales	1898-1902	fazendeiro paulista
Rodrigues Alves	1902-1906	fazendeiro paulista
Afonso Pena	1906-1909	político mineiro
Nilo Peçanha (vice de Afonso Pena)	1909-1910	cafeicultor fluminense
Hermes da Fonseca	1910-1914	militar e político gaúcho
Wenceslau Brás	1914-1918	político mineiro
Delfim Moreira (vice de Rodrigues Alves, que faleceu antes de assumir)	1918-1919	político mineiro
Epitácio Pessoa	1919-1922	político paraibano
Arthur Bernardes	1922-1926	político mineiro
Washington Luís	1926-1930	político paulista, nascido no Rio de Janeiro

O poder político

Durante a República Oligárquica, o poder foi dividido entre dois partidos: o Partido Republicano Paulista (PRP) e o Partido Republicano Mineiro (PRM). A estrutura política brasileira e o processo eleitoral garantiam a manutenção das oligarquias no governo por meio de dois instrumentos: o voto de cabresto e a comissão verificadora de poder.

Como o voto era aberto, estava sujeito à influência direta dos coronéis, donos de terras que tinham grande prestígio em sua região e atuavam como chefes locais. Cabia a eles a tarefa de pressionar os eleitores sob seu domínio para que votassem no candidato de sua preferência. O sistema envolvia troca de favores, como promessa de empregos, ajuda na alimentação e garantia de segurança, mas também ameaças. Quem se negasse a obedecer às determinações do coronel enfrentava a violência dos capangas ou jagunços de seu grupo.

Assim, o voto aberto era um fator que possibilitava o controle do coronel em seus **currais eleitorais**. Tal estrutura era conhecida como coronelismo. As fraudes também eram comuns, como falsificação de documentos para menores e analfabetos votarem.

O outro instrumento de poder no período era a comissão verificadora. Formada por integrantes do Congresso, ela tinha a função de julgar os resultados das eleições. Embora fizesse parte do Poder Legislativo, essa comissão era composta de representantes das oligarquias e, portanto, orientada à defesa de seus interesses. Assim, o candidato da oposição não conseguia ganhar as eleições: ainda que tivesse votos para isso, os resultados poderiam ser distorcidos.

Política dos Governadores

Campos Sales, o presidente que tomou posse depois de Prudente de Morais, estabeleceu uma política de apoio recíproco entre o governo federal e os governos estaduais. Esse sistema, que ficou conhecido como Política dos Governadores, consistia na troca de favores entre o presidente e os governantes. Interessados nos recursos financeiros e em outros auxílios, os governos estaduais favoreciam o presidente da República na eleição dos membros do Congresso Nacional. Desse modo, com a ajuda dos governadores, eram eleitos deputados e senadores favoráveis às políticas presidenciais.

Essa prática no plano federal tinha como base de sustentação o coronelismo que imperava em âmbito local.

> **GLOSSÁRIO**
>
> **Curral eleitoral:** região onde os eleitores eram intimados pelos coronéis a votar em determinados candidatos.

Charge "As próximas eleições... de cabresto", de Alfredo Storni, sobre o voto de cabresto, publicada na revista *Careta*, ano 20, n. 974, em 19 de fevereiro de 1927.

Economia na República Oligárquica

Durante a República Oligárquica, o Brasil continuou a ser um país exportador de produtos agrícolas. O café mantinha-se como o principal produto de exportação brasileiro, mas outras atividades econômicas destacaram-se nesse período, entre elas a exploração do látex e o cultivo do cacau.

O café

Desde o início do século XIX, o café era uma importante fonte de **receita** para o país. Por volta de 1880, tornou-se o principal produto de exportação do Brasil. No início do século XX, o crescimento excessivo da produção gerou uma crise de superprodução de café, o que diminuiu muito seu preço no mercado externo.

GLOSSÁRIO
Receita: valor recebido, arrecadado ou apurado pelo Estado.

Em 1906, na reunião que ficou conhecida como convênio de Taubaté, os governantes dos maiores estados produtores de café – Rio de Janeiro, São Paulo e Minas Gerais –, ao lado dos representantes dos cafeicultores, decidiram que o governo federal teria de comprar parte da produção para estocá-la. Essa medida tinha o objetivo de diminuir a oferta do produto no mercado, elevando novamente seu preço. Além disso, os cafeicultores comprometeram-se a estimular o consumo interno e não aumentar as áreas de plantio.

Entretanto, nos anos seguintes, os cafeicultores aproveitaram a alta de preços no mercado internacional para ampliar a produção em outras áreas no interior de São Paulo, Minas Gerais e Espírito Santo. O governo manteve o acordo, o que lotava os armazéns de estocagem. Nos anos finais da década de 1920, as safras foram recordes, e o governo teve de fazer empréstimos internacionais para segurar o mercado, aumentando seu endividamento.

Em 1929 ocorreu a Quebra da Bolsa de Nova York, causada pelo descompasso entre os valores do mercado de ações e a superprodução nos Estados Unidos. As consequências foram gravíssimas: empresas quebraram, trabalhadores ficaram desempregados e a fome espalhou-se pelo país. Como a economia dos Estados Unidos, maior comprador do café brasileiro, ficou comprometida, a exportação do café teve grande queda e, na tentativa de manter os preços, milhares de sacas do grão foram queimadas pelos produtores e governo.

Queima de café em Santos após a Crise de 1929. Cartão-postal com fotografia de Theodor Preising.

O cacau

O cacau produzido no sul da Bahia, principalmente em Itabuna e Ilhéus, também tornou-se um produto de exportação. Entre os séculos XIX e XX, impulsionadas pela industrialização do chocolate, as plantações de cacau em grandes fazendas aumentaram, enriquecendo os produtores. Entretanto, isso não durou muito: a concorrência da produção inglesa em suas colônias africanas fez a produção de cacau entrar em declínio.

A borracha amazônica

Os anos de 1870 a 1920 foram marcados pelo apogeu da extração do látex, líquido branco retirado da seringueira, uma árvore comum na região amazônica. Do látex obtém-se borracha natural, produto que chegou a representar 40% das exportações brasileiras no período.

Quando o Brasil detinha o monopólio na venda da borracha, as indústrias europeias e estadunidenses dependiam da borracha natural brasileira para fabricar pneus e produtos como elásticos, solas de sapato e outros bens de consumo. Manaus, capital do Amazonas, e Belém, no Pará, urbanizaram-se com os lucros obtidos por meio da exploração do látex.

A partir de 1910, entretanto, os ingleses levaram sementes de seringueiras da Amazônia para suas colônias na Ásia. Logo, essas regiões passaram a produzir borracha a preços mais baixos, o que causou a decadência da produção brasileira, gerando desemprego e uma crise generalizada na região amazônica.

FORMAÇÃO CIDADÃ

A prática de grilagem de terras é comum há muitos anos em vários lugares do Brasil, principalmente na região amazônica. Você já ouviu falar em grilagem? Sabe em que consiste essa prática e quais são os impactos dela nos conflitos de terra nessa região? Se necessário, faça uma pesquisa para levantar essas informações.

DIÁLOGO

O crescimento urbano de Manaus

A cidade de Manaus foi fundada no século XVII como um forte para a proteção da região norte do Brasil. Mas foi no começo do século XX, após ter passado por diversas transformações, que a cidade ficou conhecida mundialmente, atraindo migrantes e investimentos estrangeiros.

Graças à prosperidade obtida com a extração do látex, Manaus urbanizou-se e orientou sua economia para atender a essa crescente demanda mundial. Com o passar do tempo, a cidade ganhou serviços de transporte coletivo por bondes elétricos, telefonia, eletricidade e água encanada, além de um porto flutuante. Manaus tinha ruas retas e longas, calçadas de granito e outras pedras, praças, jardins, fontes e monumentos, um teatro, hotéis, estabelecimentos bancários e palacetes, típicos de uma cidade modernizada. Em 1900, a população manauara já atingia o número de 20 mil habitantes.

Manaus também foi referência internacional nas discussões sobre doenças tropicais, saneamento básico e saúde pública, promovendo ações nessa área em parceria com cientistas internacionais, como a que chegou a erradicar a febre amarela.

↑ Rua Municipal (atual 7 de Setembro) vista da Avenida Eduardo Ribeiro, Manaus, Amazonas, c. 1907. Cartão-postal com fotografia de George Huebner.

1. Que aspectos podemos destacar da urbanização de Manaus durante o final do século XIX e início do século XX?

ATIVIDADES

SISTEMATIZAR

1. Que diferenças podem ser identificadas entre a Constituição republicana de 1891 e a Constituição monárquica de 1824?

2. O ministro da Fazenda, Rui Barbosa, tomou algumas medidas durante o governo provisório de Deodoro da Fonseca para mudar o perfil do Brasil de agrário para industrial. Que medidas foram essas?

3. A República Oligárquica durou de 1894 a 1930 no Brasil. Que mecanismos foram utilizados pelas oligarquias paulistas e mineiras para manterem-se no poder durante esse período?

4. O que foi o Convênio de Taubaté e como ele interferiu na economia nacional?

5. Observe a charge da página 14 e explique a questão política satirizada na imagem.

REFLETIR

1. Observe a reprodução da obra *Compromisso constitucional*, do artista Francisco Aurélio, na página 11. Em seguida, faça o que se pede.
   a) Com base no que você estudou neste capítulo e na observação da obra, explique o que ela retrata.
   b) Explique como era a participação da mulher na vida pública da sociedade brasileira no período representado na obra.

2. Observe a imagem ao lado e responda às perguntas.
   a) O que Storni representou na charge?
   b) A charge reproduz uma característica marcante da República Oligárquica. Qual é essa característica? Explique como você chegou a essa conclusão.

→ Charge "A fórmula democrática", de Storni, publicada na revista *Careta*, ano 18, n. 897, em 29 de agosto de 1925.

3. Leia o texto e faça o que se pede.

   Distribuir dentaduras em troca de votos parece coisa do passado. Em Foz do Iguaçu, no oeste do Paraná, a Polícia Federal encontrou eleitores vendendo seus votos em troca de aparelhos ortodônticos.

   Disponível em: <www1.folha.uol.com.br/fsp/poder/67098-com-dentadura-ultrapassada-voto-agora-e-comprado-com-aparelhos-ortodonticos-no-pr.shtml>. Acesso em: fev. 2019.

   • Estabeleça um paralelo entre o texto acima e o voto de cabresto. Em seguida, dê sua opinião sobre ambos os fatos.

DESAFIO

1. A Constituição de 1891 apresentou mudanças significativas na democracia em relação à Constituição de 1824. Faça uma pesquisa sobre a atual Constituição brasileira e aponte alguns dos aperfeiçoamentos que ela proporcionou à democracia no país.

17

CAPÍTULO 2 Conflitos sociais

No capítulo anterior, você viu como os atores que conduziram o processo político da Proclamação da República no Brasil praticamente excluíram a participação dos setores populares. Neste capítulo, você vai estudar a industrialização, os fluxos migratórios e o crescimento das cidades brasileiras. Nele também é possível perceber a força política do povo no período.

Urbanização, indústria e imigração

Durante as primeiras décadas do século XX, o Brasil passou por um significativo crescimento industrial. Essa industrialização foi promovida principalmente pelos lucros no setor cafeeiro e por investimentos estrangeiros, que permitiram acumulação de capital. Cidades como São Paulo, Rio de Janeiro e Porto Alegre transformaram-se em grandes centros industriais e, ao fim da década de 1920, a indústria nacional superou, pela primeira vez, a renda garantida pela agricultura.

Ao mesmo tempo, a imigração permaneceu intensa, principalmente com destino a cidades no sul e sudeste do país. Diversos imigrantes, na maioria vindos da Europa, mas também do Japão e do Oriente Médio, eram encaminhados para as lavouras, onde se estabeleciam — ou, tempos depois, partiam dessas lavouras para as cidades. Os imigrantes urbanos eram normalmente empregados nas indústrias ou nos serviços de infraestrutura.

GLOSSÁRIO

Fonógrafo: aparelho utilizado para reproduzir sons gravados em discos.
Telégrafo: sistema de envio de mensagens por meio de sinais convencionados.

As cidades também ofereciam outras oportunidades de trabalho, como o comércio ambulante, as profissões liberais e os empregos na rede de serviços públicos e privados. Nelas, estavam disponíveis cada vez mais tecnologias. Luz elétrica, telefone, **telégrafo**, **fonógrafo**, carros e máquinas de escrever eram algumas das modernidades que chegavam principalmente às cidades de São Paulo e Rio de Janeiro, mudando a vida de parte da população que tinha acesso a essas tecnologias.

O processo de urbanização foi um dos elementos importantes para o desenvolvimento industrial nas principais cidades brasileiras. Outro fator em destaque, também indissociável desse processo, foi a imigração, já que os imigrantes constituíram grande parte da mão de obra urbana e contribuíram para a formação cultural e social das cidades.

Vilas operárias eram construídas próximo às fábricas para abrigar a grande quantidade de trabalhadores e suas famílias. Muitos bairros operários até foram formados majoritariamente por imigrantes — por exemplo o Brás, reduto italiano em São Paulo.

Como o preço das habitações aumentava e não havia acomodação para tantas pessoas, surgiram os cortiços, habitações coletivas instaladas de maneira precária nos antigos casarões de famílias ricas.

← Rua 15 de Novembro, vista do Largo da Sé, sentido Praça Antônio Prado, São Paulo (SP), c. 1910.

O operariado e suas lutas

A vinda dos imigrantes para o Brasil era motivada pela busca de melhores oportunidades e condições de vida. Muitos deles – principalmente aqueles que chegaram já no século XX – tinham experiência, adquirida em seu país de origem, e conseguiram emprego como operários nas novas indústrias.

O cotidiano nas fábricas incluía extensas jornadas de trabalho que iam de 12 a 16 horas por dia, às vezes sete dias por semana. Os ambientes fabris eram geralmente sujos, escuros e mal ventilados. Como os salários eram baixos e havia muita pobreza, muitas vezes era necessário que toda a família trabalhasse, até mesmo as crianças.

Os operários que se estabeleceram em maior número em São Paulo – sobretudo os italianos – eram mais politizados e passaram a contestar a exploração a que eram submetidos. Em torno desses questionamentos, especialmente com base em ideias anarquistas e socialistas trazidas da Europa, o movimento operário cresceu. Seus membros lutavam por melhores salários e condições de trabalho.

Em 1917, uma grande greve paralisou a cidade de São Paulo e espalhou-se pelo país, desencadeando muitas mobilizações proletárias em diversas cidades: Rio de Janeiro, Santos, Porto Alegre, Niterói, Recife, Salvador, Juiz de Fora e Petrópolis. O evento transformou-se na primeira Greve Geral do Brasil.

Apesar da mobilização massiva na maioria das vezes, as reivindicações dos operários, não eram atendidas. Os patrões contavam com o apoio do governo, que tratava o movimento operário como um problema da polícia. A repressão policial aos grevistas era severa e incluía prisões e deportação dos estrangeiros que fossem considerados agitadores.

Após muita pressão do movimento operário, algumas normas e leis foram sendo estabelecidas para regulamentar o trabalho e garantir benefícios. Entre elas estão, por exemplo, a Lei de Férias de 1925, que garantia 15 dias de descanso anual remunerado aos trabalhadores urbanos, e o Código de Menores de 1927, que proibia o trabalho de menores de 14 anos e determinava jornada máxima de 6 horas para os menores de 18 anos.

No entanto, essas determinações nem sempre eram respeitadas. Os donos das fábricas se uniam e interferiam diretamente na elaboração das leis por meio de pressão política, ou, em muitos casos, simplesmente as ignoravam.

Trabalho infantil na Fábrica Santana, da Companhia Nacional de Tecidos de Juta, São Paulo (SP), maio de 1931, durante a gestão de Lindolfo Collor no Ministério do Trabalho.

Movimentos sociais urbanos

Os movimentos sociais são resultado da organização política dos membros da sociedade civil, que se unem para expressar sua insatisfação a respeito de alguma situação, reivindicar melhorias ou buscar garantias contra os diferentes tipos de injustiças sociais. Unidos, grupos com os mesmos propósitos tentam pressionar o Estado na luta por direitos em diversas áreas, como moradia, educação e saúde.

Nas primeiras décadas do século XX, eclodiram vários movimentos sociais no Brasil. Entre eles estavam as lutas operárias em prol de melhorias nas condições de trabalho e de habitação nas áreas urbanas. Além delas, a Revolta da Vacina e a Revolta da Chibata são exemplos de movimentos sociais urbanos da época da República Oligárquica.

Revolta da Vacina (1904)

No início do século XX a cidade do Rio de Janeiro enfrentava diversos problemas de infraestrutura. Com o crescimento rápido e desordenado da cidade, grande parte da população vivia em cortiços sem saneamento básico, tratamento de água ou coleta de lixo eficiente. Estreitas e sujas, as ruas chegavam a impressionar visitantes por causa do mau cheiro.

Diante dessa situação, o presidente Rodrigues Alves (1902-1906), ao assumir o governo, implementou uma política de reforma urbana na cidade. A reforma consistia em alargar ruas e modernizá-las aos moldes das capitais europeias, e, para isso, era necessário demolir casarões velhos – justamente onde moravam muitas pessoas pobres.

Grande parte foi obrigada a instalar-se na periferia da cidade, longe do local de trabalho e lazer, o que causou grande insatisfação popular. Ao mesmo tempo, Rodrigues Alves autorizou o médico higienista Oswaldo Cruz a vacinar em massa a população carioca contra a epidemia de varíola, e o Congresso Nacional tornou a vacinação obrigatória.

Havia, no entanto, um desconhecimento generalizado sobre o que era a vacina e os efeitos que ela causaria, assim como sobre o fato de que ela poderia prevenir muitas mortes pelo contágio. Sem uma campanha prévia de esclarecimento público, as vacinas foram aplicadas pelos agentes sanitários compulsoriamente, o que gerou grande descontentamento popular no Rio de Janeiro.

Em 10 de novembro de 1904, bondes foram quebrados, lojas foram saqueadas e postes foram depredados. A população foi às ruas para protestar, e muitas pessoas morreram nos dez dias dos confrontos com as tropas oficiais. O governo agiu com rigidez prendendo centenas de pessoas e enviando-as para o Acre.

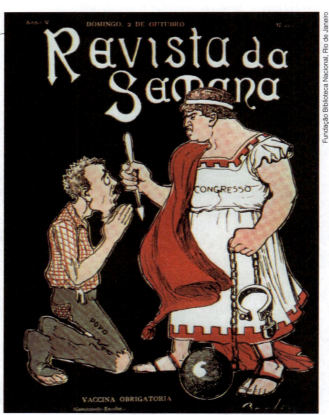

Capa da *Revista da Semana*, de outubro de 1904, com charge criticando a vacinação.

Revolta da Chibata (1910)

Nas primeiras décadas do século XX, o Brasil contava com uma das melhores armadas do mundo. Essa modernidade, porém, não contemplava o recrutamento, a direção dos marujos e o tratamento dispensado a eles. Havia também um grande abismo social entre oficiais e marujos.

Os marinheiros trabalhavam em condições insalubres e, para manutenção da disciplina, prevalecia o regime da chibata, uma espécie de chicote usado para punir os marinheiros insubordinados.

Em novembro de 1910, após esse castigo ser aplicado a um marinheiro (que recebeu 250 chibatadas), seus companheiros, liderados pelo cabo João Cândido, tomaram os navios que estavam na Baía de Guanabara e ameaçaram bombardear a cidade caso suas exigências não fossem atendidas. Eles pediam o fim dos castigos físicos e o reajuste de seus honorários, além de uma alimentação melhor e **anistia** aos rebeldes.

O governo concordou com as demandas, e os marinheiros desembarcaram pacificamente dos navios. No entanto, a promessa não foi cumprida. Assim, muitos deles morreram em circunstâncias suspeitas e 17 foram presos. Desses, apenas dois sobreviveram.

Um deles, João Cândido, líder da revolta, foi internado num hospital para doentes mentais, onde permaneceu por dois anos. Ele era um dos muitos afrodescendentes entre os marinheiros, motivo pelo qual passou a ser conhecido na história como o Almirante Negro.

> **GLOSSÁRIO**
>
> **Anistia:** perdão concedido pelo poder público.

↑ Capa do jornal *Gazeta de Notícias*, de 31 de dezembro de 1912, com matéria sobre a libertação de João Cândido.

Movimentos sociais rurais

A estrutura econômica do país, baseada na grande propriedade e na produção agropecuária para exportação, formou, sobretudo no interior, uma classe de despossuídos. Para sobreviver, eles eram obrigados a submeter-se ao esquema de exploração dos coronéis.

A população sertaneja sofria com a falta de terra própria para plantar, por isso oferecia sua força de trabalho em troca de baixos salários. Assim, buscando superar essa condição, muitos sertanejos uniram-se, dando origem a importantes movimentos populares que marcaram as primeiras décadas da República.

Os movimentos de Canudos e do Contestado são chamados de messiânicos porque seus membros apegaram-se a líderes religiosos ou espirituais. Tais líderes são caracterizados pelo carisma, talento que os fez serem vistos como guias espirituais e morais, tendo extremo prestígio em seu grupo ou comunidade.

↑ Ilustração "Antônio Conselheiro rechaça a República", de Ângelo Agostini, publicada na *Revista Illustrada*, n. 726, em janeiro de 1897.

Canudos

Canudos foi o nome dado ao **Arraial** de Belo Monte, no interior da Bahia, fundado pelo cearense Antônio Vicente Mendes Maciel, conhecido como Antônio Conselheiro. Considerado um "homem santo" pelos sertanejos, Conselheiro reuniu seguidores e os conduziu até o sertão baiano, às margens do rio Vaza-Barris, onde praticamente foi erguida uma cidade.

Diante do crescimento do reduto – que chegou a abrigar 25 mil pessoas, tornando-se o local mais populoso do interior da Bahia –, os grupos dominantes começaram a ficar incomodados. Os fazendeiros receavam perder a mão de obra barata de que dispunham, e a Igreja não queria perder seus fiéis e seu poder.

Para os **mandatários** e governantes, Canudos não podia continuar existindo, pois representava uma **subversão** da ordem e prejudicava os negócios. Mesmo no Rio de Janeiro, capital do Brasil naquele momento, Canudos era visto como uma ameaça, pois os discursos de Antônio Conselheiro tinham viés monarquista.

Assim, em 1896, o governo enviou tropas para atacar o povoado. Estava iniciada a guerra contra os sertanejos, que durou até o ano seguinte. A destruição do Arraial não foi fácil: os sertanejos adotaram táticas de guerrilha, conforme relatou o escritor Euclides da Cunha, que foi correspondente do jornal *O Estado de S. Paulo*. Com armas rudimentares, eles impuseram sérias perdas às forças estaduais e federais. As baixas foram inúmeras.

Somente a quarta expedição, formada por mais de 5 mil homens e equipada com canhões alemães da marca Krupp, tomou Canudos, em outubro de 1897, depois de enfrentar forte resistência. O extermínio do povoado não representou, porém, o fim da razão fundamental de seu surgimento: as profundas contradições do sistema de poder baseado na estrutura latifundiária e agroexportadora.

> **GLOSSÁRIO**
>
> **Arraial:** povoado pequeno.
> **Contestado:** região de domínio controverso.
> **Mandatário:** indivíduo que exerce mandato.
> **Subversão:** atitude ou ação vista pelas autoridades oficiais como perigosa à ordem vigente.

Tropas reunidas para atacar Canudos, em 1897.

Flávio de Barros - Museu da República, Rio de Janeiro

O Movimento do Contestado

Em 1906, um grupo estrangeiro, por intermédio da Brazil Railway Company, adquiriu concessão pública para construir a Estrada de Ferro São Paulo-Rio Grande, que atravessaria a região **contestada** entre Paraná e Santa Catarina. Para viabilizar a obra, os colonos foram expulsos de suas terras, "legalmente" adquiridas pela companhia. Muitos outros que viviam da extração de madeira sofreram com a concorrência desleal e foram à falência, o que aumentou o número de pobres que viviam na região.

Sob a liderança religiosa do "monge" José Maria, que era visto pelos camponeses locais como um santo, comunidades foram se organizando em Taquaruçu, no estado de Santa Catarina. No povoado, formado pelo monge e seus seguidores, não havia propriedade de terra nem cobrança de impostos. Os fazendeiros locais ficaram preocupados com a disseminação dessas ideias e, com o auxílio das forças policiais do governo, expulsaram os camponeses dali.

O povoado, então, estabeleceu-se em Irani, no Paraná. No entanto, como a região estava na área contestada, o governo paranaense considerou que se tratava de uma invasão de catarinenses.

Comandadas pelo coronel João Gualberto, as tropas do regimento de segurança do Paraná atacaram os sertanejos. No combate, o monge e o comandante das tropas paranaenses foram mortos. A princípio, os sertanejos sobreviventes se dispersaram, mas depois voltaram a formar novos redutos. Embora constantemente atacados por forças militares, os redutos resistiam.

↑ Tropas enviadas para combate na região do Contestado, década de 1910.

O envio de tropas do Exército com farta munição possibilitou um cerco aos rebeldes. A falta de alimentos, as doenças e as dissidências acabaram com a resistência sertaneja. Os rebeldes foram derrotados em 1916. A guerra que se travou na região juridicamente disputada por Paraná e Santa Catarina prolongou-se por quatro anos (1912-1916). Em agosto de 1916, após o fim dos conflitos, os governadores do Paraná e de Santa Catarina assinaram um "Acordo de Limites", dividindo entre si o território contestado.

O cangaço

O cangaço surgiu na época do Império e chegou ao apogeu na década de 1920 em várias regiões do Nordeste. O movimento, chamado de "banditismo social", teve como causa a estrutura econômica e social de então, que privilegiava os grandes proprietários e gerava injustiças sociais. Principalmente no meio rural, a miséria, a falta de condições mínimas para sobrevivência, o abandono pelas autoridades e a exploração faziam parte do cotidiano de grande parte da população. Isso contribuía para a formação de bandos armados e acirrava as rivalidades entre famílias locais.

O cangaço, na forma de grupos independentes, difundiu-se entre 1877 e 1879, quando o Nordeste foi atingido por uma enorme seca. Nesse contexto, homens do povo juntaram-se em grupos e **perambularam** pelo sertão atacando fazendas, povoados e cidades em busca de armas, munições e mantimentos.

Todos os grupos tinham seus líderes. Os mais famosos foram Antônio Silvino e Virgulino Ferreira da Silva, o Lampião. Este último foi o que mais tempo permaneceu no cangaço e o que mais povoou o imaginário popular. A partir de 1930, um a um, os grupos foram sendo desmantelados pela repressão dos governos. O bando de Lampião foi aniquilado em 1938.

→ Cartaz de 1930 que oferece recompensa pela captura de Lampião.

GLOSSÁRIO

Perambular: caminhar sem rumo definido.

DIÁLOGO

Lampião na literatura de cordel

A literatura de cordel é um gênero literário popular originado de relatos orais, escrito em forma de rimas e impresso em folhetos. Os cordéis foram originalmente difundidos no contexto do Renascimento cultural na Europa, quando se tornaram populares as impressões de relatos orais vendidas em forma de pequenos poemas. O nome dado a esse tipo de literatura deriva da maneira pela qual esses folhetos são tradicionalmente expostos para venda: pendurados em cordas, cordéis ou barbantes.

No Brasil, um dos personagens mais populares nessa forma de verso é Virgulino Ferreira da Silva, o Lampião, que até hoje ainda figura em vários folhetos de cordel. O mais famoso folheto sobre o rei do cangaço foi *A chegada de Lampião no inferno*, de José Pacheco.

1. O que é literatura de cordel?
2. De que modo a biografia de Lampião foi registrada pela literatura de cordel?

Movimento negro e atuação política

Durante o Império, muitos jornais de caráter republicano tiveram papel fundamental na propagação das ideias republicanas. Nesse período foram criados também jornais voltados para a causa abolicionista, que compunham a Imprensa Negra, aumentando a quantidade de publicações de expressão no final do século XIX.

Os jornais *Treze de Maio*, do Rio de Janeiro, fundado em 1888, e *A Pátria: Órgão dos Homens de Cor*, de julho de 1889, de São Paulo, foram destaques da Imprensa Negra do período. Com a Proclamação da República, novos periódicos passaram a fazer parte desse nicho, entre os quais estavam *O Exemplo*, de Porto Alegre, fundado em 1892, e *O Progresso*, de São Paulo, criado em 1899.

A tiragem dessas publicações costumava ser pequena. Elas eram geralmente distribuídas nas associações recreativas e culturais da comunidade negra. Por vezes, eram feitas de forma improvisada, em instalações precárias, evidenciando o modo artesanal pelo qual eram produzidas.

Os jornais da Imprensa Negra que tiveram maior longevidade no período pós-abolição e durante o século XX foram *O Exemplo* e *A Alvorada*. O primeiro iniciou suas atividades em 1892, na cidade de Porto Alegre (RS), e as encerrou na década de 1930. *A Alvorada*, por sua vez, era publicada em Pelotas, no mesmo estado, e circulou com breves interrupções entre 1907 e 1965. Esses dois periódicos destoaram dos demais jornais da Imprensa Negra da época em virtude da produção profissional. *A Alvorada* possuía correspondentes em São Paulo, Rio de Janeiro e Portugal.

As publicações da Imprensa Negra tiveram papel fundamental nos movimentos sociais e na divulgação da cultura afro-brasileira, além de apresentarem-se como formas de resistência da população afrodescendente do Brasil e de combate aos resquícios de discriminação racial ainda presentes na sociedade.

Capa do jornal *O Exemplo*, edição de 1º de janeiro de 1894.

ATIVIDADES

SISTEMATIZAR

1. Descreva como se deu o desenvolvimento industrial brasileiro no início do século XX.

2. Por que as cidades eram mais atraentes para os imigrantes europeus que vieram ao Brasil? Explique.

3. Explique o processo de formação do movimento operário nas cidades industrializadas no início do século XX.

4. Que motivos culminaram na eclosão da Revolta da Chibata? Quais eram as reivindicações dos rebelados?

REFLETIR

1. Leia o texto e responda às questões.

> Canudos não se rendeu. Exemplo único em toda a História, resistiu até ao esgotamento completo. Expugnado palmo a palmo, na precisão integral do termo, caiu no dia 5, ao entardecer, quando caíram os seus últimos defensores, que todos morreram. Eram quatro apenas: um velho, dois homens feitos e uma criança, na frente dos quais rugiam raivosamente cinco mil soldados. [...]
> Caiu o arraial a 5. No dia 6 acabaram de o destruir desmanchando-lhe as casas, 5 200, cuidadosamente contadas.
>
> Euclides da Cunha. *Os sertões*. São Paulo: Nova Cultural, 2002. p. 359.

a) Analise em que contexto o Movimento de Canudos está inserido?

b) Explique como se deu o fim do Arraial de Canudos?

c) De acordo com o descrito neste capítulo, levante uma hipótese para explicar a razão pela qual Canudos precisava ser totalmente destruído.

2. Observe a fotografia a seguir e faça o que se pede.

↑ Marcha dos integrantes do Movimento dos Trabalhadores Rurais Sem Terra (MST) pela reforma agrária. Recife (PE), 2014.

a) Identifique o movimento social apresentado na imagem.

b) Que relações podem ser estabelecidas entre os movimentos sociais do início do século XX e os do século XXI?

3. Leia o trecho sobre a Imprensa Negra e, em seguida, faça o que se pede.

> O discurso em prol do orgulho racial, a celebração dos ícones negros – os abolicionistas Luís Gama e José do Patrocínio, o escritor Cruz e Sousa e o "guerreiro" Henrique Dias, entre outros – e a comemoração do Treze de Maio eram uma constante nesses periódicos. Havia ainda a preocupação em garantir espaço para que os negros letrados publicassem seus contos e poemas.
>
> Petrônio Domingues. Imprensa Negra. In: Lilia Moritz Schwarcz; Flávio dos Santos Gomes (Org.). *Dicionário da escravidão e liberdade: 50 textos críticos*. São Paulo: Companhia das Letras, 2018. p. 256.

a) Qual é a importância da Imprensa Negra no contexto do período pós-abolição para a população negra brasileira?

b) Em sua opinião, por que os periódicos da Imprensa Negra celebravam ícones negros e datas específicas?

DESAFIO

1. A política de saúde pública do início do século XX deu início ao combate de epidemias e ao saneamento básico no Brasil. Faça uma pesquisa na internet, em jornais ou revistas sobre a questão da saúde pública e do saneamento básico atualmente e, com suas palavras, elabore um texto a respeito da situação brasileira.

CAPÍTULO 3 — O fim da República Oligárquica

No capítulo anterior, você estudou alguns conflitos decorrentes da insatisfação popular com a República Oligárquica. Neste capítulo, você vai ver como começaram a surgir grupos com projetos alternativos, que acreditavam ser necessária uma transformação maior no sistema político brasileiro.

A campanha eleitoral para o presidente sucessor de Epitácio Pessoa, em 1921, foi vista por aqueles que se opunham ao governo como um momento de organização contra o sistema vigente. Na ocasião, os oposicionistas fundaram o movimento Reação Republicana, que lançou o fluminense Nilo Peçanha como candidato.

Pela primeira vez, foram organizados comícios populares nos grandes centros para convencer os eleitores urbanos. A campanha política chegou aos quartéis e o candidato da oposição ganhou simpatizantes nas Forças Armadas, que pregavam a moralização da política. Nesse clima tenso, Arthur Bernardes ganhou as eleições, mas a vitória foi apertada. Como havia uma tradição de fraudes no processo eleitoral, abriu-se margem ao questionamento do resultado favorável às oligarquias.

O tenentismo e a Revolta dos 18 do Forte

Ainda durante o governo de Epitácio Pessoa, jovens oficiais do Exército articularam um movimento político. Insatisfeitos com a situação do Brasil, eles defendiam a modernização e moralização das ações do Estado, o cumprimento das leis, o estabelecimento do voto secreto (o que era considerado a única forma de eliminar o voto de cabresto), a instituição do ensino público e gratuito e a colocação em prática dos projetos de industrialização. Esse movimento ficou conhecido como tenentismo, que esteve à frente de alguns conflitos desse período.

A Revolta dos 18 do Forte, por exemplo, foi uma ofensiva militar contra o governo federal iniciada em 5 de julho de 1922 por oficiais do Exército sediados no Forte de Copacabana. Ela foi motivada pela eleição fraudulenta que deu a Presidência a Arthur Bernardes.

No dia 6 de julho, muitos dos oficiais rebelados desistiram da luta em razão dos intensos bombardeios a que foram submetidos pelas tropas do governo. Somente 17 militares e um civil, os "18 do Forte", decidiram continuar mobilizados. Eles seguiram a pé pela Praia de Copacabana em direção ao Palácio do Catete, sede do governo. A cena que se seguiu foi um massacre, e apenas dois oficiais sobreviveram: Eduardo Gomes e Siqueira Campos.

O governo federal decretou estado de sítio, que se prolongou por quatro anos, e impôs censura à imprensa. Isso não significou, no entanto, o fim do movimento tenentista.

Soldados durante a Revolta dos 18 do Forte de Copacabana, Rio de Janeiro (RJ), 1922. Líderes do grupo que tomou o Forte de Copacabana saem às ruas em direção ao Palácio do Catete.

A Revolução de 1924 e a Coluna Prestes

Em 1924, ainda no governo de Arthur Bernardes, houve nova reação tenentista. No dia 5 de julho, eclodiu em São Paulo um movimento que exigia a renúncia do presidente e a reforma política. A resposta do governo foi imediata: as forças legalistas iniciaram os bombardeios contra os revoltosos.

O levante estendeu-se para cidades do interior do estado e, no final de julho, os revoltosos deixaram São Paulo rumo ao Paraná, dispostos a permanecer na luta. Em outubro do mesmo ano, no Rio Grande do Sul, teve início um levante tenentista sob a liderança de Luís Carlos Prestes. Assim como em São Paulo, a forte reação do governo empurrou os revoltosos rumo à Foz do Iguaçu, no Paraná, onde encontraram os insurgentes paulistas.

Em abril de 1925, a chamada Coluna Prestes estava formada. Com aproximadamente 1,5 mil homens, a **coluna** percorreu o interior do Brasil entre 1925 e 1927 buscando apoio à causa revolucionária. Eles chegaram a percorrer mais de 24 mil quilômetros nesses dois anos.

> **GLOSSÁRIO**
>
> **Coluna:** destacamento de soldados enviado em missão específica.

O cansaço e o desgaste devido às frequentes batalhas contra as forças do governo, que conseguiram apoio de milícias formadas por jagunços, foram debilitando os combatentes. Em 1927, sem conseguir adesão popular e com número reduzido de homens, a Coluna Prestes se desfez. Alguns integrantes exilaram-se na Bolívia, no Paraguai e na Argentina.

Fonte: Flávio de Campos e Miriam Dolhnikoff. *Atlas História do Brasil*. 3. ed. São Paulo: Scipione, 2006. p. 47.

A crise da oligarquia

Economicamente, a década de 1920 foi marcada pelo crescimento da industrialização e pelo aumento das exportações de produtos agrícolas. A cafeicultura ainda predominava, mas sua força política dava sinais de enfraquecimento. Enquanto isso, as indústrias importavam maquinários e insumos industriais para produzir os bens de consumo de que o mercado interno necessitava.

Os benefícios advindos da modernização do Brasil não chegavam a todos os cidadãos. Nas cidades, faltavam serviços de atendimento básico e as doenças disseminavam-se devido à precariedade dos sistemas de esgoto e de distribuição de água. Além disso, as taxas de analfabetismo eram altíssimas, já que as crianças pobres precisavam trabalhar e não podiam frequentar as escolas.

O descontentamento da população urbana em geral e dos setores da classe média aumentou tanto que as oligarquias de estados como Rio de Janeiro, Rio Grande do Sul e Bahia organizaram-se para opor-se a esse sistema, enquanto os militares engrossavam a massa dos oposicionistas.

Desse modo, a década da modernização do Brasil também foi a década da reação oposicionista e da contestação à oligarquia. Esses foram os anos que determinaram o fim da República Oligárquica.

Disputas políticas

Entre 1926 e 1930, Washington Luís governou o Brasil. Assim que assumiu a Presidência, ele suspendeu o estado de sítio, mas não concedeu anistia aos tenentes exilados. Seu governo baseou-se na construção de grandes obras, principalmente rodovias, buscando garantir emprego e infraestrutura. No entanto, a situação econômica do Brasil sofreu forte impacto com a crise de 1929 iniciada nos Estados Unidos: alguns cafeicultores brasileiros foram levados à falência e várias fábricas fecharam. Consequentemente, o número de desempregados aumentou muito e a miséria tomou conta do país.

Assim, aumentavam as tensões políticas pré-existentes e a oposição ao governo às vésperas das novas eleições presidenciais. A oposição dividia-se em dois partidos:

- o Partido Democrático, criado em 1926, que representava a classe média paulista e os setores rurais descontentes com a oligarquia dominante;
- e o Partido Libertador, criado em 1928, no Rio Grande do Sul, que fez parte da Frente Unida Gaúcha e que lançou, em 1930, a candidatura de Getúlio Vargas à Presidência.

A sucessão presidencial

O paulista Júlio Prestes foi apresentado por Washington Luís como seu candidato à sucessão. Como o arranjo político previa a sucessão de paulistas e mineiros no poder, essa era a vez de um mineiro ser indicado. Foi assim que Washington Luís rompeu com Minas Gerais.

O presidente do estado de Minas Gerais, Antônio Carlos de Andrada, contrariado, aliou-se à oposição para derrubar os paulistas. Formou-se, então, a Aliança Liberal — composta de políticos dissidentes mineiros e das oligarquias gaúcha e paraibana. O grupo organizou uma chapa para concorrer à presidência tendo como candidatos o gaúcho Getúlio Vargas para presidente

↑ Manifestação popular em frente ao Theatro Municipal, na Cinelândia, em apoio aos candidatos da Aliança Liberal. Rio de Janeiro (RJ), 1929.

e o paraibano João Pessoa como seu vice. Esse movimento teve o apoio da classe média e de alguns tenentes que também foram favoráveis a essa composição.

Entre as propostas da Aliança Liberal estavam o voto secreto, as reformas trabalhistas, a independência do Judiciário, a anistia aos tenentes, as reformas sociais e o incentivo ao desenvolvimento de outros produtos, acabando, assim, com a hegemonia da cafeicultura. Apesar do apoio recebido, a Aliança Liberal foi derrotada nas eleições de 1930. Foram os primeiros passos para a chamada Revolução de 1930.

A Revolução de 1930

Os políticos derrotados reclamavam que a eleição havia sido uma fraude e que era necessário impedir a posse de Júlio Prestes. Eles tinham a seu lado os tenentes, que apoiavam a Aliança Liberal e acreditavam que o impedimento deveria ser feito em um movimento armado. Apesar de Getúlio ter reconhecido a vitória de Julio Prestes, o clima era de grande instabilidade política.

Em julho de 1930, o paraibano João Pessoa, candidato a vice-presidente na chapa de Getúlio Vargas, foi assassinado. O crime teve motivações pessoais, mas esse acontecimento provocou a reação dos políticos ligados a Vargas. Era o estopim que faltava para desencadear o movimento.

A Revolução de 1930 teve início ao mesmo tempo no Rio Grande do Sul, em Minas Gerais e na Paraíba. De cada um desses lugares partiram grupos de revoltosos em direção ao Rio de Janeiro, sede do governo federal. Antes de chegarem ao destino, porém, foram avisados de que um grupo de militares havia deposto o presidente Washington Luís e assumido o governo.

Em 3 de novembro de 1930, a Junta Pacificadora entregou o poder provisoriamente a Getúlio Dornelles Vargas. Assim, por meio de um golpe de Estado, acabava a fase da República Oligárquica e iniciava-se um novo período da história do Brasil: a denominada Era Vargas.

↑ Getúlio Vargas a caminho do Rio de Janeiro com militares sob seu comando, e civis que compareceram para apoiá-lo em Itararé (SP), 1930.

→ Primeira página do Jornal *O Globo*, de 3 de novembro de 1930.

Cultura no início do século XX

O Brasil não passava apenas por transformações políticas e econômicas durante a crise da República Oligárquica. A década de 1920 pode ser considerada uma época de transição, pois foi um período de grandes mudanças na economia, de modernização urbana e industrial, de renovação cultural e também de revoltas que demonstravam a insatisfação popular com o governo e as oligarquias.

Um período de mudanças e modernização

No início do século XX, os Estados Unidos desenvolveram um modo de vida voltado à compra de produtos diversos, como eletrodomésticos, artigos de embelezamento feminino, entre outros. Muitos produtos novos chegavam ao mercado com frequência, e a propaganda ajudava a impulsionar as vendas. A intenção por trás disso era estimular cada vez mais o consumo e, com isso, movimentar a economia. Esse conjunto de valores e práticas, que ficou conhecido como *American way of life*, espalhou-se pelo mundo e chegou ao Brasil com mais abrangência a partir dos anos 1940.

No campo da cultura, sofremos a influência da renovação cultural europeia, principalmente francesa, que rompeu padrões estéticos tradicionais do período. Artistas e intelectuais buscaram criar uma arte brasileira, de acordo com a nossa cultura, mas, ao mesmo tempo, alinhada às novas tendências que se espalhavam pelo mundo. Assim surgiu o movimento modernista.

↑ Emiliano Di Cavalcanti. Capa do programa da Semana de Arte Moderna, de 1922.

 AQUI TEM MAIS

American way of life

American way of life é uma expressão que se refere ao estilo de vida considerado modelo dos cidadãos norte-americanos nas primeiras décadas do século XX.

O início dos anos 1920 foi de grande prosperidade econômica nos Estados Unidos, o que levou a um consumismo acelerado e ao crescimento industrial norte-americano. O maior acesso das pessoas às mercadorias criou uma sensação compartilhada pela sociedade de que a felicidade estava atrelada ao consumo. Quanto maior é o consumo, maiores são o comércio e o crescimento econômico: essa forma de conceber um estilo de vida foi exportada para o mundo todo como se fosse também uma mercadoria.

No Brasil, a difusão do *American way of life* no cotidiano das pessoas deu-se por meio do acesso a filmes e seriados, entre outros produtos culturais americanos, a partir do início dos anos 1940. Além disso, a elite brasileira formava-se em instituições dos Estados Unidos, o que criava grupos de influência. Assim, a sociedade brasileira — especificamente as classes que podiam consumir, sobretudo a classe média — foi seduzida por um modo de vida construído ideologicamente.

1. Em sua opinião, o *American way of life* apresenta benefícios ou malefícios para a sociedade?

2. Reflita sobre a criação de valores e de hábitos de consumo na sociedade de hoje. Você concorda que eles têm alguma influência ideológica externa?

A Semana de Arte Moderna, ocorrida em fevereiro de 1922 no Teatro Municipal de São Paulo, trouxe a público o resultado do trabalho de um grupo de artistas e intelectuais que procurava valorizar a história do povo e a cultura nacional por meio de sua arte.

Na pintura, na música e na literatura, as propostas dos modernistas provocaram reações tanto eufóricas quanto polêmicas. Ao mudar e ir além dos padrões, os artistas da época escandalizaram a sociedade brasileira.

Os modernistas

Mesmo após o fim da Semana de Arte Moderna, o movimento continuou ativo, ganhando novos adeptos. Os quadros, as poesias, apresentações musicais e outras manifestações artísticas modernistas baseavam-se essencialmente nas temáticas nacionais: os indígenas, os caipiras, os afrodescendentes, os trabalhadores do campo e da cidade.

Entre os artistas que participaram do movimento, destacam-se, na literatura, Mário de Andrade, Oswald de Andrade e Menotti Del Picchia; na música, Villa-Lobos e Guiomar Novaes; na pintura, Anita Malfatti, Di Cavalcanti, Lasar Segall, Candido Portinari, Tarsila do Amaral e Vicente do Rego Monteiro; e, na escultura, Victor Brecheret.

↑ Tarsila do Amaral. *Operários*, 1933. Óleo sobre tela. 1,50 m × 2,05 m.

Mais que uma proposta estética e cultural inovadora no cenário brasileiro, o modernismo foi também um movimento que contestava o governo e as regras sociais do período, sempre de forma indireta e mais conceitual do que expresso em qualquer tipo de engajamento político.

❗ CURIOSO É...

Era para ser uma semana

A Semana de Arte Moderna mudou a forma de pensar as artes no Brasil. O objetivo inicial do evento era estimular a produção de obras de arte e incorporar novas manifestações culturais e linguísticas (inclusive populares) à produção culturalmente aceita e referendada. Os artistas do movimento se propuseram a uma articulação entre o nacional e o cosmopolita, vinculando a produção nacional com elementos estéticos franceses. O evento foi realizado no Teatro Municipal de São Paulo. Estava previsto para acontecer entre 11 e 18 de fevereiro de 1922, com uma série de atrações: exposição de artes plásticas, música, dança, escultura e poesia. Entretanto, o teatro foi aberto apenas nos dias 13, 15 e 17. Além disso, as novas expressões artísticas expostas no teatro não agradaram ao público visitante.

LINK

Exposições universais

As exposições universais foram criadas na Europa no século XIX com o intuito de apresentar o desenvolvimento tecnológico dos países participantes e unificar a humanidade em torno do progresso técnico-científico. Apesar das intenções, esses elementos unificadores nunca tiveram o devido destaque, e o legado dessas feiras está principalmente na demonstração da diferença entre as potências e os países menos industrializados.

↑ Pôster da Exposição Universal de Paris, 1889.

Note que esses eventos e suas invenções, entretanto, são mais próximos da nossa realidade do que imaginamos. As prensas hidráulicas foram apresentadas na primeira exposição, em Londres. O telefone de Graham Bell e a máquina de escrever estiveram na exposição da Filadélfia. A Estátua da Liberdade e a máquina de costura, na de Paris.

Pretendia-se que essas exposições fossem uma miniatura desse mundo moderno avançado, com conquistas impressionantes nos campos da ciência, das artes, da arquitetura, dos costumes e da tecnologia. A ideia era mostrar e ensinar as virtudes do presente, sugerir os benefícios do progresso e confirmar a previsão de um futuro excepcional.

Mas, por outro lado, as exposições propiciavam o sentimento de estar em um estágio de desagregação social. Tudo o que era familiar e seguro estava desaparecendo, e o efêmero parecia tomar conta da cultura da época. Desse modo, a sensação de decadência moral, de degeneração do espírito e de enfraquecimento intelectual também fazia parte desse universo modernista do final do século XIX.

No século XX, algumas nações mais pobres também hospedaram exposições internacionais — que eram vistas como uma oportunidade para fazer parte, ainda que por um breve período, do cenário internacional —, como a que aconteceu no Rio de Janeiro, em 1922. Embora não tenha despertado os interesses dos capitalistas no mundo, ávidos por tecnologias e maiores possibilidades de lucro, o evento foi o maior feito no Brasil até aquela data.

Hoje em dia, essas exposições englobam temas que procuram abarcar uma vasta parcela da experiência humana, normalmente com foco em um período ou em questões específicas da humanidade. Os pavilhões são desenhados especificamente para elas, e as nações competem para realizar a mais espetacular ou notável estrutura nessas exposições.

1. De que modo as exposições universais segmentam os países que delas participam?

2. Em sua opinião, o que significa para um país como o Brasil participar de uma exposição universal ou sediá-la? Comente.

ATIVIDADES

SISTEMATIZAR

1. De acordo com o que foi estudado, quais eram as propostas políticas, sociais e econômicas do Movimento Tenentista?

2. Explique o que foi a Coluna Prestes e se esse movimento alcançou seus objetivos.

3. Explique o que foi a Aliança Liberal e que programa político foi proposto por ela.

4. Que objetivos tinham os artistas com a organização da Semana de Arte Moderna em 1922? Que temas foram predominantes nas obras apresentadas no evento?

5. Classifique as afirmativas a seguir em verdadeiras ou falsas.
   a) O estado de São Paulo foi o primeiro a apoiar o governo de Arthur Bernardes.
   b) O governo de Washington Luís foi gravemente afetado pela crise de 1929.
   c) O partido sulista, denominado Partido Libertador, representava a classe média paulista, principalmente os ruralistas.
   d) Getúlio Vargas chegou ao poder em 1930 por meio de um golpe de Estado.

6. O que é o *American way of life*?

REFLETIR

1. Uma das pautas defendidas pelo Movimento Tenentista era a instituição do ensino público e obrigatório. Levando isso em consideração, relacione a educação ao voto consciente e explique a importância dessa pauta.

2. Leia o texto a seguir, a respeito da Coluna Prestes, e faça o que se pede.

Em todo o nordeste, [...] o povo temia a aproximação dos rebeldes, pois deles esperavam saques, assassinatos e atrocidades. Lideranças locais e chefes de forças legalistas espalhavam informações negativas sobre os rebeldes; ameaçavam e praticavam represálias contra pessoas suspeitas de terem cedido, mesmo à força, bens úteis à Coluna Prestes.

José Augusto Drummond. *A Coluna Prestes: rebeldes errantes*. São Paulo: Brasiliense, 1999. p. 66.

• Com base no trecho lido, comente a participação popular na Coluna Prestes.

3. Observe a pintura da página 31 e explique: que aspectos dessa obra de Tarsila do Amaral relacionam-se ao processo vivido pelo Brasil no início do século XX?

DESAFIO

1. Apesar de não ter participado da Semana de 1922, e se aproximado do movimento somente depois, Oswald de Andrade foi um dos principais nomes do Modernismo brasileiro. Em seus poemas, buscou rever a estética da literatura vigente até então, valorizando temas do cotidiano brasileiro e incorporando o modo de falar popular.
Pesquise na internet suas poesias e em seguida faça o que se pede.
   a) Em sua opinião, de que forma essa proposta artística rompia com o modo como se escrevia poesia no Brasil até então?
   b) Pesquise outras poesias modernistas de outros escritores do movimento, registre-as no caderno e apresente-as à turma em uma data combinada.

2. A obra de Tarsila do Amaral *Abaporu* (em tupi, *aba* e *poru* significam, respectivamente, "aquele que come" e "carne crua") refletiu o lema do grupo modernista – deglutir a cultura europeia –, objetivando mostrar uma referência da expressão artística nacional. Pesquise na internet a obra *Abaporu* e registre suas impressões a respeito dela. Depois procure releituras do quadro que sirvam de inspiração e, para finalizar, faça sua própria releitura no caderno.

Pintores modernistas pelo Brasil

Aldemir Martins

O artista plástico Aldemir Martins nasceu em Ingazeiras, no Vale do Cariri (CE). Sua obra transpõe para telas e painéis aspectos do nordeste brasileiro, como cangaceiros, galos, peixes, frutas e outros elementos do cotidiano nordestino. Traços fortes e tons vibrantes imprimem a vitalidade e a força de sua produção artística. Entre as séries que Aldemir Martins produziu, destacamos *Mulher rendeira*, de 1967. A obra é um exemplo de como o artista apresentou a arte cearense universalizando a cultura e o estilo de vida da região.

Na tela, os tons vibrantes, comuns em sua pintura, dão lugar a cores sombrias. A tonalidade é coerente com o evidente tema social. As rendeiras, em seu trabalho manual e artesanal, contrastam com a produção industrial massificada nos processos de modernização das cidades brasileiras. Os traços simples, em um tom que lembra desenhos orientais, sugerem a própria simplicidade da vida dessa personagem. As pernas cruzadas, o gesto com as mãos e a expressão desafiadora do rosto estão em harmonia com o tom de protesto e de pouca paciência em relação aos desmantelos da modernidade.

↑ Aldemir Martins. *Mulher rendeira*, 1967. Acrílico sobre tela, 22 cm × 16 cm.

Iberê Camargo

Natural do Rio Grande do Sul, Iberê Camargo foi um reconhecido pintor do modernismo brasileiro. Como artista moderno, ele não se importava com a arte oficial e pregava a liberdade de criação. Iberê construiu uma arte dramática, que se esforçava para fazer uma leitura das emoções humanas.

← Iberê Camargo. Sem título, 1942. Óleo sobre tela, 60 cm × 70 cm.

Seus quadros são considerados "abismos" emocionais, pois o drama e as angústias causam grande desconforto no espectador. Sempre com uma visão trágica da vida, suas pinceladas conduzem a uma percepção tátil altamente provocativa e sensorial, representando emoções tumultuadas.

Iberê Camargo é considerado um adepto do Expressionismo, escola que trabalha essencialmente a expressão de emoções humanas. Como pintor, ele considerava-se um operário, que dominava certa arte para realizar seu trabalho. Como artista, entretanto, ele se desafiava a responder a questões que o angustiavam e buscava aplacar ansiedades que faziam parte de seu espaço intelectual e sensível.

Destacamos uma pintura de 1942, cujo cerne motivador parece ser uma paisagem urbana, mas não é possível identificar precisamente. As cores cumprem o papel de alimentar a ambiguidade entre o figurativo e o abstrato: o azul é capaz de remeter ao céu, porém esvai-se em meio a pinceladas que deixam transparecer o fundo branco da tela; os tons barrosos podem lembrar edificações tumultuadas nas cidades modernas capitalistas; o verde parece rarefeito e borrado, o que nos sugere uma natureza morta. Mas nada na tela deixa claro quais eram as imagens que se sobrepunham na imaginação do artista, exceto a dramaticidade das formas geométricas e das pinceladas desordenadas.

Guignard

Alberto da Veiga Guignard foi um pintor modernista de papel ativo na formação de artistas que romperam com a linguagem acadêmica, contribuindo para a consolidação do Modernismo nas artes plásticas em Minas Gerais. Suas cores são claras e suas pinceladas miúdas, demonstrações da inspiração oriental de sua obra. Dedicou-se a muitos gêneros da pintura, como retrato, paisagem, natureza-morta, pintura de gênero e religiosa.

Os retratos são considerados sua mais rica contribuição para a arte moderna brasileira. Guignard retratou pessoas de sua família, amigos e filhos de amigos, intelectuais, artistas e a si mesmo. Sua obra procura transpor os limites do real, buscando preencher a realidade com poesia. Essa necessidade evidencia-se no retrato do amigo e poeta Murilo Mendes, feito em 1930. A delicadeza do traço revela um olhar ao mesmo tempo sensível e profundo sobre a realidade externa ao artista. Os tons e cores complementares acompanham essa toada simples e aguda, que marca a personalidade do retratado na visão de quem observa a pintura como alguém quase beatificado por conta da auréola formada pela paisagem carioca ao fundo.

↑ Alberto da Veiga Guignard. *Murilo Mendes*, 1931. Óleo sobre tela.

1. Que assunto é tratado nesta seção?

2. Forme um grupo com os colegas. Juntos, escolham um dos artistas destacados no texto, façam uma pesquisa sobre suas principais obras e, em seguida, analisem uma delas.

LABORATÓRIO DA HISTÓRIA

A análise de uma canção

Neste tema você estudou que, nas primeiras décadas do século XX, o Brasil passou por uma série de transformações e foi marcado por diversos conflitos, como o cangaço, as guerras de Canudos e do Contestado, as revoltas da Chibata e da Armada e o tenentismo. Foi possível verificar que o caráter popular era um aspecto comum a todos esses conflitos.

↑ Angelo Agostini. "Marechal Floriano Peixoto e a Revolta da Armada". Ilustração com bico de pena, publicada na revista *D. Quixote* de 29 de junho de 1895.

No período, a estrutura opressiva do Estado e das oligarquias locais afetava diretamente os sertanejos e os pobres das cidades. Indivíduos historicamente menos favorecidos e muitas vezes miseráveis foram influenciados, uma hora ou outra, por líderes messiânicos, tornando-se personagens centrais nas lutas contra o abuso de poder.

O Brasil ainda era um país rural na época, e, não por acaso, os maiores conflitos e aqueles mais violentamente reprimidos ocorreram contra sertanejos, a exemplo de Canudos, no nordeste do país, e do Contestado, na região sul, que foram, inclusive, caracterizados como "guerras". Esses episódios de nossa história tornaram-se muito conhecidos e famosos, e não raras vezes foram – e ainda são – temas de reportagens, filmes, livros, poesias, minisséries televisivas e músicas.

Muitos compositores debruçaram-se sobre os acontecimentos de caráter popular estudados neste tema para escrever suas canções. Elas resgatam a história daquele período, relacionando-a com as questões vividas pelo país no momento em que foram compostas. Assim, uma análise dessas canções exige compreensão do contexto em que elas foram escritas e do período ao qual remetem.

Que tal entrar nessa onda e analisar canções que tratam desse período? Não é difícil!

Passo a passo

1. A turma deverá ser organizada em grupos. Cada grupo escolherá uma canção brasileira que trate de um dos assuntos trabalhados ao longo deste tema:
   - Guerra de Canudos;
   - Guerra do Contestado;
   - Revolta da Chibata;
   - Revolta da Armada;
   - tenentismo;
   - cangaço.

2. Você e os colegas de seu grupo poderão ouvir a canção quantas vezes julgarem necessário. Em seguida, deverão fazer uma pesquisa sobre o artista que a compôs e o contexto histórico no qual ela foi composta e interpretada.

3. Ao final, cada grupo apresentará os dados da pesquisa realizada e os relacionará com o assunto estudado correspondente à canção.

4. Para isso, reúnam as informações pesquisadas e elaborem um texto dissertativo com análise da canção escolhida pelo grupo para entregar ao professor. Na análise, os integrantes de cada grupo deverão identificar os elementos que remetem ao assunto trabalhado ao longo deste tema.

5. No momento da entrega do texto dissertativo, cada grupo deverá reproduzir a canção para o professor e os demais colegas. Em seguida, fará uma breve explanação da análise da canção escolhida e do contexto histórico em que ela foi composta.

6. Lembrem-se: o grupo deverá preparar o que for necessário para que os colegas ouçam a canção: CD, DVD, *pen-drive* etc.

Finalização

- O professor e toda a turma deverão organizar a sala de aula para as apresentações. A ordem de apresentação dos grupos deverá ser elaborada e afixada em um espaço visível na sala de aula, indicando o nome do compositor, o nome da canção e o ano em que foi composta.

- Todos os alunos deverão estar com caderno e lápis ou caneta em mãos para fazer anotações importantes sobre cada uma das apresentações.

- É importante que os grupos já estejam preparados para se apresentar (trajados, com seus instrumentos musicais a postos e com tudo ensaiado).

- Antes da audição musical, cada grupo deverá apresentar o nome da canção, explicar o conflito que será apresentado e o contexto histórico no qual a canção foi composta.

- Ao final da atividade, os alunos e o professor farão uma avaliação coletiva de todo o processo do trabalho, refletindo sobre a realização das etapas, os aspectos positivos e negativos da atividade, a divisão das tarefas nos grupos, o que puderam aprender juntos e o que mais julgarem importante ser destacado.

Boa apresentação!

PANORAMA

FAÇA AS ATIVIDADES A SEGUIR E REVEJA O QUE VOCÊ APRENDEU.

NO CADERNO

1. Durante a chamada República da Espada (1889-1894) ocorreram diversas manifestações contrárias aos governos autoritários dos militares. Complete o quadro a seguir com os dados de três desses conflitos.

	Primeira Revolta da Armada	Segunda Revolta da Armada	Revolução Federalista
Local	Rio de Janeiro		
Ano		1893-1894	
Reivindicações dos opositores			Estabelecimento de uma república parlamentar.
Desfecho		As tropas do governo federal contiveram a revolta.	

2. Explique o que ocorreu com a produção de café no país a partir do início do século XX.

3. O período entre 1870 e 1920 ficou conhecido como Ciclo da Borracha em razão do auge da extração do látex na região amazônica. Que consequências esse período trouxe para cidades como Manaus e Belém?

4. Leia o texto a seguir e faça o que se pede.

A greve geral de 1917 teve características próprias, mas típicas de outros movimentos do período: origens num movimento popular de protesto contra a alta de preços, início de greves parciais e localizadas nas principais fábricas, que depois se transformaram em uma greve generalizada que atingiu todas as categorias, acompanhada por manifestações, saques, motins e embates de rua no seu momento mais crítico. Esses aspectos levaram diversos militantes anarquistas a imaginar que a greve geral pudesse se transformar em uma insurreição com características revolucionárias [...].

Alzira Alves de Abreu. *Dicionário histórico-biográfico da Primeira República: 1889-1930*. Rio de Janeiro: Editora CPDOC/FGV, 2015. (Recurso eletrônico).

a) Explique a origem da greve geral de 1917.

b) Levante hipóteses para explicar o motivo pelo qual os anarquistas acreditavam que as greves se tornariam uma insurreição popular.

c) As greves atuais têm alcance semelhante à greve de 1917? Justifique.

5. Com base no texto a seguir, faça o que se pede.

A guerra sertaneja na região do Contestado não foi um conflito armado entre paranaenses e catarinenses nem uma revolta de "fanáticos" e "bandidos", como muitos protagonistas – a maioria militares –, jornais da época e um grande número de historiadores nos fizeram crer. Foi, na verdade, uma reação popular contra uma ordem social injusta.

Renato Mocellin. *Os guerrilheiros do Contestado*. São Paulo: Editora do Brasil, 2014. (Recurso eletrônico).

a) Quem foram os protagonistas da Guerra do Contestado?

b) O autor afirma que o motivo do conflito foi "uma reação popular a uma ordem social injusta". Explique essa afirmação.

6. Por que os mineiros romperam com a política do café com leite? E a quem eles se aliaram para opor-se aos paulistas?

7. Observe a imagem ao lado, leia a legenda e responda à questão.
   - Qual era a motivação das pessoas retratadas na fotografia em 1930? Explique.

Tumulto após a eleição de Júlio Prestes à Presidência da República. Rio de Janeiro (RJ), 1930.

8. Leia o texto a seguir e responda às questões.

Seria muito difícil prever, no início de 1929, que após a presidência relativamente tranquila de Washington Luís surgiria uma forte cisão entre as elites dos grandes estados. Mais ainda, que essa cisão acabaria por levar ao fim da Primeira República. Os desentendimentos começaram quando, de forma surpreendente, Washington Luís insistiu na candidatura de um paulista à sua sucessão. Como se isso não bastasse, fechou a questão em torno do governador de São Paulo, Júlio Prestes.

Boris Fausto. *História do Brasil*. São Paulo: Edusp, 2012. p. 273.

   a) Qual é o assunto tratado no trecho?
   b) Qual é a relação entre a cisão das elites, tratada no texto, com a Revolução de 1930?

9. No decorrer dos capítulos foram estudados vários movimentos de contestação ao governo, como a Revolta da Vacina, Canudos, o cangaço, a Revolta dos 18 do Forte, entre outros. Reflita e escreva o que você compreendeu a respeito das duras repressões praticadas pelo governo contra seus opositores.

10. Observe a imagem e, em seguida, relacione o papel desempenhado pela Imprensa Negra nas primeiras décadas do início do século XX com os movimentos sociais da população afrodescendente no Brasil.

Capa do jornal *A Voz da Raça*, de 18 de março de 1933.

DICAS

📖 LEIA

Chibata!, de Hemetério e Olinto Gadelha (Conrad). A Revolta da Chibata em história em quadrinhos.

Cidadela de Deus: a saga de Canudos, de Gilberto Martins (Moderna). O livro relata a história de Antônio Dantas, que viaja a Belo Monte para juntar-se aos seguidores de Antônio Conselheiro.

TEMA

2

O mundo em convulsão

↑ Trabalhadoras em fábrica de munições em Nottinghamshire, Inglaterra, 1917.

NESTE TEMA
VOCÊ VAI ESTUDAR:

- a Primeira Guerra Mundial;
- a revolução ocorrida na Rússia em 1917;
- o panorama dos Estados Unidos na década de 1920.

A Primeira Guerra Mundial exigiu um grande contingente de soldados para lutar nas frentes de batalha. Como consequência, milhões de pessoas morreram — na maioria homens — vítimas de bombardeios, armas químicas e outras armas letais.

Muitas mulheres passaram a trabalhar nas fábricas e a ocupar postos de trabalho que eram tipicamente masculinos. Como era viver em uma época tão devastadora? E quais foram os impactos da Primeira Guerra Mundial no cotidiano das pessoas?

CAPÍTULO 1
Primeira Guerra Mundial

Neste capítulo, você vai estudar os motivos que deram início ao conflito que ficou conhecido como Primeira Guerra Mundial, de que forma ele modificou a Europa e como foi seu desfecho.

Entre os anos de 1870 e 1914, a Europa viveu um período de grande desenvolvimento tecnológico e científico, além de relativa estabilidade política. Como foi uma época de muito otimismo para a comunidade europeia, ficou conhecida como Belle Époque (Bela Época).

As descobertas e invenções em diferentes áreas – como a anestesia, na década de 1840; o telefone, em 1876; o automóvel, em 1886; e o avião, no início do século XX, por exemplo – provocaram grande expectativa de melhorar a vida das pessoas. A sensação entre os indivíduos, sobretudo os que tinham melhores condições financeiras, era a de que o progresso não tinha limites e de que os seres humanos caminhavam para a felicidade plena.

Essa sensação, porém, chegou ao fim em 1914, quando eclodiu a Primeira Guerra Mundial. Esse grave conflito armado envolveu as principais potências da época e, apesar de ter ocorrido essencialmente na Europa, estendeu-se por outros territórios, como o Oriente Médio.

↑ *Hotel Meurice*, 1909. Litografia colorida de origem francesa. A cultura do entretenimento e do espetáculo acompanhou a modernidade técnica do período da Belle Époque. Nessa época foram produzidas diversas obras que representavam a relação social das pessoas em momentos prazerosos.

Tensões na Europa

Após as unificações da Itália (1848-1870) e da Alemanha (1871), esses países logo entraram na disputa com as demais potências europeias, acirrando a corrida por colônias na África e na Ásia.

A Europa passava, então, pela Segunda Revolução Industrial, e os territórios africanos e asiáticos eram vistos como propícios para a obtenção de matérias-primas, fontes de energia e para a ampliação do mercado consumidor. Assim, os governos europeus passaram a investir no desenvolvimento da indústria de armamentos com o objetivo de conquistar por meio da força o que não pudesse ser negociado diplomaticamente.

Em virtude disso, embora vivessem os anos da Belle Époque, caracterizados pelo clima de otimismo e pela esperança de paz duradoura, o período de 1871 a 1914 também ficou conhecido como Paz Armada. Os países europeus multiplicavam as alianças com base em interesses comuns e preparavam-se para a eclosão de uma guerra. Diante dessa corrida armamentista, vigorava um forte clima de tensão entre as potências europeias.

> Denomina-se corrida armamentista o processo pelo qual um país busca armar-se com o intuito de proteger-se de outro que o ameaça. Esse processo gera um círculo vicioso, pois quando um país se sente ameaçado pelo aumento do poder militar do outro, passa a investir em seu aparato de defesa. Logo, diversos países se armam, o que causa desconfiança mútua.

Também contribuíam para esse clima de tensão os movimentos nacionalistas que emergiam em vários lugares, principalmente entre os povos dominados pelo Império Austro-Húngaro e pela Rússia. Entre os eslavos e os povos da Europa Central, muitos lutavam por autonomia política.

Nesse contexto, algumas potências europeias firmaram acordos políticos e econômicos que resultaram na formação de duas grandes alianças: a Tríplice Aliança (formada em 1882 pelos governos da Alemanha, da Itália e do Império Austro-Húngaro) e a Tríplice Entente (formada em 1907 pelos governos da Inglaterra, da França e da Rússia).

↑ Armamentos produzidos pela indústria alemã Krupp. Exposição Universal de 1876, na Filadélfia (EUA).

Tais acordos tinham como base sistemas de apoio e fortalecimento mútuo: o ataque aos interesses de um país aliado seria considerado também ataque aos interesses dos outros membros da aliança, que deveriam se unir para defendê-lo.

A situação de tensão na Europa piorou quando o Império Austro-Húngaro, adotando postura expansionista, incorporou o território da Bósnia-Herzegovina, em 1908. Os governos da Rússia e da Sérvia, que eram aliados, sentiram-se prejudicados, pois tinham interesses estratégicos na região. Isso culminou em dois conflitos de caráter nacionalista nos Bálcãs, entre os anos de 1912 e 1913.

Em 1912, os exércitos da Sérvia, da Bulgária e da Grécia enfrentaram as forças da Turquia visando anexar parte de seu território. Os turcos foram vencidos e parte de seu império foi ocupado. No ano seguinte, eclodiu o segundo conflito: as forças de Sérvia, Romênia e Grécia enfrentaram o exército da Bulgária, que almejava ampliar sua presença na região. Os búlgaros, derrotados, estabeleceram uma aliança com o Império Austro-Húngaro buscando fortalecer-se.

↑ Charge *A questão do Oriente,* publicada na capa do *Le Petit Journal,* 1908.

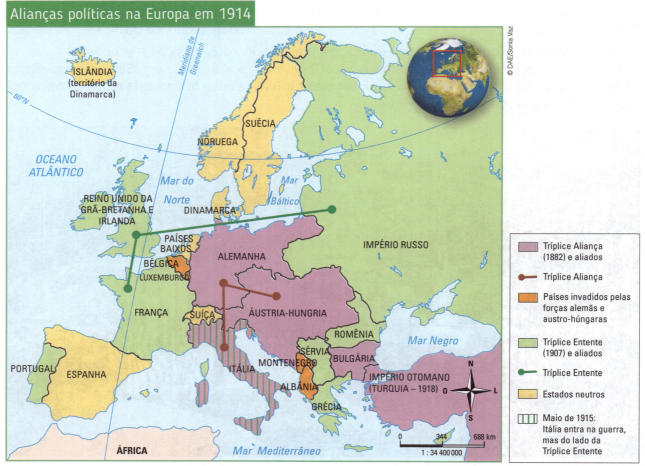

Fonte: Cláudio Vicentino. *Atlas histórico: geral e Brasil.* São Paulo: Scipione, 2011. p. 140.

A eclosão da guerra

Em 1914, um acontecimento foi o estopim para deflagrar uma guerra de grandes proporções. O herdeiro do trono austro-húngaro, Francisco Ferdinando, e sua esposa foram assassinados por um jovem nacionalista sérvio na cidade de Sarajevo (na recém-anexada Bósnia). Ele fazia parte de uma organização bósnio-sérvia denominada Mão Negra, que defendia a união de todos os povos eslavos e via o Império Austro-Húngaro como uma ameaça.

Diante do acontecimento, o governo austríaco culpou o governo sérvio pelo atentado. No dia 28 de julho, o Império Austro-Húngaro, membro da Tríplice Aliança, declarou guerra à Sérvia. A Rússia, aliada dos sérvios e membro da Tríplice Entente, reagiu mobilizando suas tropas, o que colocou em movimento o sistema de alianças firmado anteriormente. Logo em seguida, o governo alemão, aliado dos austríacos, declarou guerra aos russos. Iniciava-se a Primeira Guerra Mundial. Aos poucos, países de diferentes continentes envolveram-se no conflito e deslocaram suas tropas para combater no principal palco da guerra, a Europa.

A sociedade civil na Primeira Guerra Mundial

O conflito armado, que durou de 1914 a 1918, foi um dos mais desastrosos do mundo, com profundas consequências para os países envolvidos. Além dos inúmeros mortos e feridos nos combates (uma estimativa de dezenas de milhões), a guerra acarretou transformações drásticas à vida da população civil. O grande contingente de pessoas envolvidas diretamente no conflito causou, consequentemente, a redução da produção agrícola e industrial — o que levou a indústria a empregar intensamente a mão de obra feminina —, gerando mudança social nos campos e nas cidades.

O comércio internacional também foi abalado em razão do bloqueio marítimo efetuado pela Tríplice Entente e do perigo representado pelos submarinos alemães. Assim, a guerra teve alto custo financeiro e econômico, pois era preciso muito dinheiro para financiá-la.

← O arquiduque Francisco Ferdinando e sua esposa, Sofia, deixam a prefeitura momentos antes de serem assassinados em Sarajevo, Bósnia, 29 de junho de 1914.

FORMAÇÃO CIDADÃ

Por conta da demanda social, um grande contingente feminino de parte dos países envolvidos na Primeira Guerra Mundial assumiu postos de trabalho até então ocupados pelos homens. Atualmente, no Brasil e em muitos outros países, há outra demanda referente à igualdade de direitos que tem relação com a inserção das mulheres no mundo do trabalho. Que demanda é essa? Explique. Caso seja preciso, pesquise na internet.

O fim da guerra

Após anos de constantes conflitos, alguns acontecimentos mudaram os rumos dos combates e possibilitaram o fim da guerra.

No final de 1917, aconteceu na Rússia a chamada Revolução Bolchevique (assunto do próximo capítulo). Em 1918, o novo governo russo firmou com os alemães o Tratado de Brest-Litovsk, que definia os termos da retirada da Rússia do conflito.

A saída da Rússia poderia beneficiar a Tríplice Aliança, que diminuiria a quantidade de tropas envolvidas na guerra. No entanto, outro fator, ocorrido em abril de 1917, já vinha dificultando seriamente a ação das tropas alemãs: a entrada dos Estados Unidos na guerra ao lado da Tríplice Entente. Com soldados bem armados e muitos recursos materiais e humanos, os estadunidenses contribuíram para desequilibrar o conflito.

Exauridas por anos de combates intensos, as potências centrais (Alemanha, Império Austro-Húngaro, Império Turco-Otomano e Bulgária) não conseguiram mais se sustentar. Em setembro de 1918, ou seja, cerca de um ano e meio após a entrada dos Estados Unidos no conflito, o governo búlgaro se rendeu. Pouco depois, no final de outubro, foi a vez do governo turco-otomano; logo em seguida, o governo austro-húngaro também se rendeu.

Com a rendição dos países da Tríplice Aliança, a Alemanha não conseguiu manter-se no conflito por muito tempo. Em 9 de novembro de 1918, o **kaiser** Guilherme II abdicou do governo, sendo sucedido por **sociais-democratas**, que se renderam dois dias depois, em 11 de novembro, o que encerrou oficialmente a guerra.

As nações envolvidas no conflito assinaram diversos tratados após o término da guerra. O principal deles foi o Tratado de Versalhes, assinado em junho de 1919 pelos "vencedores" e pelo governo alemão, considerado o principal responsável pelos desastres da guerra. Ao Império Austro-Húngaro, ao Império Otomano e à Bulgária, separadamente, em outras datas, foram aplicadas decisões e sanções em tratados posteriores.

> **GLOSSÁRIO**
>
> **Kaiser:** título de imperador da Alemanha depois da unificação.
>
> **Social-democrata:** pessoa que faz parte de grupo, movimento ou partido político socialista que acredita na transição para esse sistema de governo de forma democrática, sem revolução.

← Grupo de mulheres e crianças celebra o fim da Primeira Guerra Mundial em Sydney, Austrália, 11 de novembro de 1918.

> **FORMAÇÃO CIDADÃ**
>
> Na segunda metade do século XIX e início do século XX, o Brasil tinha como política incentivar a imigração de pessoas de origem europeia. Muitos europeus refugiados chegaram após a eclosão da Primeira Guerra Mundial. Daquela época até os dias atuais, o país passou a receber também refugiados de outras partes do mundo. Reúna-se com alguns colegas e façam uma pesquisa sobre o tratamento dado aos refugiados no Brasil tanto no século XX, como no século XXI, e sobre como eles conquistaram a cidadania.

Consequências do conflito

As discussões acerca dos tratados levaram, ainda, à criação de um órgão cujo principal objetivo era preservar a paz mundial, funcionando como fórum internacional para a resolução pacífica de conflitos: a Liga das Nações.

> A Liga das Nações foi idealizada pelo presidente americano Woodrow Wilson e regulamentada em 1918-1919. Seu objetivo era criar um canal de diálogo entre as potências para gerenciar a paz, abolir as barreiras econômicas e reduzir os armamentos nacionais.
>
> Formada inicialmente por 42 países, entre eles Grã-Bretanha, França, Itália e União Soviética (admitida apenas em 1934, sendo excluída cinco anos depois), a Liga durou até 1946. Um ano antes, a Organização das Nações Unidas (ONU) já havia sido criada e funcionava como o principal órgão responsável por gerir a paz entre os países.

O fim da guerra também proporcionou grandes mudanças geopolíticas no continente, com a criação de novos países, principalmente nos Bálcãs e no Leste Europeu. Veja o mapa a seguir.

Apesar de a conclusão da Primeira Guerra Mundial ter acontecido em um clima de alívio, os tratados de paz não foram capazes de pôr fim às animosidades entre os Estados envolvidos. O Tratado de Versalhes, por exemplo, apontava a Alemanha como a principal responsável pelo desencadeamento do conflito por causa do seu projeto de expansão militar. Ao mesmo tempo, o tratado mostrava a situação desastrosa dos vencidos e as contradições dos vencedores. Esses fatores originaram um processo que culminaria na Segunda Guerra Mundial.

O Brasil também participou da Primeira Guerra Mundial. Ao ser atacado por submarinos alemães, declarou guerra às potências centrais. Mesmo tendo sido modesta a participação brasileira no conflito, a guerra contribuiu para um surto de industrialização no país e elevados ganhos financeiros com os produtos de exportação.

Fonte: Jeremy Black. *World history atlas*. Londres: Dorling Kindersley, 2008. p. 208.

← Primeira página (detalhe) do jornal *Gazeta de Notícias*, que anunciou a entrada do Brasil na Primeira Guerra Mundial. Rio de Janeiro, 26 de outubro de 1917.

DIÁLOGO

As armas químicas da Primeira Guerra Mundial

O primeiro tratado sobre a proibição de armas químicas data de 1675, quando a França e o Sacro Império Romano-Germânico comprometeram-se, por meio do Acordo de Estrasburgo, a não envenenar suas balas. O tratado buscava regular uma prática comum desde a Antiguidade: a utilização de conhecimentos científicos contra inimigos em batalhas. Outros exemplos disso são as convenções de Haia de 1889 e 1907, que consistiram na tentativa de diversos países de criar protocolos para os conflitos futuros, proibindo, por exemplo, o uso de veneno como arma de guerra.

Em 1914, no entanto, houve uma nova ocorrência: tropas francesas e alemãs usaram, em pequena escala, gás lacrimogêneo para dispersar tropas inimigas. Em 1915, após tentativas frustradas, a Alemanha teve sucesso ao utilizar produtos químicos em campos de batalha. Aproveitando o vento que soprava em direção às tropas estacionadas na cidade de Yves, na Bélgica, os alemães dispersaram cerca de 22 mil cilindros com 160 toneladas de gás de cloro. O resultado foi a morte de mil soldados inimigos em poucos minutos.

Além do gás de cloro, os gases de cianeto de hidrogênio e mostarda também foram utilizados durante os conflitos, tanto pela Tríplice Aliança quanto pela Tríplice Entente. Os três gases podem ser letais, atacando direta ou indiretamente o sistema respiratório. Muitas vezes, os soldados apenas percebiam o que estava acontecendo ao sentir o cheiro dos gases, quando já não era possível escapar. A única proteção existente contra a inalação era o uso de máscaras adequadas, que nem sempre estavam disponíveis nos campos de batalha.

Estima-se que 100 mil combatentes tenham morrido nas frentes de batalha em decorrência do uso de armas químicas na Primeira Guerra Mundial — uma pequena parcela, considerando a morte de 16 milhões de pessoas durante o conflito. Isso ocorreu porque o uso de produtos químicos era perigoso: seu alvo poderia mudar como mudam os ventos.

Ao término da Primeira Guerra Mundial foi assinado o Protocolo de Genebra (1925), que determinava o fim do uso de armas químicas em batalhas. Além das mortes diretamente associadas ao conflito, muitas vezes os efeitos do uso de armas químicas afetaram o ambiente e pessoas que entraram em contato indireto ou posterior com os agentes.

Granadeiros alemães com máscaras de gás em 1916, durante a Primeira Guerra Mundial.

1. De que forma as ciências foram utilizadas nos campos de batalha?

2. As armas químicas mataram menos de 1% do total de vítimas da Grande Guerra, mas ainda assim eram temidas pelos soldados. Qual era o motivo desse temor?

3. Em sua opinião, por que várias convenções mundiais buscaram proibir o uso de armas químicas?

ATIVIDADES

SISTEMATIZAR

1. Aponte dois ou mais avanços tecnológicos desenvolvidos durante a Belle Époque.

2. Uma das tensões que antecederam a Primeira Guerra Mundial foi a disputa colonialista entre as nações europeias na África e na Ásia. Quais eram os objetivos dessa disputa?

3. Um fato importante ocorrido em 1914 na cidade de Sarajevo, na Bósnia, está relacionado à eclosão da Primeira Guerra Mundial. Explique esse fato e quais foram suas consequências imediatas para o início da guerra.

4. Entre 1917 e 1918, alguns fatos foram determinantes para a derrota da Tríplice Aliança na guerra. Quais foram os acontecimentos que colaboraram para isso?

5. Explique o motivo que levou o Brasil a entrar na Primeira Guerra Mundial e comente a importância dessa participação.

6. Sobre a Primeira Guerra Mundial, reescreva no caderno as afirmativas corretas.
   a) A Tríplice Entente foi formada por França, Inglaterra e Rússia; a Tríplice Aliança, por Alemanha, Itália e Império Austro-Húngaro.
   b) O Brasil entrou na Primeira Guerra Mundial em apoio à Tríplice Aliança.
   c) O Tratado de Versalhes responsabilizou a Alemanha e seus principais aliados pelo desencadear da Primeira Guerra Mundial.

7. Quais foram as armas químicas utilizadas na Primeira Guerra Mundial?

REFLETIR

1. Observe o mapa da página 44 e faça o que se pede.
   a) Indique quais países fizeram parte da Tríplice Aliança e quais eram seus aliados.
   b) Indique os países que compunham a Tríplice Entente e quais eram seus aliados.
   c) Relacione as alianças políticas na Europa em 1914 à eclosão da Primeira Guerra Mundial.

2. Observe o cartaz a seguir, leia a legenda e depois responda: A que situação social da época o cartaz faz referência?

↑ Cartaz produzido pelo Ministério das Munições inglês no período da Primeira Guerra Mundial para convidar as mulheres a trabalhar na indústria armamentista. Os dizeres são: "Estas mulheres estão fazendo sua parte. Aprenda a fazer munições".

3. Observe o mapa da página 47 e faça o que se pede.
   a) Cite os países que surgiram após o término da Primeira Guerra Mundial.
   b) Levante hipóteses que expliquem os motivos das grandes transformações ocorridas no Leste Europeu e nos Bálcãs com o fim da guerra.

DESAFIO

1. Pesquise na internet a relação entre os impactos dos tratados assinados pelas nações europeias e o surgimento de novos limites territoriais no continente após o término da Primeira Guerra Mundial. Em seguida, escreva um texto sobre o assunto.

CAPÍTULO 2
A Revolução Russa

> No capítulo anterior, você estudou os motivos que levaram ao início e ao fim da Primeira Guerra Mundial. Neste capítulo, você vai estudar as agitações e revoluções ocorridas na Rússia nas primeiras décadas do século XX.

O Império Russo

No final do século XIX, o Império Russo era um dos maiores Estados do mundo. Segundo o censo de 1897, ele ocupava 22,3 milhões de quilômetros quadrados de território e tinha uma população de 132 milhões de habitantes.

Social e economicamente, o Estado russo tinha uma organização essencialmente agrária, na qual as condições de vida dos camponeses eram extremamente precárias. Mesmo com a abolição da servidão, em 1861, eles viviam sob o domínio e a exploração dos grandes proprietários de terra.

Nas cidades, onde o processo de industrialização havia se acentuado desde a segunda metade do século XIX, a exploração não era muito diferente da ocorrida no campo. Os trabalhadores urbanos recebiam baixos salários e eram submetidos a jornadas diárias de trabalho que chegavam a 14 horas.

Do ponto de vista político, a ascensão do czar Nicolau II, em 1894, significou a implantação de um governo despótico, implacável na repressão a qualquer tipo de contestação à ordem estabelecida.

A aristocracia, grupo social que dava sustentação ao czar, vivia cercada de luxo. No outro extremo, a burguesia ansiava por um regime liberal para que pudesse interferir nos destinos do governo, os operários lutavam por melhores condições de vida e de trabalho e os camponeses ansiavam por reforma agrária para se livrar da submissão aos grandes senhores de terras.

Nesse cenário havia ainda a questão das nacionalidades: ucranianos, georgianos, letões, turcos, armênios e pessoas de outras etnias eram submetidos ao processo de **russificação**, o que provocava muito descontentamento. A comunidade judaica, marginalizada na Rússia desde o final da Idade Média, era perseguida constantemente.

> **GLOSSÁRIO**
>
> **Russificação:** obrigatoriedade das comunidades não russas que ocupavam o território demarcado da Rússia de adotar a língua e outros atributos da cultura desse país.

Família imperial russa, c. 1913-1914.

As mudanças sociais na Rússia czarista

A Rússia passou por uma série de transformações no início do século XX. A classe operária do país vinha de um processo de adesão a algumas ideias do socialismo "científico" e organizava-se no Partido Operário Social-Democrata Russo (POSDR), criado em 1898, que inicialmente atuou na clandestinidade.

Depois da oficialização, em 1903, o POSDR sofreu uma cisão em duas tendências rivais. De um lado estava o grupo liderado por Yuli Martov, cujos membros defendiam uma aliança entre a classe trabalhadora e a burguesia para o desenvolvimento russo. Estes passaram a ser denominados mencheviques (do russo *menscinstvó*, "minoria").

No lado oposto estavam os bolcheviques (do russo *bolscinstvó*, "maioria"), liderados por Vladimir Ilich Ulianov, mais conhecido como Lênin. O grupo defendia uma aliança entre os operários e os camponeses, que poderiam fazer uma revolução socialista imediata, sem necessidade de aliança com a burguesia.

Nesse mesmo período, os russos entraram em conflito com os japoneses pela posse da Manchúria e da Coreia. O saldo da Guerra Russo-Japonesa (1904-1905) foi a derrota das tropas russas e grande quantidade de mortos e feridos. O fim do conflito acelerou o processo de transformações políticas e sociais na Rússia.

A revolução de 1905

Os fatores relacionados às contradições internas da Rússia czarista e ao fim da Guerra Russo-Japonesa levaram milhares de manifestantes às ruas da cidade de Petrogrado (atual São Petersburgo) em 1905. Eles portavam uma **petição** assinada por mais de 150 mil pessoas na qual constavam algumas reivindicações, tais como: liberdade de expressão, jornada diária de oito horas de trabalho, educação obrigatória e formação de uma Assembleia Nacional Constituinte, eleita por **sufrágio** universal, para elaborar um novo conjunto de leis para o país.

Na ocasião, os soldados do czar abriram fogo contra a multidão, operando um massacre civil que ficou conhecido como Domingo Sangrento. Desde então, grande parte da população começou a tomar consciência do teor político do regime czarista e convenceu-se de que era legítimo combatê-lo.

Diante da pressão crescente, o czar foi obrigado a fazer concessões ao povo russo. Ele criou a Duma (Assembleia Nacional da Rússia), legalizou os partidos, prometeu ampliar o direito de voto, distribuiu algumas terras e fez alterações na legislação trabalhista.

↑ Ilya Repin. *17 de Outubro de 1905*, 1907. Óleo sobre tela, 1,84 m × 3,23 m. Em outubro de 1905 ocorreu uma greve geral de trabalhadores que reuniu ativistas e apoiadores, como estudantes, profissionais liberais e soldados, em mais de 40 cidades russas, aumentando o clima de insatisfação e as críticas ao governo czarista.

GLOSSÁRIO

Petição: solicitação por escrito dirigida a uma autoridade.
Sufrágio: voto.

Os teóricos do socialismo "científico" Karl Marx (1818-1883) e Friedrich Engels (1820-1895) acreditavam que a burguesia havia destruído as relações feudais e se tornado a classe dominante no sistema capitalista. De acordo com essa teoria, caberia à classe trabalhadora combater a burguesia que a explorava e conquistar o poder político.

A Revolução Bolchevique de 1917

Em 1917, a Rússia passava por uma grave crise econômica, que fez eclodirem novas manifestações de trabalhadores, greves e rebeliões no país. Essa crise aumentou com a participação da Rússia na Primeira Guerra Mundial, que, além de causar a morte de milhões de russos (muitos enviados à guerra sem fuzis ou roupas adequadas), desorganizou a economia do país, gerando fome, desemprego e inflação.

↑ Camponesa prepara refeição nas ruínas de sua casa, c. 1916.

Diante da crise e da insistência do czar em manter a Rússia no conflito, a insatisfação popular cresceu e os trabalhadores passaram a exigir paz, terras e melhores salários. A crise econômica foi agravada pela instabilidade política e tornava-se incontrolável em virtude das despesas com a guerra.

Em fevereiro de 1917, na cidade de Petrogrado, eclodiu uma série de greves e manifestações populares. Sem apoio, o czar Nicolau II abdicou, sendo então formado um governo provisório, eleito pela Duma e controlado pelos mencheviques e pelos liberais.

Em paralelo à constituição do governo provisório organizaram-se, de forma autônoma, grupos compostos de operários, camponeses, marinheiros e soldados em diversas cidades russas. Esses grupos chamavam-se sovietes. Na oposição ao governo provisório, os bolcheviques buscaram o controle dos sovietes, visando canalizá-los para uma revolução política e social.

A manutenção da Rússia na guerra e a falta de medidas que melhorassem a vida da população aumentaram a oposição ao governo provisório. Nesse cenário, Lênin, que havia voltado recentemente, após ter-se refugiado na Suíça, passou a orientar a divulgação dos lemas "Paz, terra e pão" e "Todo poder aos soviets!". A mobilização dos bolcheviques tentava sintetizar, em poucas palavras, os anseios da população, bem como a estratégia de ação para alcançar esses objetivos. Em julho de 1917, os bolcheviques levaram milhares de pessoas a protestar nas ruas de Petrogrado, mas elas foram violentamente reprimidas.

> Em São Petersburgo e em outras grandes cidades, os operários formaram soviets, conselhos de representantes cujo objetivo era debater a situação do país e lutar contra o regime czarista.

A intensificação do processo revolucionário

Com o passar do tempo, o processo revolucionário radicalizou-se e grande parte dos grupos populares aderiu à proposta dos bolcheviques de que todo o poder deveria ficar sob controle dos sovietes.

Em 25 de outubro, uma revolta geral ocorrida em Petrogrado levou à tomada do Palácio de Inverno. O primeiro-ministro do governo provisório, Alexander Kerensky, refugiou-se na embaixada dos Estados Unidos e, logo depois, fugiu para o exterior. Vários outros ministros foram presos.

Simultaneamente, na cidade de Smólni realizava-se o II Congresso dos Sovietes Russos, no qual Liev Trotski, responsável pelo comitê militar, anunciou que o governo havia sido derrubado. O poder tinha sido tomado pelos operários, soldados e camponeses organizados nos sovietes, já então controlados pelos bolcheviques.

↑ Tomada do Palácio de Inverno, em Petrogrado, outubro de 1917.

Os bolcheviques no poder

Em 17 de novembro de 1917, os partidos reuniram-se para a eleição dos membros da Assembleia Nacional Constituinte. Os bolcheviques obtiveram aproximadamente 9 milhões de votos dos cerca de 36 milhões de eleitores. Por não alcançarem a maioria na assembleia, eles a fecharam em janeiro de 1918 e, aos poucos, impuseram uma **ditadura**.

Sob a liderança de Lênin, que assumira a presidência da recém-criada República Socialista Federativa Soviética Russa (RSFSR), o governo revolucionário procurou instaurar a paz para controlar a situação interna e reestruturar a economia do país. Para isso, os russos saíram da Primeira Guerra Mundial assinando o Tratado de Brest-Litovsk e, assim, entregaram a Lituânia, a Estônia, a Letônia, parte da Polônia, a Finlândia e possessões turcas às potências centrais (Império Alemão, Império Austro-Húngaro, Bulgária e Império Otomano).

Além de retirar a Rússia da guerra, o novo governo de Lênin promoveu a reforma agrária, proibiu os lucros, igualou os salários, confiscou os bens da Igreja Ortodoxa e estatizou os bancos, as fábricas e as estradas de ferro.

> **GLOSSÁRIO**
>
> **Ditadura:** forma autoritária de governo em que o poder concentra-se nas mãos do governante ou de um grupo de pessoas.

→ Lênin no II Congresso dos Sovietes de Toda a Rússia, em Petrogrado, 1917.

A guerra civil russa (1918-1921)

As medidas socialistas de Lênin geraram revoltas. Os donos de terra, os empresários e os antigos generais organizaram uma reação na tentativa de tomar o poder dos revolucionários. Apoiados pelas potências ocidentais (Alemanha, França, Inglaterra e Estados Unidos), desejavam sufocar a revolução e restaurar o capitalismo na Rússia. Para isso, organizaram uma força militar que ficou conhecida como Guarda Branca. Na defesa da revolução, os bolcheviques, liderados por Trotski, estruturaram o Exército Vermelho.

As diversas tropas da Guarda Branca reprimiam os que apoiavam os revolucionários. Por outro lado, o Exército Vermelho prendia, torturava e assassinava os suspeitos de atividades consideradas contrarrevolucionárias. Para vencer a guerra civil, o governo bolchevique aumentou a repressão, endureceu o regime e implantou o sistema de partido único. Assim, o Partido Comunista passou a ser o único autorizado a atuar no país.

Nesse contexto, uma série de insurreições populares eclodiu em diferentes lugares do país. A guerra civil durou até 1921, com a vitória do Exército Vermelho. Devido ao declínio da produção industrial e agrícola russa, além da guerra, a fome e as epidemias também foram responsáveis pela morte de milhares de pessoas.

A mudança para superar os problemas econômicos e sociais russos veio por intermédio da Nova Política Econômica (NEP), que abriu espaço para o restabelecimento da economia de mercado sem, contudo, retornar às práticas econômicas capitalistas.

Os camponeses podiam vender os excedentes de produção em mercados livres mediante pagamento de tributos. Permitiu-se ainda que os salários nas fábricas passassem a ser pagos também de acordo com a produtividade. Com o aumento tanto da produção agrícola quanto da industrial, os resultados foram satisfatórios.

↑ *Vamos alimentar nosso exército*. Pôster soviético anônimo de 1920. Abaixo da imagem, lê-se: "Seja capaz de alimentar o exército de nossa pátria-mãe. Não ajude a nobreza do mal a se reabastecer".

O surgimento da União Soviética

Em 1923, Lênin consolidou o socialismo com a criação da União das Repúblicas Socialistas Soviéticas (URSS), que reunia antigas regiões do Império Russo, como a Rússia, a Ucrânia, a Bielorrússia, a Transcaucásia e as repúblicas da Ásia Central.

Loja de cooperativa da União Soviética, 1923.

ATIVIDADES

SISTEMATIZAR

1. No século XIX, a Rússia era uma das grandes potências europeias. No entanto, quais eram as condições dos camponeses e dos trabalhadores urbanos no país antes da Revolução de 1917?

2. Quais eram as reivindicações da população russa nas manifestações de 1905? O que elas indicam sobre o modo de vida e a situação política do período?

3. Em 25 de outubro de 1917 ocorreu na Rússia uma revolta geral que levou os bolcheviques ao poder. Quais foram as principais medidas tomadas pelos bolcheviques nesse período?

4. Com a guerra civil na Rússia, os bolcheviques organizaram um novo exército, denominado Exército Vermelho. Explique qual foi o papel do Exército Vermelho na organização do novo governo.

REFLETIR

1. Observe o cartaz a seguir e faça o que se pede.

↑ Cartaz de Viktor Nikolaevich Deni, 1920, em que se lê: "Lênin limpa o mal da Terra".

a) Indique quais são os personagens que aparecem na imagem.

b) Descreva o que acontece na imagem.

c) Levante hipóteses que expliquem os possíveis motivos para o governo revolucionário elaborar esse cartaz.

2. Em 17 de outubro de 1917 foi lançado na Rússia um jornal destinado às classes menos favorecidas, *Rabochi i Soldat* (Trabalhador e Soldado). O editorial do jornal publicado nesse dia resumia o ponto de vista dos bolcheviques. Leia parte desse editorial no texto a seguir e, depois, faça o que se pede.

"[...] Este jornal é feito para o povo e pelo povo – as classes desfavorecidas, os operários, soldados e camponeses. Somente levando a cabo a Revolução é que o povo poderá ser salvo... e, para isso, todo o poder tem de estar nas mãos dos sovietes..."

Esse jornal defendia o seguinte:

Todo poder aos sovietes – tanto na capital como nas províncias.

Armistício imediato em todos os *fronts*. Uma paz justa entre os povos.

A terra dos latifundiários – sem indenizações – para os camponeses.

Controle operário da produção industrial.

Uma Assembleia Constituinte eleita de forma leal e honesta.

John Reed. *Os dez dias que abalaram o mundo*.
São Paulo: Penguin – Companhia das Letras, 2010. E-book.

a) Qual era o posicionamento do jornal *Rabochi i Soldat* em relação à Revolução de 1917?

b) De acordo com o trecho acima, como eram formados os sovietes?

DESAFIO

1. O livro de John Reed, citado na atividade anterior, foi escrito durante o processo revolucionário russo. Os documentos compilados por ele na obra são documentos históricos. Pesquise o papel da imprensa nos momentos de transformações sociais.

CAPÍTULO 3
A crise que abalou o mundo

> No capítulo anterior, você estudou as agitações e revoluções ocorridas na Rússia nas duas primeiras décadas do século XX. Neste capítulo, você vai conhecer o panorama dos Estados Unidos do fim da Primeira Guerra Mundial até o final da década de 1920.

Como vimos no Capítulo 1, os Estados Unidos só entraram na Primeira Guerra Mundial nos anos finais do conflito. Apesar de terem participado de combates diretos, nenhum ocorreu em seu território. Além disso, ao longo de toda a disputa, foram um dos principais fornecedores de armas, gêneros alimentícios e produtos industrializados para os países da Tríplice Entente.

Tais fatores, somados ao aumento do volume de exportações para a América Latina e para a Ásia, fizeram com que os Estados Unidos obtivessem seu grande desenvolvimento econômico como consequência da Primeira Guerra Mundial. Dessa forma, em 1918, o país havia se tornado **credor** de boa parte das potências da época.

Depois do conflito, entre 1921 e 1929, a economia norte-americana desenvolveu-se ainda mais. Nesse período, a indústria abastecia o mercado interno e também toda a Europa, que ainda estava fragilizada economicamente por causa da Primeira Guerra Mundial.

O mercado latino-americano, que antes da guerra tinha a Europa como principal fornecedor, também passou a ser suprido de produtos estadunidenses. Assim, os EUA buscavam garantir influência e exclusividade nas Américas, colocando em prática as propostas formuladas pela reinterpretação da Doutrina Monroe, no início do século XX.

Apesar do grande crescimento econômico, a prosperidade decorrente dele não alcançava a todos. Grande parte da população assalariada sofria com a pobreza e não tinha acesso aos bens de consumo que ela mesma produzia – situação que era pior ainda entre os afro-americanos.

GLOSSÁRIO

Credor: aquele que empresta valores em dinheiro ou outra forma de capital financeiro, geralmente em troca do pagamento de juros.

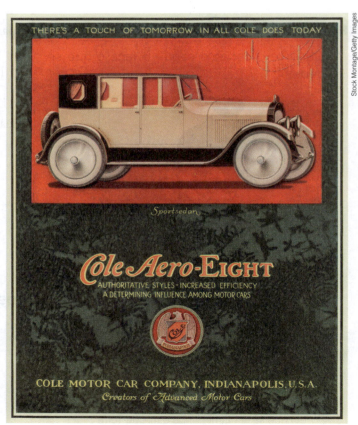

Anúncio do automóvel Cole Aero-Eight, 1921. A produção de automóveis dava mostras de seu potencial uma década antes do início da Primeira Guerra Mundial. Nas décadas posteriores ao conflito global, a indústria automobilística dos Estados Unidos elevou o padrão de consumo dos estadunidenses. Os carros, antes artigos de luxo produzidos artesanalmente, tornaram-se acessíveis à classe média graças à produção em série desenvolvida nas linhas de montagem.

As contradições dos Estados Unidos

Além do grande desenvolvimento econômico, a década de 1920 nos Estados Unidos foi marcada por uma série de outros fatos também importantes para a caracterização do período. Em 1920 entrou em vigor a chamada Lei Seca, que proibia a fabricação, a venda e a importação de bebidas alcoólicas com o objetivo de diminuir a pobreza e a violência no país. No entanto, a lei não foi bem-sucedida na solução desses problemas sociais e ainda estimulou o aumento da criminalidade e o descrédito das autoridades. Graças a seu decreto, surgiram nos Estados Unidos diversas **destilarias** ilegais, bem como um grande número de bares controlados por quadrilhas de **gângsteres**, que enriqueciam sem pagar impostos. Desses criminosos, Al Capone tornou-se o mais famoso.

Em 1921 foi decretada a Lei de Imigração, que estabelecia uma cota para a entrada de estrangeiros no país. A partir daquele ano, só poderiam entrar nos Estados Unidos, anualmente, 3% do total de imigrantes de cada nacionalidade que já tivesse residentes no país em 1890. Em 1924 esse limite foi reduzido a 2%. O objetivo era diminuir a entrada de judeus vindos da Europa Oriental, católicos do sul da Europa, eslavos e asiáticos.

O discurso que apoiava a medida afirmava que a meta era a garantia dos empregos disponíveis no país para os próprios estadunidenses. Contudo, a medida visava também evitar a difusão das ideias da Revolução Russa de 1917 e a disseminação de ideologias indesejadas pelo governo dos Estados Unidos, mantendo, dessa forma, a predominância da ideologia capitalista na sociedade.

> **GLOSSÁRIO**
>
> **Destilaria:** fábrica de destilados, bebidas.
> **Gângster:** integrante de um grupo de malfeitores, de bandidos.

O principal porto de entrada de imigrantes europeus nos Estados Unidos, entre o início e a metade do século XX, ficava em Ellis Island, ilha na cidade de Nova York, próxima de onde foi instalada a Estátua da Liberdade. A hospedaria de imigrantes funcionava no local como uma antessala para acesso ao país: os selecionados poderiam adentrar o continente, enquanto doentes, pessoas de orientação política considerada "duvidosa" e outros eram mantidos ali ou deportados.

← Bebida clandestina sendo despejada no esgoto durante a Lei Seca. Nova York (EUA), 1921.

! CURIOSO É...

Al Capone

A imagem de Al Capone foi imortalizada pelo cinema de Hollywood. O gângster inspirou muitos roteiros cinematográficos e continua a fazer parte do imaginário dos apreciadores da sétima arte. Filmes como *O Poderoso Chefão*, *Scarface*, *Donnie Brasco*, entre outros, retratam os gângsteres de forma romantizada. No entanto, a vida de Al Capone e de outros gângsteres não era gloriosa como mostrada nos longas-metragens.

57

Crise de 1929

Durante a década de 1920, com a facilidade de obtenção de crédito para adquirir as últimas novidades do mercado, os Estados Unidos vivenciaram um grande aumento do consumo. O crescente lucro resultante da compra e venda de ações nas bolsas de valores e a **especulação imobiliária** davam a impressão de que a prosperidade naquele país não tinha limites.

> **GLOSSÁRIO**
>
> **Especulação imobiliária:** compra ou aquisição de imóveis com o objetivo de vendê-los ou alugá-los posteriormente, na expectativa de que seu valor de mercado aumente durante determinado período de tempo.

O crescimento econômico que alimentava essa sensação, no entanto, não durou toda a década. Conforme a economia da Europa recuperava-se e sua produção industrial era retomada, a demanda externa dos Estados Unidos diminuía consideravelmente. Apesar disso, as fábricas estadunidenses não reduziram a produção. Grandes estoques foram formados e os baixos salários da massa de trabalhadores foram congelados. A superprodução causou a queda dos preços dos produtos ao mesmo tempo que se iniciava um processo crescente de demissões.

A dificuldade econômica gerada por esses fatores começou a ficar evidente em julho de 1929, mas a crise só se tornou alarmante no dia 24 de outubro daquele ano – na chamada Quinta-Feira Negra –, quando ocorreu a quebra da Bolsa de Valores de Nova York. Naquele dia, em Wall Street (distrito financeiro de Nova York), as ações das grandes companhias começaram a cair rapidamente.

Em pouco tempo, as empresas supostamente sólidas haviam perdido totalmente seu valor e milhões de investidores perderam tudo. A situação piorou e a crise alastrou-se para outros setores da economia, gerando pânico e levando ao fechamento de milhares de bancos e empresas. O resultado disso foi um aumento ainda mais grave do desemprego.

A crise dos Estados Unidos espalhou-se rapidamente pelo mundo. Além de frear seus investimentos no exterior, o país diminuiu de forma drástica as importações, o que afetou diretamente a economia das nações com as quais mantinha relações comerciais.

A crise do comércio mundial acarretou o fechamento de bancos e indústrias pelo mundo, bem como a queda nos preços dos produtos agrícolas. O desemprego generalizou-se: em 1932 havia mais de 30 milhões de desempregados nas principais nações capitalistas. A fome e a miséria social marcaram a vida de grande parte da população nesse período.

↑ Mulher estadunidense em sua cozinha equipada com alguns eletrodomésticos, em 1927.

↑ Florence Owens Thompson e suas crianças. Nipondo, Califórnia, 1936.

A saída para a crise

Nas eleições presidenciais de 1932, a primeira após a crise, os republicanos lançaram Herbert Hoover como candidato à reeleição, enquanto os democratas sustentaram a candidatura de Franklin Delano Roosevelt.

Roosevelt, que era aconselhado por um grupo de jovens administradores e economistas chamado Brain Trust, tinha uma visão diferente da de seu opositor para contornar os problemas pelos quais o país passava. A principal promessa de sua campanha era a intervenção do Estado na economia e a criação de empregos, o que mais tarde foi batizado como New Deal (Novo Acordo). Apesar de Hoover afirmar que essas propostas só agravariam a situação, o povo norte-americano confiou e elegeu Roosevelt.

Em 1933, Roosevelt assumiu a presidência e deu início à recuperação econômica dos Estados Unidos. Os dois principais itens do New Deal destinavam-se à retomada da produtividade da agricultura e da indústria por meio de ações conjuntas entre o Estado e a **iniciativa privada**. Na agricultura, por exemplo, foram adotadas medidas para limitar a produção, aumentar o lucro dos agricultores e incentivar a exportação dos produtos. Já a indústria recebeu incentivos fiscais, como financiamentos a juros baixos e aquisição de ações por parte do Estado.

A questão do desemprego foi enfrentada com a realização de grandes obras públicas — como a contratação de trabalhadores para a construção de hospitais, escolas, hidrelétricas e rodovias — e de subsídios estatais a diversos setores produtivos.

O governo de Roosevelt conseguiu minimizar os efeitos da Grande Depressão (como ficou conhecido o período posterior à Crise de 1929). Em pouco tempo, os Estados Unidos voltaram a crescer, sobretudo em virtude dos empregos criados pelo grande pacote de investimentos do governo.

↑ A charge retrata o presidente Roosevelt, dos Estados Unidos, conduzindo um navio com o povo estadunidense em direção à recuperação econômica, enquanto seus detratores resmungam sob a nuvem da Depressão, c. 1934.

GLOSSÁRIO

Iniciativa privada: é a prática ou iniciativa de instituições que não são ligadas ao governo nem patrocinadas por ele.

← Cidadãos afro-americanos, vítimas de enchente, aguardam atendimento assistencial; ao fundo, cartaz com frase que enaltece o modo de vida americano, c. 1937.

1929 e 2008: duas crises financeiras globais

No começo do século XXI, os Estados Unidos enfrentaram uma crise econômica semelhante à que ocorreu em 1929. Enquanto a primeira teve início no processo produtivo, com impactos no sistema financeiro, a segunda originou-se diretamente dele. Ambas, porém, causaram graves consequências e atingiram outros países.

Na década de 1920, a economia norte-americana passava por um período de grande crescimento devido às exportações e aos financiamentos para a Europa, que, por sua vez, reconstruía-se da Primeira Guerra

↑ A crise impulsionada pela especulação imobiliária nos Estados Unidos levou à falência bancos tradicionais do país, como o Lehman Brothers. Nova York (EUA), 2008.

Mundial. Com a retomada da produção europeia, os Estados Unidos produziram mais do que seu mercado interno era capaz de consumir.

Em 1927, as exportações estadunidenses para a Europa foram consideravelmente reduzidas, o que levou ao aumento de estoque de mercadorias. Diminuir a produção e demitir trabalhadores seriam os passos seguintes para tentar resolver o problema de produção; mas, ao mesmo tempo, poderiam representar fraqueza e a imediata desvalorização das ações das empresas na bolsa de valores. Muitas empresas optaram, então, por encobrir perdas e maquiar suas dívidas. Num primeiro momento, essas perdas foram analisadas como passageiras, mas não tardou para que acarretassem problemas ainda maiores. A "bolha" atingiu seu limite máximo em 24 de outubro de 1929, a chamada Quinta-Feira Negra, que determinou a quebra da Bolsa de Nova York.

Já no início do século XXI, o governo dos Estados Unidos, ao notar que o crescimento do país diminuía, orientou o Banco Central para ampliar o crédito, ou seja, possibilitar que mais pessoas pegassem dinheiro emprestado, e também para reduzir a taxa de juros. Assim, os bancos tornaram-se menos rigorosos, especialmente para conceder empréstimos imobiliários, o que levou muitas pessoas a investir nesse setor (considerado um investimento de alto risco). Entretanto, o aumento da procura também elevou a inflação e, para controlá-la, o Banco Central corrigiu a taxa de juros (aumentou de 1% em 2004 para 5,6% em 2006). A alta dos juros resultou em diminuição dos investimentos e na impossibilidade de as pessoas pagarem os empréstimos feitos. Com isso, em 15 de setembro de 2008, o banco Lehman Brothers — uma das principais instituições financeiras do país, com 158 anos de existência — viu suas ações na bolsa de valores cair cerca de 95%, e decretou concordata.

As consequências de ambas as crises foram semelhantes: queda nas bolsas de valores de todo o mundo, aumento do desemprego e prejuízos para os investidores externos. Segundo o Banco Mundial, nenhum país industrializado ou em desenvolvimento passou ileso pelos efeitos da crise.

1. Quais são as semelhanças e diferenças entre as crises de 1929 e de 2008?

ATIVIDADES

SISTEMATIZAR

1. Explique o que foram a Lei Seca e a Lei de Imigração.

2. A quebra da Bolsa de Valores de Nova York, ocorrida em 1929, foi provocada por fatores internos ligados à economia dos Estados Unidos. Porém, acontecimentos internacionais também afetaram a economia do país no período, podendo ser considerados motivos indiretos para a quebra. Cite um desses acontecimentos.

3. Explique por que a Crise de 1929 e a consequente quebra da Bolsa de Valores de Nova York, nos Estados Unidos, afetaram vários países do mundo.

4. Sobre as propostas do governo Roosevelt, explique:
    a) Qual foi a principal proposta para solucionar a crise que os Estados Unidos vivenciavam em 1932? Comente.
    b) Como a questão do desemprego foi enfrentada pelo governo do presidente Roosevelt?

REFLETIR

1. Observe a imagem e faça o que se pede.
    a) Descreva o que está retratado na fotografia.
    b) Explique a diferença entre o clima de euforia vivido nos Estados Unidos no início do século XX e a cena representada na imagem.

Distribuição de suprimentos improvisada por cidadãos em Nova York durante a Depressão, que resultou da quebra da Bolsa de Valores de Nova York, em 1929.

2. Sobre o programa econômico do governo Roosevelt, responda às questões:
    a) Qual foi a principal medida tomada para conter a crise econômica proporcionada pela quebra da bolsa de valores em 1929?
    b) Qual era a relação entre as políticas intervencionistas do Estado e a iniciativa privada estadunidense durante a Crise de 1929? Explique.

DESAFIO

1. A Crise de 1929 gerou uma enorme quantidade de desempregados nos Estados Unidos. Atualmente, milhares de pessoas estão desempregadas no Brasil, embora os índices de desemprego não se comparem aos atingidos nos Estados Unidos em 1929. Faça uma pesquisa sobre o índice de desemprego no Brasil e as medidas adotadas pelo governo para minimizar esse problema.

Luta de trincheiras na Primeira Guerra Mundial

No inverno de 1914, com a impossibilidade de os exércitos de ambos os lados da disputa conseguirem avançar em campo, a construção de trincheiras tornou-se essencial para não deixar o exército ser alvo fácil do intenso bombardeio da artilharia. Para prepará-las, os exércitos tiveram de fazer várias escavações e túneis interligando as trincheiras, ao longo de cerca 750 km na frente de batalha, do mar até os Alpes – tudo para defender as posições conquistadas.

Princípio básico

Trincheiras eram fortalezas cavadas no chão e projetadas em formato sinuoso para evitar os ataques da artilharia inimiga.

Principais elementos nos campos de batalha

Armas automáticas forçavam os soldados a cavar trincheiras como proteção contra o fogo inimigo.

Abastecimento
Caminhões com soldados, suprimentos de guerra e alimentos circulavam e retiravam os feridos.

Linha de frente
A primeira trincheira era a mais perigosa. Os soldados tinham de se proteger sozinhos do fogo inimigo e da artilharia do próprio exército, que vinha da segunda linha de trincheiras às suas costas.

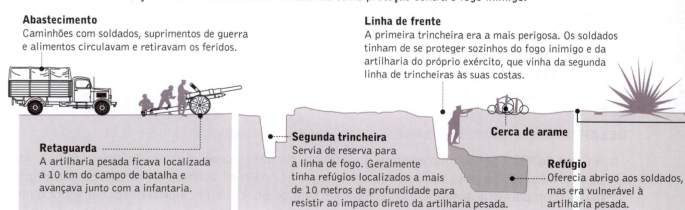

Retaguarda
A artilharia pesada ficava localizada a 10 km do campo de batalha e avançava junto com a infantaria.

Segunda trincheira
Servia de reserva para a linha de fogo. Geralmente tinha refúgios localizados a mais de 10 metros de profundidade para resistir ao impacto direto da artilharia pesada.

Cerca de arame

Refúgio
Oferecia abrigo aos soldados, mas era vulnerável à artilharia pesada.

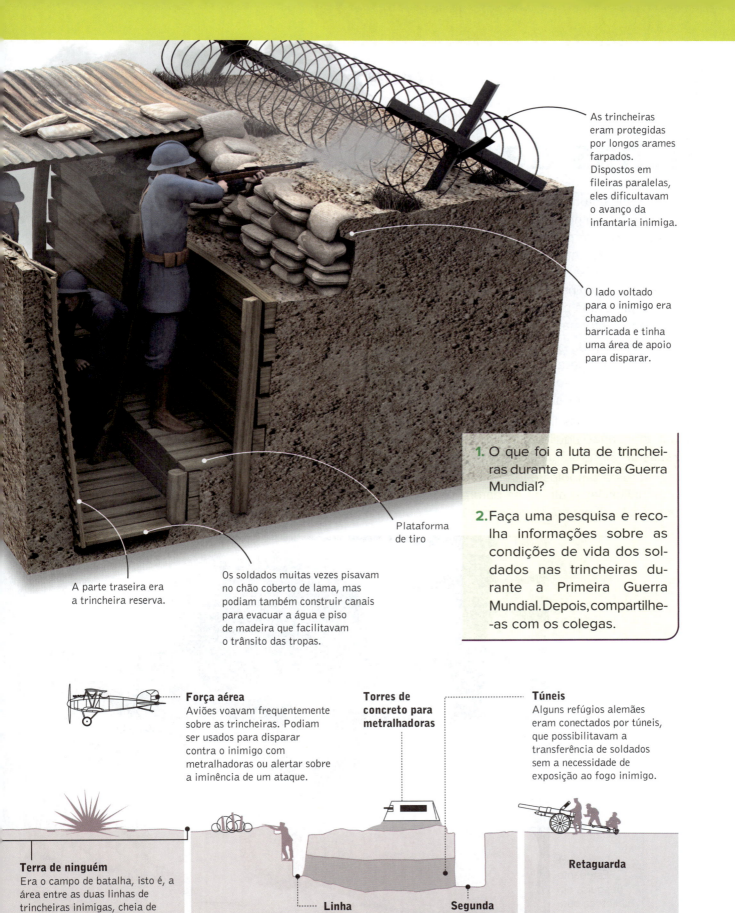

As trincheiras eram protegidas por longos arames farpados. Dispostos em fileiras paralelas, eles dificultavam o avanço da infantaria inimiga.

O lado voltado para o inimigo era chamado barricada e tinha uma área de apoio para disparar.

Plataforma de tiro

A parte traseira era a trincheira reserva.

Os soldados muitas vezes pisavam no chão coberto de lama, mas podiam também construir canais para evacuar a água e piso de madeira que facilitavam o trânsito das tropas.

1. O que foi a luta de trincheiras durante a Primeira Guerra Mundial?

2. Faça uma pesquisa e recolha informações sobre as condições de vida dos soldados nas trincheiras durante a Primeira Guerra Mundial. Depois, compartilhe-as com os colegas.

Força aérea
Aviões voavam frequentemente sobre as trincheiras. Podiam ser usados para disparar contra o inimigo com metralhadoras ou alertar sobre a iminência de um ataque.

Torres de concreto para metralhadoras

Túneis
Alguns refúgios alemães eram conectados por túneis, que possibilitavam a transferência de soldados sem a necessidade de exposição ao fogo inimigo.

Terra de ninguém
Era o campo de batalha, isto é, a área entre as duas linhas de trincheiras inimigas, cheia de minas, lama e buracos de bombas.

Linha de frente

Segunda trincheira

Retaguarda

63

LABORATÓRIO DA HISTÓRIA

Fichas de estudo

Neste tema estudamos acontecimentos muito importantes para a história do século XX, os quais deram início a uma nova configuração mundial. Novas tecnologias foram desenvolvidas e introduzidas no cotidiano das pessoas e diferentes formas de governo passaram a existir. Tudo isso, conforme você verá mais adiante, fez parte de um longo processo histórico que conduziu à Segunda Guerra Mundial, à consolidação dos Estados Unidos como grande potência global e à polarização política do mundo até quase o final do século. Como os episódios citados foram fundamentais para a compreensão da nossa história contemporânea, precisamos entendê-los detalhadamente. Parece complicado, não? Há tantas informações, tantas questões... Vamos descobrir juntos como fazer isso?

Ao longo de todo o ano letivo, você pode elaborar fichas de estudo para cada grande acontecimento histórico que estudar. Essas fichas o auxiliarão a organizar suas ideias e também facilitarão seus estudos futuros sobre o assunto, pois funcionam como um levantamento sistematizado das informações mais importantes.

Para elaborar boas fichas de estudo, lembre-se de contemplar os principais conceitos de cada assunto, elencando aquilo que é indispensável e o que é secundário. As informações devem ser organizadas de forma simples e clara, e as relações entre elas devem ser facilmente compreensíveis.

Usar cores e símbolos diferentes também ajuda a deixar as fichas menos carregadas de texto e mais comunicativas e atraentes para o seu momento de estudo posterior. Setas, números e caixas facilitam a subordinação de um conteúdo ao outro e a disposição das informações no papel.

→ Estudante pesquisa em biblioteca para elaborar ficha de estudo.

Passo a passo

Vamos elaborar nossa primeira ficha de estudos? As dicas a seguir nos auxiliarão nessa divertida tarefa.

Para o fichamento (nome que se dá a anotações em fichas), vamos trabalhar o seguinte tema: a Crise de 1929.

1. Na sala de aula, com os colegas e o professor, definam juntos quais informações são importantes em uma ficha de estudo sobre esse tema.
2. No caderno, anote os itens escolhidos.
3. Releia o capítulo "A crise que abalou o mundo" e revise as anotações que você fez em sala de aula.
4. Faça no caderno um esboço da ficha, preenchendo todos os itens com suas próprias palavras.

Pronto! Você já pode construir sua ficha!

Finalização

1. No caderno, elabore um quadro conforme os itens que foram definidos em sala de aula. Observe o modelo a seguir:

A Crise de 1929	
Antecedentes históricos	
Principais causas	
Características do período	
Consequências	

2. Reescreva as anotações elaboradas sobre cada item, já com as correções orientadas pelo professor, e troque sua ficha de estudo com um colega.
3. Leia e analise as anotações do colega, depois compare-as com as suas para identificar semelhanças e diferenças entre elas.
4. Converse com os colegas sobre os avanços apresentados nos trabalhos de vocês, procurando aperfeiçoar o modo pelo qual sistematizaram o conhecimento adquirido.
5. Com a mediação do professor, compartilhe a experiência com os demais colegas, lembrando sempre que devem ser feitas apenas críticas e/ou sugestões construtivas.

Bom trabalho!

PANORAMA

FAÇA AS ATIVIDADES A SEGUIR E REVEJA O QUE VOCÊ APRENDEU.

1. O ano de 1914 marca o fim do clima de otimismo na Europa e o começo da Primeira Guerra Mundial. O que eram as alianças políticas entre os Estados europeus e o que elas significaram nessa época?

2. Sobre a Primeira Guerra Mundial, complete as lacunas no texto abaixo.

   - O estopim do conflito foi o ▒▒▒▒ do arquiduque e da arquiduquesa do Império Austro-Húngaro em Sarajevo, na Bósnia. No entanto, aspectos anteriores a esse fato colaboraram para esse desfecho, como o revanchismo francês e as concorrências ▒▒▒▒ e por ▒▒▒▒. A entrada dos ▒▒▒▒ na guerra desequilibrou-a e, no mesmo ano, o Império Otomano, a Áustria-Hungria e a Bulgária renderam-se. Após o fim do conflito, foi assinado o ▒▒▒▒, que determinava os territórios perdidos e as despesas a pagar pela ▒▒▒▒; além disso, foi criada a Polônia.

3. A Primeira Guerra é caracterizada pela estratégia do uso de trincheiras nas frentes de combate. Explique o que foi esse tipo de combate e por que as trincheiras foram utilizadas.

4. O trecho a seguir foi retirado do livro *Nada de novo no front*, escrito por Erich Maria Remarque, um soldado alemão que lutou na Primeira Guerra Mundial. Leia-o e responda às questões.

   "Estou muito tranquilo. Que venham os meses e os anos, não conseguirão tirar mais nada de mim, não podem me tirar mais nada. Estou tão só e sem esperança que posso enfrentá-los sem medo. A vida, que me arrastou por todos estes anos, eu ainda a tenho nas mãos e nos olhos. Se a venci, não sei. Mas enquanto existir dentro de mim – queira ou não esta força que em mim reside e que se chama eu –, ela procurará seu próprio caminho."

   Tombou morto em outubro de 1918, num dia tão tranquilo em toda a linha de frente que o comunicado se limitou a uma frase: "Nada de novo no *front*".

   Caiu de bruços e ficou estendido, como se estivesse dormindo. Quando alguém o virou, viu-se que ele não devia ter sofrido muito. Tinha no rosto uma expressão tão serena que quase parecia estar satisfeito de ter terminado assim.

   Erich Maria Remarque. *Nada de novo no front*. Porto Alegre: L&PM, 2004. p. 142-143.

   a) Que tema é abordado no trecho?
   b) De acordo com o texto, podemos dizer que o clima de otimismo que dominava as pessoas na Europa antes da Primeira Guerra permaneceu entre aqueles que participaram do evento? Explique.

5. Explique a relação entre a Primeira Guerra Mundial e o fim do Império Russo.

6. Quais foram as consequências da entrada dos Estados Unidos na Primeira Guerra Mundial?

7. Quanto às revoluções russas, copie no caderno a afirmativa correta.
   a) A Rússia do século XIX já apresentava um perfil revolucionário, tanto que, apesar de demorar a ocorrer, a revolução foi bem-sucedida logo na primeira tentativa.
   b) O massacre que ficou conhecido como Domingo Sangrento desanimou a luta popular pela revolução.
   c) No período de conflito interno pelo poder, o governo tomou medidas para controlar a economia do país, tais como racionamento de itens de primeira necessidade, estatização, proibição de lucros e desapropriação dos bens da Igreja.

8. Os sovietes tiveram suma importância no processo revolucionário da Rússia. Explique o papel deles na Revolução Bolchevique, em 1917.

9. O governo revolucionário russo instituiu a Nova Política Econômica (NEP), o objetivo era estabelecer uma economia de mercado sem

o retorno do capitalismo. Analise o cartaz a seguir e, com base nele e em seus conhecimentos, faça o que se pede.

← O trem segue da estação socialista para a estação comunista: propaganda soviética que destacava o progresso dos índices econômicos em razão do crescimento da economia socialista. Cartaz de 1939.

a) Descreva o que está representado no cartaz e relacione o conteúdo dele com a ideia de desenvolvimento econômico.

b) Explique quais foram as consequências dessa política para a Rússia.

10. A quebra da Bolsa de Valores de Nova York foi o acontecimento que deu início à chamada Grande Depressão, crise econômica que afetou os Estados Unidos e outros países do mundo.

a) Explique por que a quebra da bolsa afetou a economia mundial.

b) Que aspectos históricos explicam a dependência de outras nações em relação à economia dos Estados Unidos?

11. O trecho a seguir foi extraído do livro *As vinhas da ira*, de John Steinbeck, que trata dos reflexos da Crise de 1929 na vida dos trabalhadores estadunidenses. Leia-o e responda ao que se pede.

Uma família [...] mudava-se de suas terras. O pai pedira dinheiro ao banco e agora o banco queria suas terras. [...] A companhia das terras quer tratores em vez de pequenas famílias nas terras. Um trator é mau? [...] esse trator faz duas coisas diferentes: traça sulcos nas terras e expulsa-nos dela. Não há quase diferença entre esse trator e um tanque de guerra. Ambos expulsam os homens que lhes barram o caminho, intimidando-os, ferindo-os. [...] Meio milhão de homens caminham pelas estradas; um milhão mais prepara-se para a caminhada; dez milhões mais sentem as primeiras inquietudes. E tratores abrem sulcos múltiplos nas terras abandonadas.

John Steinbeck. *As vinhas da ira*. Rio de Janeiro: BestBolso, 2008. p. 202-204.

- De que maneira o trecho do livro descreve as consequências da crise para a população norte-americana?

12. Nas eleições de 1932, os Estados Unidos começaram a vislumbrar uma saída da Grande Depressão com a eleição de um membro do Partido Democrata para a Presidência da República. Quem foi o democrata eleito e qual foi sua principal proposta para a solução da crise estadunidense?

13. Copie no caderno as afirmativas corretas.

a) A década de 1920 foi um período de prosperidade econômica nos Estados Unidos.

b) A Lei Seca de 1920 foi aplicada como um modo de o Estado controlar a economia, mas apenas abriu as portas do país para contrabandos e gângsteres.

c) Uma das principais causas da quebra da Bolsa de Nova York foi a política liberal adotada pelos Estados Unidos.

14. Qual era a intenção do governo americano com a implantação do *New Deal*?

DICAS

▶ ASSISTA

Reds. EUA, 1981. Direção: Warren Beatty, 195 min. O filme relata os primeiros acontecimentos da Revolução Russa por meio dos relatos do jornalista John Reed e da feminista Louise Briant, além de destacar importantes personagens da esquerda estadunidense e a influência das ideias de Trotski sobre a revolução.

📖 LEIA

Os inventores do New Deal: Estado e sindicatos no combate à Grande Depressão, de Flávio Limoncic (Civilização Brasileira). O livro retoma o debate em torno da Crise de 1929 que abalou o mundo, e reflete sobre as medidas tomadas por Roosevelt para redistribuir a renda, traçando um paralelo com a situação social e econômica atual dos Estados Unidos.

↑ Vista da cidade de Dresden, Alemanha, arruinada após os bombardeios ocorridos durante a Segunda Guerra Mundial, 1945.

TEMA 3
Autoritarismo e guerras

NESTE TEMA
VOCÊ VAI ESTUDAR:

- o surgimento dos regimes autoritários na Europa;
- o autoritarismo no Brasil durante o Estado Novo;
- os motivos e os desfechos da Segunda Guerra Mundial.

Em fevereiro de 1945, a cidade de Dresden, na Alemanha, foi exposta a um intenso bombardeio. Toneladas de explosivos foram despejados, resultando em milhares de mortos e na destruição das riquezas culturais e artísticas de uma das mais belas cidades da Europa.

Estima-se que, em dois dias, 35 mil pessoas tenham sido mortas, das quais 10 mil nunca foram identificadas. Você consegue imaginar como seria viver em um local que poderia, a qualquer momento, virar cinzas?

CAPÍTULO 1

Fascismo e nazismo

Neste capítulo, você vai estudar o surgimento, na Europa, de regimes autoritários após a crise econômica que afetou diversos países durante a Grande Depressão. Entre eles, destacamos o fascismo, na Itália, e o nazismo, na Alemanha.

Na década de 1930, uma das maneiras encontradas por diversos países para superar a Crise de 1929 foi a aplicação de políticas de intervenção do Estado na economia. Essa intervenção foi um dos principais fatores que levaram à ascensão de regimes autoritários. Eles buscavam controlar todos os setores da vida da população, defendendo a ideia de um Estado forte e centralizado na figura do líder.

A Itália e a Alemanha são exemplos de países onde o autoritarismo ditou as bases da sociedade no período. O fascismo italiano e o nazismo alemão, embora tivessem diferenças entre si, foram chamados de regimes autoritários.

Além da crise econômica e da instabilidade sociopolítica que marcaram a década de 1930, a ascensão dos movimentos autoritários na Europa apoiou-se também no processo de militarização após a Primeira Guerra Mundial. Isso porque o fim do conflito não significou o término da animosidade entre os países nem da disputa por territórios, mas, sim, deixou sequelas que culminaram em um novo conflito de grandes proporções.

O fascismo na Itália

Durante a Primeira Guerra Mundial, a indústria italiana dedicou-se principalmente à produção de metais, automóveis e artefatos de engenharia, expandindo-se rapidamente. Porém, com o fim do conflito, não foi capaz de se sustentar apenas com as vendas em território italiano. A Primeira Guerra pesou na derrocada italiana, também em virtude de o país ser um "vencedor derrotado", uma vez que participou da coalizão vitoriosa. Apesar disso, não foi beneficiado pelos acordos de paz, em virtude de sua aliança anterior com a Alemanha e os impérios da Europa central. A diminuição da exportação, aliada à falta de matérias-primas, fez com que a indústria encolhesse, acarretando, em pouco tempo, uma crise econômica e política no país.

Em 1919, o custo de vida na Itália era alto e o desemprego afetava cerca de 2 milhões de pessoas. Em clima de recessão, os trabalhadores organizaram-se e reivindicaram medidas mais incisivas do governo, principalmente para controlar a inflação. Nesse contexto, a monarquia e a classe média temiam que acontecesse no país uma revolução nos moldes da que ocorrera na Rússia em 1917.

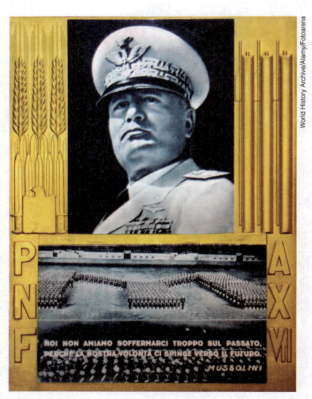

↑ Benito Mussolini retratado em capa de calendário fascista, 1938.

O movimento fascista

Em março de 1919, o político Benito Mussolini, que era crítico do governo italiano, fundou o movimento fascista, de forte caráter nacionalista. O movimento reunia quase 200 participantes, que alegavam combater a ameaça socialista. Logo ele obteve o apoio de parte da população e das Forças Armadas.

O Partido Nacional Fascista

Graças às suas pregações nacionalistas, moralistas e anticomunistas, com o tempo Mussolini conquistou forte aprovação da sociedade e, em 1921, fundou o Partido Nacional Fascista. Estima-se que, ao final daquele ano, o partido tenha alcançado cerca de 200 mil membros.

No ano seguinte, as críticas dos fascistas ao governo intensificaram-se a ponto de Mussolini solicitar a demissão do primeiro-ministro italiano. Diante da recusa do rei Vitor Emanuel III em tomar tal decisão, Mussolini organizou uma grande manifestação, que ficou conhecida como Marcha sobre Roma. Nesse ato, aproximadamente 25 mil militantes com camisas pretas (os Camisas Negras) ocuparam a capital italiana e exigiram a indicação de um novo governo. Temendo uma guerra civil, o rei Vitor Emanuel III nomeou Mussolini como primeiro-ministro.

← Benito Mussolini e generais durante a Marcha sobre Roma, em 28 de outubro de 1922.

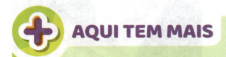 **AQUI TEM MAIS**

A criação do Estado do Vaticano

O Estado do Vaticano é um dos menores países do mundo. Ele foi criado em 1929, com o Tratado de Latrão, um acordo entre a Igreja Católica e o Estado italiano que garantia a neutralidade da Igreja nas questões internas da política italiana e em relação aos anseios de guerra encampados pelo fascismo. Vale lembrar que, na década de 1870, o papado havia se recusado a aceitar a unificação italiana e não mantinha, desde então, relações oficiais com o Estado italiano.

A Igreja Católica passou a ter soberania espiritual e seu Estado tornou-se uma monarquia sacerdotal, na qual o papa é o chefe de Estado. Atualmente, o Vaticano recebe milhões de turistas por ano.

1. Pesquise como é a infraestrutura do Estado do Vaticano para receber milhões de turistas todos os anos.

Mussolini no poder

Em seu primeiro discurso no Parlamento como primeiro-ministro, Mussolini anunciou que havia 300 mil camisas negras armados, preparados para formar um governo exclusivamente fascista. O Parlamento, então, concedeu a Mussolini poderes para realizar reformas econômicas e administrativas.

O Estado tomou uma série de medidas para agradar aos empresários, como a privatização do serviço telefônico, a abolição do seguro de vida e o fim dos impostos sobre herança. Foi constituído o Grande Conselho Fascista, que era formado apenas por ministros do partido e responsável pelas decisões mais importantes do país; e a Milícia Voluntária para a Segurança Nacional, braço armado do regime fascista. Desse modo, Mussolini esvaziou o poder do Parlamento e concentrou também o poder da polícia em suas mãos.

Entre 1925 e 1926, o ditador italiano dissolveu os partidos de oposição, fechou jornais e assassinou ou expulsou do país adversários políticos. Durante esse período, o monarca Vitor Emanuel III estava bastante doente. Com isso, Mussolini adquiriu ainda mais poder e instaurou uma ditadura na Itália. Em 1927, estava consolidado um Estado autoritário e militarizado.

A ascensão do nazismo

Na Alemanha, a iminente derrota na Primeira Guerra Mundial, a crise econômica, política e social levaram à abdicação do *kaiser* Guilherme II. Estabeleceu-se, então, um governo provisório, cuja tarefa era assinar a rendição, em 1918, reconhecendo a derrota alemã no conflito, além de convocar eleições para a formação de uma Assembleia Nacional Constituinte. Em 1919, a Assembleia Nacional reuniu-se para elaborar a Constituição do novo Estado, denominado República de Weimar.

Logo no início da década de 1920, a República alemã enfrentou uma forte crise econômica, agravada por conflitos políticos entre os partidos de esquerda e de direita, pelas dívidas de guerra (definidas pelo Tratado de Versalhes) e pela ocupação francesa da região industrializada do Ruhr, que servia como garantia do pagamento das dívidas dos alemães. Com isso, ocorreu uma hiperinflação, que rondou boa parte dos anos 1920, manifestando-se a cada momento de forma mais ou menos contundente.

No mesmo ano, ascendeu ao poder o Partido Popular (centro-direita), que organizou uma abrangente reforma financeira. Até 1929, o país teve breves hiatos de recuperação econômica, porém, a quebra da Bolsa de Valores de Nova York acentuou e acelerou o colapso final do modelo econômico de Weimar.

Em 1933, em meio a desacordos sobre as atitudes que deveriam ser tomadas para controlar a situação, o decreto do presidente Hindenburg, que nomeava como chefe de governo o político Adolf Hitler, do Partido Nazista (extrema direita), foi aprovado pelo parlamento alemão (Reichstag).

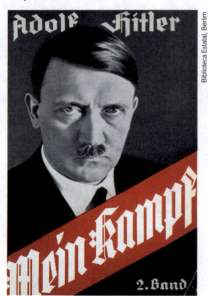

↑ Capa do livro *Mein Kampf*, de Adolf Hitler, v. 2, edição de 1926.

> A estrutura da República de Weimar era democrática. A partir dos 20 anos, tanto homens quanto mulheres podiam votar. O chanceler (chefe do governo) precisava do apoio da maioria do Parlamento (chamado Reichstag) para as tomadas de decisão. Os membros deste, por sua vez, eram eleitos por representação proporcional, ou seja, o número de cadeiras que cada partido ocupava era proporcional ao número de votos conseguidos nas eleições.

As ideias de Hitler

Adolf Hitler era ex-combatente da Primeira Guerra Mundial. Em 1923, aproveitando o descontentamento popular e a crise política, tentou dar um golpe de Estado, mas seus planos falharam. Ele foi condenado a cinco anos de prisão, dos quais cumpriu apenas nove meses. Durante o tempo em que esteve na prisão, escreveu parte de sua autobiografia, *Mein Kampf* (Minha luta), na qual expôs suas concepções políticas e teorias racistas. O conteúdo do livro atraiu a população alemã, que tinha saído humilhada da guerra para um estado contínuo de instabilidade política e social.

Em termos ideológicos, o pensamento de Hitler, revelado nesse livro, apresentava antissemitismo (ele considerava os judeus e outros grupos como inferiores e acreditava que eles poderiam corromper a "pureza alemã"); racismo (também acreditava em uma raça humana superior às demais, que, segundo ele, seria a dos arianos, ancestrais dos alemães); nacionalismo exacerbado; exaltação da guerra; desprezo pela democracia liberal; repúdio ao marxismo e defesa do intervencionismo estatal na economia.

O Partido Nazista

O programa político do Partido Nazista contemplava 25 pontos, entre eles: horizontalidade diplomática para que a Alemanha pudesse negociar com outras nações (ou seja, a abolição do Tratado de Versalhes), ampliação territorial do Estado alemão, discriminação e exclusão dos judeus, e limitação da liberdade de imprensa.

Ao assumir o poder, Hitler convocou novas eleições com o objetivo de alcançar a maioria absoluta no Parlamento. O incêndio do Palácio do Reichstag, em 27 de fevereiro do mesmo ano, foi atribuído aos comunistas e abriu caminho para uma ditadura nazista. Após o evento, foi declarado estado de exceção, e os nazistas extinguiram a democracia alemã: os partidos políticos, exceto o Partido Nazista, foram colocados na ilegalidade e decretou-se o fim da liberdade política na Alemanha.

← Adolf Hitler durante um comício nazista em Buckeberg, Alemanha, 1934.

 **CURIOSO É...**

A pipa de dinheiro

Nos anos 1920, a difícil situação econômica alemã propiciava cenas cômicas, como casais transportando dinheiro em baldes, em sacolas enormes e até em carroças. O dinheiro valia tão pouco que era comum crianças fazerem pipas com notas de marco (moeda alemã).

A propaganda nazista

↑ Pôster de propaganda alemã da década de 1930 com os dizeres: "A Alemanha está livre".

A propaganda política foi o instrumento mais importante de divulgação das ideias nazistas. O governo de Hitler soube se aproveitar do avanço tecnológico, que possibilitou a massificação dos meios de comunicação, como o rádio e o cinema.

Já em 1933, quando Adolf Hitler chegou ao poder, foi criado o Ministério da Educação Pública e Propaganda, chefiado por Joseph Goebbels. Num regime em que a censura e o autoritarismo não permitiam a livre circulação de ideias nem a liberdade de expressão, muito menos contestação ao governo, a propaganda tornou-se quesito fundamental para impor seus próprios valores ao povo.

O convencimento era realizado ao apelar para o lado emocional, conseguindo a adesão da população com o estímulo a uma relação pessoal e passional com a causa nazista. As mensagens eram simples, repletas de imagens e repetitivas para serem compreensíveis às classes menos escolarizadas. De maneira velada, mas enérgica, ameaçavam aqueles que se opusessem ao regime e prometiam vida próspera e uma Alemanha forte e unida.

A perseguição aos judeus

Um dos pilares da ideologia nazista era a teoria racial. Seus seguidores acreditavam que a raça ariana, da qual faziam parte os alemães, era superior. A miscigenação com raças consideradas inferiores pelos nazistas significaria o declínio da superioridade. Dessa maneira, para conservar a suposta pureza de sangue e a garantia do **espaço vital**, o regime nazista empreendeu uma grande perseguição aos judeus, que foram taxados como inimigos da nação alemã e responsabilizados pela crise econômica.

O extermínio sistemático de judeus na Europa foi determinado pelos nazistas a partir de 1941, durante a Segunda Guerra Mundial. Milhares de judeus foram confinados em **campos de concentração** e de extermínio. O mais conhecido deles foi o de Auschwitz, na Polônia. Acredita-se que, ao todo, 6 milhões de judeus foram mortos pelo regime nazista das mais variadas formas: fuzilamentos, câmaras de gás, trabalhos forçados, fome, estupros, choques elétricos, frio.

O Holocausto, como foi chamado o genocídio judaico, vitimou cerca de dois terços da população judaica da Europa. Ciganos, homossexuais, comunistas, negros e outras minorias também foram perseguidos e exterminados pelos nazistas.

GLOSSÁRIO

Campo de concentração: centro de confinamento militar para onde eram levados os inimigos políticos, os judeus e outras minorias. Geralmente os campos eram instalados em áreas de terreno livre e cercados por telas de arame farpado ou algum outro tipo de barreira vigiada.

Espaço vital: na doutrina nazista, espaço que deveria ser garantido aos alemães para que se desenvolvessem plenamente, o que tinha como consequência a eliminação de judeus, ciganos e outros grupos minoritários considerados inferiores ou nocivos.

→ Campo de Concentração de Dachau, Alemanha, abril de 1945.

ATIVIDADES

SISTEMATIZAR

1. Com base no estudo deste capítulo, cite algumas características dos regimes autoritário e totalitário estabelecidos na Europa.

2. Exemplifique os fatores que contribuíram para a ascensão do autoritarismo no continente europeu.

3. Em 1922, os fascistas realizaram uma grande manifestação que ficou conhecida como Marcha sobre Roma. Quais foram as consequências dessa marcha?

4. Qual era a situação econômica da Alemanha no início da década de 1920?

5. Cite pelo menos dois elementos que faziam parte do programa político do Partido Nazista.

6. O que foi o Holocausto?

REFLETIR

1. Com base no texto a seguir, responda às questões.

Algumas passagens-chave de *Mein Kampf* disseram respeito à propaganda. Hitler observou ter considerado a administração da propaganda como sendo, de longe, a tarefa mais importante do Partido Nazista nascente. A tarefa da propaganda, escreveu ele, consistia em "providenciar para que uma ideia conquiste adeptos"; ela "[tentava] impor uma doutrina ao povo inteiro". [...] Hitler associava a importância suprema da liderança à agitação, e não a um programa teórico. O grande teorizador, escreveu ele, raramente dava um grande líder. As qualidades de liderança eram mais frequentemente encontradas no agitador. "Pois liderar significa ser capaz de mover as massas."

Ian Kershaw. *Hitler: um perfil do poder*. Rio de Janeiro: Jorge Zahar Editor, 1993. p. 56-57.

a) Qual era o papel da propaganda para o Partido Nazista?

b) Cite quais são as diferenças apresentadas no texto entre o teorizador e o grande líder.

c) Qual é a relação entre o contexto social da Alemanha na década de 1930 e as ideias de Hitler? Explique.

2. Leia o trecho e, em seguida, responda às perguntas.

Comunidades judaicas com centenas de anos desapareceram para nunca, jamais serem restabelecidas. Abriu-se na alma do povo judeu uma ferida que jamais cicatrizaria totalmente. Escreveu-se na história da civilização ocidental um episódio que lançaria para sempre uma sombra na concepção iluminista da bondade e da racionalidade humanas e do progresso da civilização.

Marvin Perry. *Civilização ocidental: uma história concisa*. São Paulo: WMF Martins Fontes, 2015. p. 620.

a) Do que trata o trecho?

b) Por que o autor relaciona os episódios apresentados com a concepção iluminista da civilização?

DESAFIO

1. Vamos conhecer países que vivem sob um regime autoritário neste momento do século XXI?

a) Com auxílio do professor, escolha um país em que as liberdades e os direitos dos cidadãos são reprimidos atualmente. Pesquise o contexto histórico que levou à situação atual e elabore um texto explicando como vivem os habitantes desse país.

b) Elabore um texto traçando um paralelo entre o país que você pesquisou e um dos países neste capítulo. Explique quais são as diferenças e semelhanças entre os regimes adotados por eles.

75

CAPÍTULO 2 — Autoritarismo em Portugal e Espanha

> No capítulo anterior, você viu como se formou o fascismo na Itália e como se deu a ascensão do nazismo na Alemanha. Neste capítulo, você vai estudar o Estado Novo português e a Guerra Civil Espanhola.

O Estado Novo em Portugal

No início da Primeira Guerra Mundial, Portugal era uma **república parlamentarista**, com 60% da economia voltada para a agricultura e 25% para a indústria. O contexto da guerra causou grande desestabilização no país, que passou a vivenciar frequentes greves e manifestações populares. Os governos que ascendiam ao poder enfrentavam continuamente fortes críticas, e não se firmavam.

Em 1928, o Ministério das Finanças português foi assumido pelo professor de Finanças da Universidade de Coimbra António de Oliveira Salazar. Como resultado de sua política econômica bem-sucedida – e com o apoio dos setores conservadores da sociedade –, Salazar foi nomeado primeiro-ministro em 1932, cargo que ocupou até 1968, ano de sua morte.

Por haver proposto, em 1930, a edificação de um novo Estado, Salazar denominou o regime instaurado por ele de Estado Novo. A nova Constituição previa a subordinação de todas as classes ao supremo interesse da nação, de modo que houvesse um só partido, o da União Nacional. Houve também a imposição da religião católica por intermédio do ensino religioso em escolas públicas.

O regime de Salazar aproximou-se bastante dos moldes fascistas. Nos anos de 1936 e 1939 foram criados uma força política policial, uma **milícia paramilitar** e um aparato para propaganda governamental. Seu poder político não foi tão grande quanto o de Hitler ou o de Mussolini, mas a ditadura imposta em Portugal desenvolveu uma forte identidade nacional por meio do nacionalismo exacerbado na política e na cultura.

Na década de 1970, teve início um processo de transformações políticas de caráter liberal que culminou na Revolução dos Cravos. O movimento tinha como objetivos derrubar o regime salazarista, estabelecer a democracia no país e superar os problemas econômicos. As mudanças propostas ganharam forte adesão da população descontente e, em 1974, o Estado Novo chegou ao fim em Portugal.

GLOSSÁRIO

Milícia paramilitar: organização armada formada por cidadãos comuns que não integram as Forças Armadas de um país. As milícias paramilitares podem ser mantidas parcialmente com recursos do Estado ou de particulares.

República parlamentarista: forma de governo em que o Parlamento (Poder Legislativo) sustenta o Poder Executivo. No parlamentarismo, o chefe de Estado é o primeiro-ministro, que, em alguns países, é escolhido pelo Parlamento.

Marcha para Lisboa: soldados na Praça dos Restauradores. Lisboa, Portugal, 1926.

A Guerra Civil Espanhola

No início do século XX, a Espanha também passava por dificuldades. Enquanto os ganhos econômicos do país beneficiaram a monarquia e burguesia nacional, a classe trabalhadora continuou a viver em difíceis condições socioeconômicas.

Em pouco tempo, a depressão econômica pós-guerra afetou a nação. Empresários e organizações de trabalhadores da região industrial da Andaluzia tinham conflitos frequentes, e no campo eclodiam diversas greves e rebeliões agrárias. Enquanto isso, na África, as colônias lutavam por independência.

Em 1923, o rei Afonso XIII nomeou o militar Primo de Rivera presidente do Diretório Militar. Apoiado pela rica burguesia, ele colocou em prática um golpe de Estado: dissolveu o Parlamento, substituiu prefeitos e membros da Assembleia Nacional, interveio na economia, aplicou medidas de protecionismo à indústria, censurou a imprensa, criou um jornal estatal e fundou um novo partido político.

Durante seu governo, a indústria e os transportes modernizaram-se, a produção foi ampliada, a economia expandiu-se e o poder de compra da população cresceu. Porém, essas medidas tiveram um alto custo, gerando um aumento excessivo de impostos. Os altos impostos impulsionaram a burguesia, a Igreja Católica, os militares e até o rei a retirar o apoio a Rivera, que renunciou em 1930.

Com a saída de Rivera, republicanos, socialistas e grupos de esquerda da Catalunha passaram a demandar reformas políticas e clamar pela república. Os conflitos entre os representantes da monarquia e a oposição chegaram ao fim em 14 de abril de 1931, quando a república foi proclamada na Espanha.

De 1931 a 1934, republicanos e socialistas alcançaram a maioria no Parlamento (chamado de Cortes) e o governo realizou algumas reestruturações, como a reforma agrária, a aprovação da Lei do Divórcio e o confisco de terras da Igreja Católica. Além disso, o ensino tornou-se laico.

As reformas desagradaram às camadas conservadoras da sociedade espanhola. Elas ganharam as eleições parlamentares de 1933 e constituíram um novo governo, pondo fim às reformas e reprimindo os oposicionistas, especialmente o movimento operário.

A eleição dos partidos de direita ao Parlamento foi entendida pelos grupos socialistas como uma tentativa de tomada de poder por parte de simpatizantes do fascismo. Com isso, ocorreram inúmeras greves e rebeliões. Esses conflitos ampliaram as diferenças entre a esquerda (que temia que o fascismo alcançasse a Espanha) e a direita (que se considerava a única barreira para conter o separatismo e uma possível revolução social).

← Proclamação da República na Espanha. Barcelona, 1931.

Em fevereiro de 1936, os partidos de esquerda chegaram novamente ao poder. Com um governo progressista, as classes mais abastadas, os militares e a Igreja Católica passaram a organizar um golpe, que fracassou parcialmente. Enquanto regiões do interior apoiavam os republicanos, a maioria das cidades apoiava os nacionalistas.

Ao perceber que seriam derrotados, os líderes nacionalistas Emilio Mola e Francisco Franco Bahamonde pediram ajuda a Hitler e Mussolini, que enviaram material bélico, conselheiros militares e "voluntários" para combater pelos chamados nacionalistas. Os republicanos receberam auxílio das brigadas internacionais, compostas de dezenas de milhares de voluntários de todo o mundo (inclusive brasileiros), e também do governo soviético.

Entre 1936 e 1939, a Espanha vivenciou um período de guerra civil apoiado por forças internacionais de ambos os lados. Em 1º de abril de 1939, os nacionalistas triunfaram, levando o general Franco a assumir o poder.

A Guerra Civil Espanhola causou centenas de milhares de vítimas, dentre elas cerca de 200 mil mortos nos *fronts* de batalha, 150 mil executados e 367 mil opositores internados em 104 campos de concentração em todo o território espanhol. Além disso, aproximadamente 400 mil espanhóis partiram para o exílio.

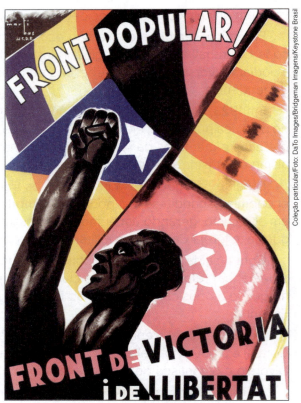

Cartaz da Guerra Civil Espanhola, c. 1937. Litografia colorida.

➕ AQUI TEM MAIS

A Legião Condor e o "laboratório de guerra" de Hitler

As tropas alemãs na Guerra Civil Espanhola foram chamadas de Legião Condor. Elas eram compostas de uma força aérea com aviões de caça para bombardeios, contavam com carros de combate e artilharia, quatro esquadrões de bombardeios e outros quatro de combate. Além disso, tinham unidades antiaéreas, antitanques e de **panzers**, além de mais de 6 500 homens, tanques blindados, artilheiros e uma infantaria motorizada de elite.

A colaboração dos nazistas em solo espanhol tinha razões políticas, mas também de ordem prática. A intervenção serviria para garantir, em troca, os minerais estratégicos que havia no território espanhol. Além disso, a intervenção possibilitou testar e melhorar a qualidade da aparelhagem de guerra alemã e fazer ajustes em sua força aérea. A missão terminou em maio de 1939. Alguns meses depois começaria a Segunda Guerra Mundial.

> **GLOSSÁRIO**
>
> **Panzer:** abreviação de *panzerkampfwagen*, palavra de origem alemã que significa "veículo blindado de guerra".

1. Quais foram as vantagens para a Alemanha e para o governo de Franco no acordo que previa ajuda militar dos alemães na Guerra Civil Espanhola?
2. O que poderia significar a Legião Condor no contexto da Segunda Guerra Mundial?

ATIVIDADES

SISTEMATIZAR

1. Explique o regime do Estado Novo em Portugal.

2. Que acontecimentos levaram à Proclamação da República na Espanha em 1931?

3. Relacione a Proclamação da República na Espanha ao início da guerra civil.

4. É possível afirmar que Francisco Franco tomou o poder na Espanha apoiado por Hitler e Mussolini? Justifique.

REFLETIR

1. Os governos autoritários da primeira metade do século XX criaram órgãos governamentais de propaganda política. Que interesses eles tinham no uso desse instrumento? Cite algumas das finalidades comuns do uso desse tipo de propaganda por estados autoritários.

2. Observe a reprodução do cartaz a seguir, depois faça o que se pede.

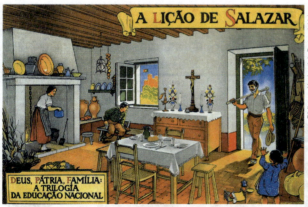

↑ Cartaz de Mendes Barata, da série A Lição de Salazar, 1938.

   a) Descreva o cartaz.

   b) Relacione a temática do cartaz à política adotada pelo Estado Novo português.

3. Leia o texto a seguir e depois faça o que se pede.

Em 1936, as esquerdas estavam horrorizadas pelo fascismo que avançava dentro e fora da Espanha; as direitas temiam o comunismo e supunham que, se não começassem a contrarrevolução, seriam esmagadas. A Espanha era um país conservador onde uma estrutura social estancada havia mantido em atraso a economia, enquanto a educação política avançada e a pressão da população impediam que o velho sistema pudesse seguir funcionando. Diante deste cenário, em fevereiro de 1936, houve novas eleições na Espanha. A vitória da esquerda foi inesperada, mas, acima disso, a derrota da direita não foi suportada.

Syntia Alves. García Lorca anunciando a Guerra Civil Espanhola. *Revista Contemporânea*, ano 3, n. 4, v. 2, 2013. Disponível em: <www.academia.edu/26253426/García_Lorca_anunciando_a_Guerra_Civil_Espanhola>. Acesso em: mar. 2019.

   a) Qual é o contexto da História da Espanha a que o texto se refere?

   b) Relacione a frase "as esquerdas estavam horrorizadas pelo fascismo que avançava dentro e fora da Espanha" com o cenário político europeu da década de 1930, indicando o que acontecia, simultaneamente, na Itália, em Portugal e na Alemanha.

   c) Com base em seus conhecimentos sobre a Guerra Civil Espanhola, explique por que o trecho cita "a derrota da direita não foi suportada".

DESAFIO

1. Entre os anos de 1936 e 1939, a Espanha foi palco de um dos piores confrontos civis, com elevado número de vítimas, momento em que também vivenciava sua ruína econômica. Com base no que você estudou neste capítulo, elabore um texto sintetizando os motivos internos que levaram à Guerra Civil Espanhola, à intervenção de potências autoritárias da Europa e à participação popular nesse conflito.

CAPÍTULO 3

Autoritarismo no Brasil

> No capítulo anterior, você estudou o Estado Novo português e a Guerra Civil Espanhola.
> Neste capítulo, vai saber como Getúlio Vargas chegou ao poder e como o golpe de 1937 tornou seu governo uma ditadura.

Assim como em vários países europeus, no Brasil a década de 1930 também se caracterizou pela ascensão de um governo autoritário. A chegada de Getúlio Vargas ao poder deu início, principalmente a partir de 1937, a um período marcado por grande intervenção do Estado tanto na economia como na política, na cultura e em outros setores. Além disso, não havia liberdade de expressão e os opositores do regime eram perseguidos.

A chegada de Getúlio Vargas ao poder

Em 1930, com o intuito de acabar com o predomínio dos paulistas na Presidência do Brasil, as elites gaúchas, mineiras e nordestinas organizaram-se em um movimento para tomar o poder. O movimento teve início no Rio Grande do Sul e alcançou o Rio de Janeiro, onde o presidente Washington Luís foi deposto e a posse de Júlio Prestes, vencedor das eleições naquele ano, foi inviabilizada. Getúlio Vargas chegou ao Rio de Janeiro como comandante das tropas revolucionárias e assumiu o governo no mesmo dia.

Os primeiros anos do governo de Getúlio Vargas são chamados de Governo Provisório (1930-1934). Nesse período, ele tomou medidas centralizadoras: dissolveu todos os órgãos do Poder Legislativo (Congresso Nacional, Assembleias Legislativas e Câmaras Municipais), suspendeu a Constituição de 1891 e retirou do cargo os presidentes dos estados, exceto o de Minas Gerais, nomeando militares como **interventores** para substituí-los.

Vargas criou, ainda, dois novos ministérios: o Ministério da Indústria e Comércio e o Ministério do Trabalho, que garantiu direitos aos trabalhadores, além de regular as relações trabalhistas. Em fevereiro de 1932 entrou em vigor o Código Eleitoral, que trazia algumas mudanças, como voto secreto e voto feminino, e previa a criação da Justiça Eleitoral. Entretanto, nesse período não houve eleições.

GLOSSÁRIO

Interventor: pessoa designada pelo presidente da República para assumir provisoriamente o governo de um estado. Quase todos os escolhidos eram ligados ao movimento tenentista.

Getúlio Vargas chega ao Palácio do Catete, Rio de Janeiro, em 31 de outubro de 1930. Dias depois, foi empossado, pela Junta Pacificadora, como Chefe do Governo Provisório.

A Revolução de 1932 e a nova Constituição

Em 1932, o descontentamento da população com o governo federal era grande. Essa insatisfação concentrava-se em São Paulo, cuja elite fora retirada do poder com o golpe de Vargas. O principal objetivo da oposição era a convocação de novas eleições e a formação de uma Assembleia Constituinte. Como isso não ocorreu, em 9 de julho de 1932 teve início o movimento armado chamado de Revolução Constitucionalista de São Paulo.

A guerra entre os paulistas e as tropas do governo federal durou quase três meses e causou a morte de muitas pessoas. O conflito terminou com a derrota dos paulistas no campo de batalha. Contudo, no ano seguinte, o presidente Vargas convocou eleições para a Assembleia Constituinte.

A nova Constituição entrou em vigor em julho de 1934 e assegurava as conquistas já obtidas no Código Eleitoral de 1932, como o voto secreto, o voto feminino, a Justiça Eleitoral e a representação classista. Além disso, garantiu a gratuidade do ensino primário, a proteção das riquezas naturais, a nacionalização dos bancos e empresas de seguro.

A conquista de direitos como a criação da Previdência Social, o salário mínimo, a jornada de trabalho de oito horas diárias, as férias anuais remuneradas e a proibição de trabalho a menores de 14 anos de idade foram resultado das exigências constantes dos trabalhadores.

↑ Cartaz que promoveu o alistamento durante a Revolução de 1932.

A primeira eleição presidencial após a promulgação da Constituição foi indireta, realizada em 1934, em que Getúlio Vargas saiu vitorioso e iniciou seu mandato constitucional.

A luta das mulheres pelo voto no Brasil

As mulheres conquistaram o direito de voto após reivindicações e protestos que ocorriam desde a metade do século XIX e que se intensificaram com a Proclamação da República. Nesse período, surgiram os primeiros grupos organizados de mulheres, como o Partido Republicano Feminino, fundado em 1910 por Leolinda Daltro.

Mas foi em 1922 que um grupo criou a Federação Brasileira pelo Progresso Feminino, entidade que lutava pela emancipação da mulher, tendo como principal bandeira de luta o sufrágio feminino. A organização espalhou-se por diversos estados brasileiros e foi responsável pela campanha nacional pelo voto feminino.

O movimento ganhou visibilidade, demonstrando habilidade política e costurando alianças, o que gerou adesões em muitas regiões do país. Entre os juristas responsáveis pela edição do Código Eleitoral de 1932 estava Bertha Lutz, que defendeu a inclusão do direito de voto das mulheres.

↑ Bertha Lutz, uma das principais figuras da Federação Brasileira pelo Progresso Feminino. Fotografia de 1927.

O governo constitucional

Na década de 1930, a maior parte do Ocidente estava dividida entre governos democráticos, fascistas e socialistas. A polarização, principalmente entre as duas últimas correntes, influenciou também o andamento da política nacional. De um lado estavam os integralistas, de outro os aliancistas.

Os integralistas

A Aliança Integralista Brasileira (AIB) foi fundada em 1932 pelo jornalista Plínio Salgado. Ao defender o nacionalismo, o antiliberalismo e o anticomunismo, além da formação de um Estado forte e centralizado na figura de um líder, ela ganhou adeptos de parte da classe média, empresários e grandes fazendeiros, clero católico e oficiais das Forças Armadas.

Seguindo os princípios fascistas, os integralistas defendiam uma rígida disciplina militar e costumavam desfilar uniformizados pelas ruas gritando "anauê", expressão tupi que era usada como saudação entre os indígenas.

Os aliancistas

A Aliança Nacional Libertadora (ANL) foi criada em março de 1935 e reunia pessoas com tendências de esquerda (sociais-democratas, socialistas e comunistas). Ela defendia a suspensão da **dívida externa** do Brasil, medidas protecionistas para os pequenos e médios proprietários, a reforma agrária, a nacionalização das empresas estrangeiras, a garantia das liberdades individuais e a constituição de um governo popular orientado pelos interesses do povo. Portanto, seu programa de governo era bastante popular, o que lhe garantiu um crescimento rápido. Em 1936, os aliancistas já contavam com cerca de 1 600 sedes espalhadas pelo país.

> **GLOSSÁRIO**
>
> **Dívida externa:** é o montante dos débitos de um país no exterior, proveniente de empréstimos feitos em bancos, governos ou instituições financeiras.
>
> **Estado de guerra:** situação em que um país inicia hostilidades contra outro, mesmo sem declaração de guerra, quando todas as garantias constitucionais são suspensas.

Esse sucesso e a divulgação de um manifesto de Luís Carlos Prestes que incitava a derrubada do governo fizeram com que Vargas tomasse medidas rápidas. Ainda em 1935, foi aprovada no Congresso a Lei de Segurança Nacional. Essa lei declarava a ANL ilegal e, por isso, a aliança foi fechada. Os comícios e quaisquer outras manifestações contrárias ao governo foram proibidos.

A repressão do governo provocou a ação dos comunistas que faziam parte da ANL. Liderados por Prestes, eles se articularam e organizaram a Intentona Comunista, um movimento armado que visava depor Getúlio Vargas e tomar o poder. No entanto, todas as frentes do movimento foram rapidamente reprimidas pelas forças do governo, e seus integrantes, as lideranças políticas e sindicais foram perseguidas.

A insurreição comunista serviu para que Vargas endurecesse o regime. Afirmando que o "perigo comunista" rondava o país, Vargas declarou, com apoio do Congresso Nacional, estado de sítio e, mais tarde, **estado de guerra**.

↑ Comício da Aliança Nacional Libertadora (ANL) na Cinelândia, Rio de Janeiro, 1935.

O Estado Novo

A Constituição de 1934 determinava que o mandato do presidente seria por quatro anos, sem direito à reeleição. Portanto, Getúlio terminaria seu mandato em maio de 1938. No entanto, um plano secreto para mantê-lo na presidência foi elaborado e colocado em prática. No dia 30 de setembro de 1937, o governo divulgou que havia descoberto o Plano Cohen, uma suposta estratégia comunista para tomar o poder no Brasil.

De acordo com o governo, os documentos apreendidos descreviam o planejamento de greves gerais, manifestações populares, incêndio em prédios públicos, saques, depredações e até de mortes entre autoridades civis e militares. Esses documentos foram atribuídos à **Internacional Comunista**, que teria o objetivo de acabar com a democracia no país.

Com base no suposto plano, o presidente Getúlio Vargas decretou estado de guerra pelo prazo de 90 dias, com autorização do Congresso. Assim, o presidente atribuía a si mesmo o poder de suspender os direitos constitucionais. Novamente, os adversários do governo, principalmente os ligados ao movimento comunista, foram perseguidos e presos.

No dia 10 de novembro de 1937, o presidente ordenou o cerco e o fechamento do Congresso, e anunciou a grande mudança a todo país pelo rádio: o início do Estado Novo – inspirado no regime português. Essa foi a concretização do golpe de Estado que impôs o regime ditatorial aos brasileiros. A fraude do Plano Cohen foi descoberta somente em 1945.

A Constituição de 1937

Para legitimar o poder do Estado Novo, Vargas outorgou uma nova Constituição, substituindo a de 1934. O documento foi escrito nos moldes das constituições fascistas, como a da Polônia, do ditador Józef Pilsudski. Por essa razão, a nova Constituição foi chamada de "polaca".

Com caráter autoritário, a Constituição centralizava o poder nas mãos do presidente (chefe do Poder Executivo) e extinguia o cargo de vice-presidente. Ela previa a instituição do estado de emergência, que permitia ao presidente prender e exilar os cidadãos, além de invadir domicílios. Os partidos políticos foram extintos, restringiu-se a liberdade de imprensa e as greves e manifestações públicas contrárias ao governo. Os governantes passaram a ser nomeados pelo presidente e, como interventores estaduais, nomeavam as autoridades municipais. Por fim, o presidente podia governar por meio de decretos-lei.

> O Plano Cohen recebeu esse nome em alusão ao comunista húngaro Béla Kun, o que dava uma suposta autenticidade ao falso esquema.

GLOSSÁRIO

Internacional Comunista: nome dado aos vários movimentos comunistas com propostas internacionais.

→ Página do *Jornal do Brasil* anunciando "Novos planos comunistas contra o Brasil". Rio de Janeiro, 1º de outubro de 1937.

Departamento de Imprensa e Propaganda

↑ Cartaz confeccionado pelo DIP durante o Estado Novo. O DIP realizava intensas campanhas publicitárias e promovia manifestações e festas cívicas para enaltecer o presidente. A imagem de Vargas aparecia com destaque em cartazes e estandartes.

Com a instauração do Estado Novo, o Brasil passou a viver uma ditadura. A imprensa, de modo geral, foi mantida sob censura. O Departamento de Imprensa e Propaganda (DIP) foi criado com o intuito de promover o governo e seu líder, Getúlio Vargas. Além de produzir propaganda governamental, o DIP também servia como aparelho repressor, determinando o que podia ser divulgado pela imprensa. Todos os artigos e matérias, publicados em jornais e revistas, e os programas de emissoras de rádio e TV eram analisados por um funcionário do DIP antes da divulgação à população.

O DIP também era responsável pela difusão da ideologia do novo regime e pela criação de uma identidade nacional, reduzindo, assim, as especificidades regionais. Alguns elementos, como o futebol, o samba e a capoeira, foram elevados a símbolos do país, como representantes de uma cultura genuinamente brasileira.

A repressão ideológica e cultural era feita pela polícia política, cujos atos de extrema violência, incluindo a tortura, eram institucionalizados. A estrutura montada para a repressão incluía o DIP, a polícia secreta federal e as polícias dos estados, que, juntas, protegiam os interesses da ditadura.

O intervencionismo econômico

A política econômica do Estado Novo era intervencionista e favorecia a indústria. Para estimular a industrialização, usou mecanismos como incentivos tributários, facilidade na obtenção de crédito e proteção contra os produtos estrangeiros similares aos nacionais.

A intervenção do Estado foi mais presente na criação da **indústria de base**. Entre 1940 e 1945 foram fundadas algumas empresas estatais importantes, como a Companhia Siderúrgica Nacional (CSN), em Volta Redonda (RJ), a Companhia Vale do Rio Doce (de mineração) e a Companhia Hidrelétrica do São Francisco.

Com a industrialização, o governo visava garantir a autossuficiência do Brasil, uma característica importante na política nacionalista de Vargas. Ainda nesse campo, a refinação de petróleo foi nacionalizada e a exploração das riquezas do subsolo do país foi proibida a estrangeiros.

> **GLOSSÁRIO**
>
> **Indústria de base:** conjunto de indústrias que atuam nos níveis básicos da produção de bens, como matéria-prima (minérios, por exemplo), máquinas, equipamentos, instalações fabris etc., cujos produtos alimentam a fabricação industrial de bens acabados.

→ Construção de usina da Companhia Siderúrgica Nacional (CSN), em Volta Redonda (RJ), 1941.

O trabalhismo

O trabalhismo também foi uma marca do governo Vargas. O governo manteve os sindicatos sob controle e elaborou leis para assegurar os direitos básicos dos trabalhadores. Buscava, desse modo, dominar a classe operária.

Em 1943, Vargas outorgou a Consolidação das Leis do Trabalho (CLT), que assegurava a Carteira de Trabalho, o direito a férias, a igualdade salarial entre homens e mulheres e a regulamentação da jornada de oito horas diárias. Por meio dessa medida, consolidava-se a imagem de um governante protetor das classes menos favorecidas.

Entretanto, a CLT só valia para os trabalhadores urbanos. Para os trabalhadores rurais não havia nenhum amparo legal. Ela também servia para controlar os trabalhadores, proibindo as greves ou qualquer outra forma de reivindicação trabalhista.

Os negros no mercado de trabalho

Era por meio do mercado de trabalho que imigrantes italianos, espanhóis, portugueses e afrodescendentes brasileiros garantiam a sobrevivência. Era onde estava a possibilidade de desenvolvimento de suas capacidades individuais e coletivas durante a Primeira República. Isso não significava, no entanto, que o acesso ao mercado de trabalho fosse igual para todos, nem que eram iguais as condições a que eram submetidos.

As situações de desigualdade racial persistiam tanto no campo quanto nas cidades. A competição entre brancos e negros no mercado de trabalho rural concentrava-se nas regiões mais dinâmicas do agronegócio. A escolha da mão de obra nessas regiões era pautada por uma nítida preferência racial: em geral, contratavam-se mais europeus, relegando os negros ao desemprego ou aos subempregos. Nessa modalidade de trabalho, os negros eram contratados somente para prestar serviços pontuais e em tarefas socialmente desclassificadas, além de terem pouca estabilidade.

Nas cidades, a relação de desigualdade não era muito diferente. Diversas empresas de comércio varejista e lojas de departamento excluíam os negros de seu quadro de funcionários. O racismo foi um elemento decisivo na formação do mercado de trabalho em São Paulo nas primeiras décadas do século XX. Não havia igualdade de oportunidades.

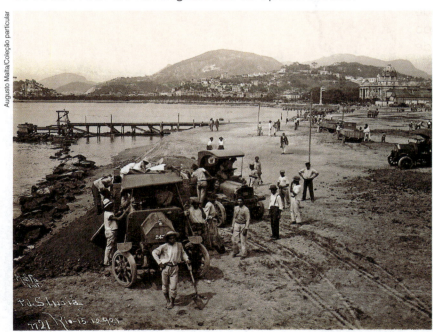

Assim, o racismo teve forte presença no processo de expansão do capitalismo industrial no Brasil. Isso acarretou aos afrodescendentes prejuízos significativos e duradouros, tanto em termos econômicos quanto de exclusão social. Por outro lado, a população branca obtinha vantagens e privilégios, independentemente da vontade dos indivíduos ou da classe social a que pertenciam.

← Augusto Malta. Aterro da praia de Santa Lúcia no morro do Castelo. Rio de Janeiro (RJ), 1921. Na fotografia, vemos homens, em sua maioria negros, trabalhando no canteiro de obras.

O anarquismo e o operariado

O processo de industrialização pela qual passou o Brasil, principalmente na atual Região Sudeste, possibilitou o avanço do movimento anarquista entre o operariado. Italianos, espanhóis, portugueses e brasileiros aderiram às ideias anarquistas, sobretudo até o início da década de 1920, assumindo papel decisivo na orientação política dos operários.

Os anarquistas organizaram-se por meio de associações de luta e reivindicações, protagonizando greves como forma de conquistar direitos, e dividiam-se em duas correntes. De um lado, os anarcossindicalistas, predominantemente em São Paulo, atuavam nas associações consideradas por seus membros o principal espaço de atuação política: os sindicatos. De outro lado estavam os anarcocomunistas, que acreditavam que a insurreição seria o caminho mais viável para a ação revolucionária. Configurados dessa maneira, a classe operária logo se tornou um novo protagonista na vida pública no Brasil, da qual faziam parte muitas mulheres.

Políticas indigenistas na Era Vargas

O governo brasileiro operou verdadeiros massacres contra os povos indígenas durante a Primeira República. O caso mais exemplar ocorreu com os kaingang durante o processo de construção da estrada de ferro Noroeste do Brasil, no Oeste Paulista, que foram exterminados em nome do progresso que a linha férrea traria ao país.

Apesar de terem sido mantidos longe das decisões políticas durante a Era Vargas, os indígenas foram contemplados na Constituição de 1934. Nela, a primeira a considerar a existência dos povos nativos em território nacional, foi apresentada a definição de terra indígena e a necessidade de sua preservação. No entanto, o texto desse artigo foi interpretado de diversas maneiras, permitindo a conivência do governo brasileiro com as arbitrariedades exercidas sobre os povos indígenas.

Na Constituição de 1937, o artigo relacionado aos povos indígenas ficou mais enxuto e direto. Dois anos depois, foi criado o Conselho Nacional de Proteção aos Índios (CNPI), que seria presidido pelo General Rondon, com a função de apresentar sugestões ao governo, via Serviço de Proteção ao Índio (SPI), criado em 1910.

Nessa época, Rondon já tinha adquirido bastante prestígio, o que refletiu nas políticas indigenistas sob seu comando. Com efeito, a partir de 1940 as inspetorias regionais do SPI foram renovadas e os recursos financeiros, ampliados. O SPI conseguiu aproximar-se mais dos povos indígenas ao questionar as ações de fazendeiros e dar início à demarcação de novas terras.

→ Expedição Roncador-Xingu, Marcha para o Oeste. Criada em 1941 pelo governo de Getúlio Vargas, a expedição Roncador-Xingu foi uma parte do processo de interiorização do Brasil.

O fim do Estado Novo

Entre os anos de 1939 e 1945, o mundo esteve envolvido na Segunda Guerra Mundial, conflito que envolvia os Aliados – Estados Unidos, Inglaterra, França e, posteriormente, URSS – e o Eixo – Alemanha, Itália e Japão.

Inicialmente, o Brasil manteve posição de neutralidade, pois tinha parcerias comerciais com os dois lados envolvidos no conflito. Após o início do Estado Novo, inclusive, as relações com a Alemanha ficaram ainda mais próximas. Os Estados Unidos, no entanto, buscavam minar essa aproximação, devido ao interesse nas matérias-primas e no mercado consumidor brasileiro. Para isso, implementaram no Brasil a chamada Política de Boa Vizinhança. A aproximação ficou ainda maior com a entrada do Brasil na guerra, em 1942, ao lado dos Aliados.

A luta contra regimes autoritários fez crescer no Brasil a oposição a Getúlio Vargas e sua ditadura. Diante da pressão popular, Vargas convocou eleições para dezembro de 1945, reorganizou os partidos, anistiou presos políticos e extinguiu o DIP.

Vargas contava ainda com grande prestígio e apoio do povo, tanto que ganhou força um movimento popular denominado Queremismo (caracterizado pelo refrão "Queremos Getúlio"), que defendia sua continuidade no poder. Alguns políticos e chefes militares opositores viram nesse movimento uma nova tentativa de golpe e, no dia 29 de outubro, depuseram o presidente Vargas. Era o fim do Estado Novo.

A Política de Boa Vizinhança foi formulada no governo do presidente Franklin Delano Roosevelt e tinha como objetivo criar estratégias de relacionamento com os países da América Latina. As relações estreitavam-se principalmente por meio de negociações comerciais, colaboração econômica e militar. Essa política também interessava ao governo brasileiro, pois a tecnologia e o financiamento estadunidenses possibilitavam a política desenvolvimentista brasileira.

CURIOSO É...

O papagaio

A partir da década de 1940, o Brasil começou a ser muito influenciado pelo estilo de vida estadunidense. O país passou a receber cada vez mais produtos procedentes dos Estados Unidos, como bebidas, artigos enlatados e cosméticos.

As revistas, o cinema e a música, principalmente, ajudaram a difundir a cultura e os costumes estadunidenses, que foram gradualmente incorporados ao cotidiano dos brasileiros.

A tentativa de aproximação cultural entre os dois países era tão explícita que Walt Disney, criador de desenhos animados, inventou um personagem brasileiro, o papagaio Zé Carioca, baseado no que observou durante uma viagem ao Rio de Janeiro.

As primeiras aparições do personagem no cinema foram em *Alô, amigos!*, de 1942, e *Você já foi à Bahia?*, de 1945.

LINK

Hora do Brasil

→ Estúdio do programa *A voz do Brasil*, 2014.

Aproximadamente no final da Primeira Guerra Mundial, a transmissão de sinais radiofônicos já estava em pleno funcionamento em todo o mundo. As tecnologias de comunicação de massa disputavam o controle das informações e a opinião pública. A radiotransmissão, mais acessível, tornou-se cada vez mais popular, difundindo informações, entretenimento, cultura e ideologias.

Cientes do potencial dessa ferramenta, os governos passaram a monopolizar a concessão da transmissão de sinais de rádio e, alguns deles, a controlar o conteúdo que era difundido. Esse exercício de controle dos meios de comunicação de massa tinha o objetivo de evitar a transmissão de ideias — locais ou estrangeiras — que fossem capazes de colocar em risco o conceito de nação.

Ao longo do século XX, no entanto, os governantes no Brasil passaram a distribuir cuidadosamente as concessões de radiotransmissão. A estratégia considerava o poder de influência que esse meio de comunicação poderia exercer sobre a população. Buscava-se difundir o rádio e, ao mesmo tempo, aproximar da população as ideias governamentais. É o caso do programa *Hora do Brasil*, criado durante a administração de Getúlio Vargas na década de 1930.

O programa ia ao ar diariamente pelas emissoras de rádio de todo o Brasil, entre 19 h e 20 h. No início das transmissões, seu conteúdo baseava-se principalmente na divulgação das ideias do Estado Novo e de Getúlio Vargas. Os discursos do presidente eram direcionados ao povo e buscavam ressaltar as realizações de seu governo.

Mesmo com as transformações políticas do país após a Era Vargas, o programa continua a fazer parte dos planos do governo, ainda que seu conteúdo tenha se transformado ao longo do tempo. Em 1962, com o Código Brasileiro de Telecomunicações, foi renomeado para *A voz do Brasil*. A partir de então, notícias do Poder Legislativo, do Poder Judiciário, do Senado, da Câmara Federal e do Tribunal de Contas da União passaram a fazer parte do conteúdo do programa. Desde 2014, o governo federal aprovou uma medida provisória que aceita a flexibilização do horário de *A voz do Brasil*, podendo ser transmitida entre 19 h e 22 h.

Atualmente, algumas rádios amparam-se em liminares da Justiça para se desobrigarem de transmitir o programa.

1. Que motivos estavam por trás do estabelecimento de um monopólio estatal nos meios de comunicação de massa, como o rádio e a televisão?

2. Quais foram as principais transformações pelas quais passou o programa *Hora do Brasil* até se tornar *A voz do Brasil*?

ATIVIDADES

SISTEMATIZAR

1. Quais eram as características do Código Eleitoral implementado em 1932?

2. Que medidas foram adotadas pelo governo de Getúlio Vargas durante o Estado Novo com o objetivo de incentivar a industrialização?

3. O que foi a CLT e o que ela representou na política trabalhista do Estado Novo?

4. Como se deu a inserção da população negra no mercado de trabalho durante as primeiras décadas do século XX?

5. Que relação pode ser estabelecida entre as ideias anarquistas e a organização da classe operária?

REFLETIR

1. Observe a imagem a seguir e faça o que se pede.

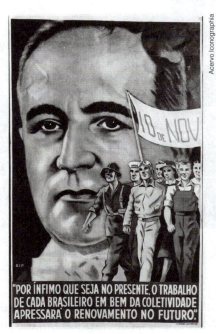

↑ Cartaz produzido pelo DIP em 1944.

a) Qual é a mensagem transmitida pelo cartaz?

b) Descreva a relação entre o cartaz e a política trabalhista do governo de Getúlio Vargas.

c) Qual era o papel do DIP durante o governo de Getúlio Vargas?

2. Uma característica marcante da Constituição do Brasil de 1937 foi o nacionalismo. Assim, símbolos de estados e municípios foram eliminados, como bandeiras, hinos, escudos, brasões e outros. Com base nessas informações, responda.

- A exaltação do nacionalismo na ditadura do Estado Novo tinha que objetivos?

3. Em sua opinião, como o nacionalismo se expressa na sociedade atual? Que problemas sociais ele pode acarretar?

4. Observe a reprodução da primeira página do jornal a seguir e responda.

↑ Primeira página do jornal *A Manhã*, 27 de novembro de 1935.

a) Que acontecimento está noticiado nessa edição do jornal *A Manhã*?

b) Pela forma como o acontecimento foi noticiado, você consegue identificar a posição política do jornal? Justifique.

DESAFIO

1. O direito ao voto feminino foi conquistado na década de 1930, mas ainda há muitas questões sociais reivindicadas pelas mulheres que envolvem a igualdade de oportunidade em relação aos homens. Que questões são essas? Cite exemplos.

89

CAPÍTULO 4
Segunda Guerra Mundial

No capítulo anterior, você estudou como Getúlio Vargas chegou ao poder e como aconteceu o chamado Golpe de 1937, que tornou seu governo uma ditadura. Neste capítulo, você vai conhecer os motivos e os desfechos da Segunda Guerra Mundial.

Desde o final da Primeira Guerra Mundial, a Europa sofria com os **revanchismos** e assistia à militarização das nações prejudicadas pelo Tratado de Versalhes. As novas potências (Alemanha, Itália e Japão) começaram então a competir por áreas de influência com outras grandes potências (Inglaterra, França e Estados Unidos). Na Itália, Mussolini almejava propagar seu controle pelo Mediterrâneo e pelo norte da África. A Alemanha, governada por Hitler, expandia seu poder pela Europa continental. Enquanto o Japão, governado pelo imperador Hirohito, desejava o domínio do leste da Ásia e do Pacífico.

Em agosto de 1939, Alemanha e União Soviética, ambas com interesses expansionistas, firmaram o chamado Pacto Germano-Soviético, um tratado de não agressão que estabelecia as zonas de influência de ambos os países, além de um plano de divisão de territórios a serem dominados. Assim, nesse mesmo ano, os alemães apoiaram a invasão da Finlândia e de parte da Polônia pelos soviéticos e reivindicaram outra região do território polonês.

GLOSSÁRIO

Revanche: disputa entre adversários que já se enfrentaram, uma vez que o perdedor deseja outra oportunidade de enfrentamento.

→ Da direita para a esquerda: Viatcheslav Molotov, Joseph Stalin, Joachim von Ribbentrop e Friedrich Gaus. Assinatura do Pacto Germano-Soviético, Moscou, 23 de agosto de 1939.

O início da guerra

Na Polônia, o interesse dos nazistas estava nos territórios perdidos na Primeira Guerra Mundial: a cidade-porto de Danzig e o chamado "corredor polonês". Para obtê-los, Hitler forjou um ataque polonês a seu território e justificou a invasão como um contra-ataque. A Polônia sucumbiu ao poder bélico germânico e a capital foi ocupada em setembro de 1939. A superioridade tecnológica alemã era tão grande que esse tipo de ataque foi chamado de *Blitzkrieg*, ou seja, "guerra-relâmpago".

França e Inglaterra, aliadas da Polônia, declararam guerra à Alemanha, mas evitaram um ataque frontal, pretendendo levá-la à rendição por meio de um bloqueio econômico. Os primeiros anos do conflito foram marcados pelas vitórias da Alemanha, pelo uso de novas tecnologias e estratégias militares e pela concentração das batalhas na Europa.

LINHA DO TEMPO – SEGUNDA GUERRA MUNDIAL

1939
- A Alemanha nazista e a União Soviética firmam o Pacto Germano-Soviético (tratado de não agressão entre as nações, que também estabelecia as zonas de influência de ambos os países).
- A Alemanha apoia a invasão da Finlândia e de parte da Polônia pelos soviéticos.
- A capital da Polônia é ocupada pelos alemães.
- França e Inglaterra declaram guerra à Alemanha.

1940
- As forças alemãs invadem a Noruega e a Dinamarca e, em seguida, Bélgica e Holanda, que se renderam após grandes bombardeios.
- Itália (fascista) declara guerra à França e Inglaterra.
- Alemanha bombardeia Londres.
- Alemanha, Itália e Japão estabelecem aliança militar.
- Os ingleses atacam a Líbia.

1941
- Inglaterra bombardeia Gênova (Itália).
- As forças alemãs invadem a Iugoslávia, Grécia e Rússia, rompendo o pacto firmado anos antes.
- Os ingleses bombardeiam Berlim.
- Ataque japonês à base militar de Pearl Harbor (Havaí), estopim para que os Estados Unidos entrem na guerra.
- Hitler declara guerra aos Estados Unidos.

1942
- As forças alemãs invadem a Noruega e a Dinamarca.
- Ingleses e estadunidenses bombardeiam bases militares e civis em Colônia (Alemanha).
- Os alemães invadem o Egito.
- Navios brasileiros são afundados por submarinos alemães.

1943
- Mussolini, ditador italiano e aliado de Hitler, é destituído.
- Os Aliados bombardeiam Hamburgo (Alemanha); mais de 300 mil pessoas morrem. É o pior ataque até o momento.
- A Itália assina o armistício com os Aliados.
- Tropas soviéticas derrotam as tropas alemãs na Batalha de Stalingrado, marcando o limite da expansão alemã no território soviético.
- Forças aliadas bombardeiam Frankfurt (Alemanha).

1944
- Os Aliados conseguem importante vitória na Normandia (França). Os alemães perdem em torno de 158 mil soldados.
- Forças nazistas recuam de Paris.
- 25 mil brasileiros lutam nas frentes de combate na Itália.
- Os Estados Unidos invadem a Bélgica.
- Os Estados Unidos bombardeiam cidades japonesas.

1945
- Os russos tomam Varsóvia (Polônia).
- Berlim é cercada pelas tropas soviéticas.
- Itália declara guerra à França e Inglaterra.
- Rendição das forças nazistas e suicídio de Hitler.
- Os Aliados ocupam Nuremberg e Munique, na Alemanha.
- Os russos ocupam Berlim e exigem a rendição das tropas alemãs na Baviera e na Áustria.
- Os Estados Unidos anunciam o lançamento das bombas atômicas contra Hiroshima e Nagasaki.
- Japão assina acordo de rendição incondicional, o que estabelece o fim da Segunda Guerra Mundial.

EIXO: ALEMANHA, ITÁLIA, JAPÃO
ALIADOS: ESTADOS UNIDOS, INGLATERRA, URSS

Brasil e Estados Unidos entram na guerra

Apesar de serem contra os regimes totalitários e o expansionismo nazista, os Estados Unidos mantiveram-se neutros durante a Segunda Guerra até 1941, quando os japoneses atacaram a base norte-americana de Pearl Harbor, no Havaí.

Para o Japão, que havia se industrializado, mas não conseguia vender seus produtos no Oriente devido à presença norte-americana, uma guerra contra os Estados Unidos poderia ser vantajosa. Isso fez com que as potências do Eixo declarassem guerra aos Estados Unidos.

Com apoio do Congresso, o presidente Franklin D. Roosevelt declarou guerra ao Japão. Lutando ao lado dos Aliados, os Estados Unidos conseguiram vitórias importantes contra o Eixo.

Já o estopim para a entrada do Brasil na Segunda Guerra Mundial foi o afundamento de navios brasileiros por submarinos alemães, em 1942. Além disso, acordos de compensações financeiras e tecnológicas oferecidos pelos Estados Unidos também contribuíram para que Getúlio Vargas decidisse participar da guerra.

Em 1943 foi organizada a Força Expedicionária Brasileira (FEB) e, no ano seguinte, em 1944, 25 mil brasileiros partiram para lutar em território italiano, onde atuaram em campanhas decisivas no conflito.

↑ Ataque japonês à base naval norte-americana de Pearl Harbor, em 1941.

↑ Soldados da Força Expedicionária Brasileira (FEB) chegam a Nápoles, Itália, em 1944.

O fim da guerra

No período de 1939 até 1941, os alemães estiveram na ofensiva em todas as frentes. A partir de 1942, após a entrada dos Estados Unidos na guerra, as forças equilibraram-se e, já no decorrer de 1943, começaram a pender em favor dos Aliados. Em fevereiro de 1943, as tropas soviéticas derrotaram as alemãs na Batalha de Stalingrado. Essa batalha mudou o curso da guerra na Europa, pois marcou o limite da expansão alemã no território soviético.

A derrota italiana teve início em junho de 1943, quando os Aliados ocuparam a Sicília. Na ocasião, a população ansiava por sair da guerra, enquanto Mussolini buscava mais ajuda da Alemanha. Diante da derrota iminente, o rei Vitor Emanuel III ordenou que Mussolini fosse destituído e preso. Em setembro, o novo governo italiano concluiu um tratado de paz com as forças aliadas e passou a apoiá-las.

Em 6 de junho de 1944, chamado de "Dia D", as forças aliadas desembarcaram na Normandia (norte da França) e, em janeiro de 1945, os soviéticos ocuparam a Polônia. Hitler suicidou-se em 30 de abril e, em 2 de maio, a bandeira vermelha soviética tremulou em Berlim. Com isso, teve fim o governo nazista na Alemanha.

Com o objetivo de forçar o Japão à rendição, os Estados Unidos executaram um bombardeio atômico nas cidades de Hiroshima e de Nagasaki. Debilitados, em 2 de setembro os japoneses assinaram a rendição incondicional.

DIÁLOGO

A bomba atômica

Bomba atômica é uma arma explosiva cuja energia deriva de uma reação nuclear, por isso também é chamada de bomba nuclear. Seu alto poder destrutivo pode devastar cidades inteiras e deixar sequelas por muitas gerações.

Em uma explosão nuclear, a destruição acontece de forma generalizada. Na região de maior destruição, o centro da explosão, o primeiro efeito é o surgimento de uma bola de fogo. Nessa área, todas as pessoas e animais morrem imediatamente por causa do calor e da radiação. Quem é atingido diretamente morre queimado, evapora ou é lançado a metros de distância devido ao impacto térmico. Outro efeito da explosão nuclear é a radiação residual, ou seja, as cinzas nucleares que se espalham pela atmosfera.

Dependendo do tipo de bomba utilizada, a radioatividade a que as pessoas são expostas leva a queimaduras, hemorragia, problemas digestivos, infecções ou doenças autoimunes, e até ao desenvolvimento de câncer. Isso porque, na explosão, podem ser liberados alguns tipos de radiação nocivos à saúde humana. Partículas beta, por exemplo, são capazes de atingir cerca de um centímetro na pele, causando queimaduras. Já os raios gama atravessam o corpo, deformam as células e chegam até os ossos, levando a vários tipos de câncer.

Aqueles que sobreviveram às bombas atômicas de Hiroshima e Nagasaki foram expostos à grande radiação e tiveram muitos problemas de saúde, que resultaram em mortes indiretas. Os casos mais comuns entre os sobreviventes japoneses estão relacionados às células da medula óssea, que produzem tanto os glóbulos vermelhos e brancos quanto as plaquetas sanguíneas, e, ao serem destruídas, podem levar à morte. Como a radioatividade provoca uma mutação no DNA das células, que começam a crescer, instala-se um câncer ósseo.

Um dos principais problemas da exposição à radiação é que não se sente nada incomum, os efeitos são percebidos conforme o desenvolvimento das doenças. Em Hiroshima e Nagasaki, as pessoas que receberam doses fracas de radiação desenvolveram leucemia, câncer de pulmão, de cólon, no esôfago e de mama. Além disso, os efeitos da radioatividade passaram durante décadas para as gerações seguintes. Após sete anos do atentado, ainda houve picos de casos de leucemia e, mesmo após 70 anos, ainda há um número expressivo de pessoas com câncer residentes na região atingida pela bomba.

← Escombros na cidade de Hiroshima, Japão, após explosão da bomba atômica em 6 de agosto de 1945.

1. Quais são os efeitos imediatos e os efeitos tardios de uma explosão nuclear?

2. Como uma pessoa exposta à bomba atômica pode desencadear o câncer? Explique.

A criação da ONU e os direitos humanos

No final do século XIX, os países começaram a criar organismos internacionais que visavam à cooperação política e econômica entre os Estados associados. Primeiro formou-se a Liga das Nações, após a Primeira Guerra Mundial, em 1919, sob o Tratado de Versalhes. Poucos anos depois, a Liga das Nações mostrou-se frágil na mediação dos conflitos entre os Estados e não conseguiu conter a deflagração da Segunda Guerra Mundial, deixando de existir após o término dela.

Diante desse fracasso, a Organização das Nações Unidas (ONU) foi criada, em 1945, para mediar os conflitos entre as nações e promover a paz e o desenvolvimento entre os povos.

Ainda no contexto do pós-Segunda Guerra Mundial foi elaborada a Carta dos Direitos Humanos, em 1948, sob a liderança de Eleanor Roosevelt, com base em esboços elaborados pelo canadense John Peters Humphrey e a colaboração de pessoas de diversas partes do mundo.

O produto das discussões sobre os direitos humanos básicos a serem adotados pelos países-membros da ONU foi a Declaração Universal dos Direitos Humanos. Nesse documento, foram reunidas as questões essenciais levantadas pelas superpotências que emergiam do pós-Segunda Guerra Mundial, refletindo um teor equilibrado entre as garantias de liberdades individuais e de bem-estar social.

A ONU é composta de 193 países-membros, e seus principais órgãos são a Assembleia Geral e o Conselho de Segurança. O primeiro órgão é formado por todos os países-membros, que se reúnem pelo menos uma vez por ano. Já o segundo é composto permanentemente de representantes que possuem armas nucleares, como Estados Unidos, França, Reino Unido, Rússia e China, e mais dez outros membros provisórios. As decisões do Conselho de Segurança da ONU precisam ser unânimes, bastando apenas um voto contrário de um dos membros permanentes para desaprovar qualquer resolução desse conselho.

A ONU conta ainda com algumas agências especializadas, como o Fundo das Nações Unidas para a Infância (Unicef), que apoia as mais importantes iniciativas na área da infância e da adolescência em diversos países. Outra agência de grande expressão é a Organização das Nações Unidas para a Alimentação e a Agricultura (FAO), que tem o objetivo de erradicar a fome e a insegurança alimentar no mundo. A Organização das Nações Unidas para a Educação, a Ciência e a Cultura (Unesco) é sediada em Paris e tem o objetivo de contribuir para a paz e segurança no mundo mediante a educação.

Primeira sessão da Assembleia Geral da Organização das Nações Unidas no Central Hall, na Praça do Parlamento, em Londres, 10 de janeiro de 1946.

ATIVIDADES

SISTEMATIZAR

1. Desde o início da Segunda Guerra Mundial, os alemães vinham tomando uma série de territórios. Em meados de 1941, porém, o curso da guerra começou a se alterar. Explique os fatores que causaram as mudanças de rumo a partir de então.

2. Qual foi o motivo que levou os Estados Unidos a entrar na Segunda Guerra Mundial?

3. Como se deu a participação dos soldados brasileiros na Segunda Guerra Mundial?

4. Que acontecimento marcou o fim da Segunda Guerra Mundial?

REFLETIR

1. Após ler o trecho a seguir, responda às questões.

[…] a situação mundial criada pela Primeira Guerra era inerentemente instável, sobretudo na Europa, mas também no Extremo Oriente, e portanto não se esperava que a paz durasse. A insatisfação com o *statu quo* não se restringia aos Estados derrotados, embora estes, notadamente a Alemanha, sentissem que tinham bastantes motivos para ressentimento, como de fato tinham. Todo partido na Alemanha, dos comunistas na extrema esquerda aos nacional-socialistas de Hitler na extrema direita, combinavam-se na condenação do Tratado de Versalhes como injusto e inaceitável. […] a Itália saíra da guerra com consideráveis ganhos territoriais nos Alpes, no Adriático e até mesmo no mar Egeu, mesmo não sendo aquele butim prometido ao Estado pelos aliados em troca da entrada ao lado deles em 1915. Contudo, o triunfo do fascismo, um movimento contrarrevolucionário e, portanto ultranacionalista e imperialista, sublinhou a insatisfação italiana.

Eric Hobsbawm. *Era dos extremos: o breve século XX (1914-1991)*. São Paulo: Companhia das Letras, 2009. p. 43-44.

a) O que representou o Tratado de Versalhes para os países derrotados na guerra?

b) De que modo o Tratado de Versalhes está relacionado à Segunda Guerra Mundial?

2. Leia o texto a seguir e, depois, responda às questões.

Nós, os povos das Nações Unidas, resolvidos: a preservar as gerações vindouras do flagelo da guerra, que, por duas vezes no espaço da nossa vida, trouxe sofrimentos indizíveis à humanidade, e a reafirmar a fé nos direitos fundamentais do homem, na dignidade e no valor do ser humano, na igualdade de direitos dos homens e das mulheres, assim como das nações grandes e pequenas, e a estabelecer condições sob as quais a justiça e o respeito às obrigações decorrentes de tratados e de outras fontes de direito internacional possam ser mantidos, e a promover o progresso social e melhores condições de vida dentro de uma liberdade mais ampla.

[…] Em vista disso, nossos respectivos Governos, por intermédio de representantes reunidos na cidade de São Francisco, depois de exibirem seus plenos poderes, que foram achados em boa e devida forma, concordaram com a presente Carta das Nações Unidas e estabelecem, por meio dela, uma organização internacional que será conhecida pelo nome de Nações Unidas.

Preâmbulo da Carta da ONU. Disponível em: <https://nacoesunidas.org/carta>. Acesso em: fev. 2019.

a) A quais acontecimentos históricos o texto se refere?

b) Para qual finalidade a ONU foi criada?

c) Explique o que é a Assembleia Geral da ONU.

d) O que é o Conselho de Segurança da ONU?

DESAFIO

1. As tecnologias alemãs usadas na Segunda Guerra Mundial possibilitaram rápidas ofensivas no território europeu. Pesquise essas tecnologias e apresente o resultado em sala de aula.

Campos de concentração

Em 1933, o Partido Nazista criou os primeiros campos de concentração na Alemanha para os inimigos do regime. O aumento do poder dos nazistas fez com que a rede desses campos se expandisse. Judeus, ciganos, dissidentes políticos, homossexuais, testemunhas de Jeová e soldados inimigos foram presos. A maioria dos centros localizava-se na Alemanha e na Polônia, mas o sistema espalhou-se para outros países da Europa. Milhões de pessoas foram mortas nos campos de concentração, até que foram extintos, em 1945, no final da Segunda Guerra Mundial.

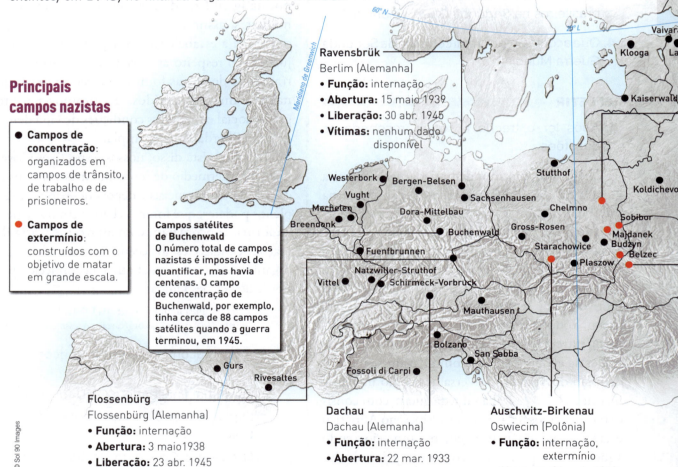

Principais campos nazistas

- **Campos de concentração**: organizados em campos de trânsito, de trabalho e de prisioneiros.
- **Campos de extermínio**: construídos com o objetivo de matar em grande escala.

Campos satélites de Buchenwald
O número total de campos nazistas é impossível de quantificar, mas havia centenas. O campo de concentração de Buchenwald, por exemplo, tinha cerca de 88 campos satélites quando a guerra terminou, em 1945.

Ravensbrük
Berlim (Alemanha)
- **Função:** internação
- **Abertura:** 15 maio 1939
- **Liberação:** 30 abr. 1945
- **Vítimas:** nenhum dado disponível

Flossenbürg
Flossenbürg (Alemanha)
- **Função:** internação
- **Abertura:** 3 maio 1938
- **Liberação:** 23 abr. 1945
- **Vítimas:** nenhum dado disponível

Dachau
Dachau (Alemanha)
- **Função:** internação
- **Abertura:** 22 mar. 1933
- **Liberação:** 29 abr. 1945
- **Vítimas:** 32 000

Auschwitz-Birkenau
Oswiecim (Polônia)
- **Função:** internação, extermínio
- **Abertura:** 26 maio 1940
- **Liberação:** 27 jan. 1945
- **Vítimas:** 1 100 000

© Sol 90 Images

Cronologia dos campos

22 mar. 1933
O primeiro campo de internamento é aberto em Dachau (Alemanha).

ago. 1936
Abertura do campo de concentração em Sachsenhausen (Alemanha).

1938
Os inimigos do regime dos territórios anexados são presos (Áustria e Checoslováquia).

8 dez. 1938
Himmler ordena o censo e a identificação dos ciganos.

3 set. 1939
Alemães "de espírito derrotista" também foram presos.

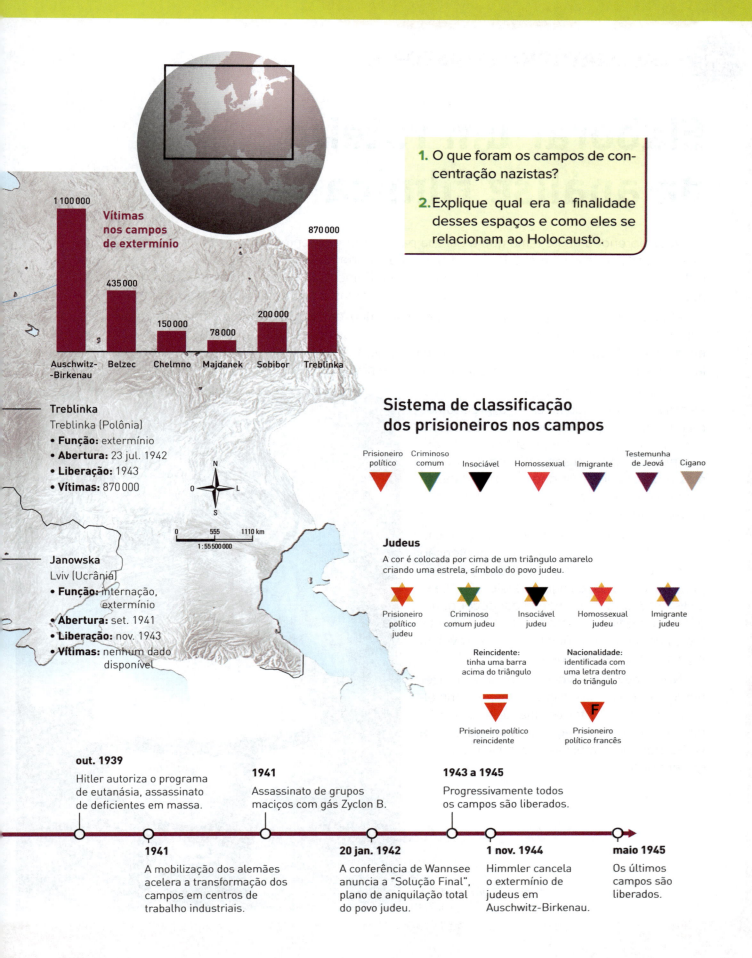

1. O que foram os campos de concentração nazistas?
2. Explique qual era a finalidade desses espaços e como eles se relacionam ao Holocausto.

LABORATÓRIO DA HISTÓRIA

Elaborar um roteiro de análise fílmica

Você aprendeu neste tema que a Europa passou por momentos difíceis com a ascensão de governos autoritários e com a eclosão da Segunda Guerra Mundial. Atualmente, nomes como Adolf Hitler, Benito Mussolini, António Salazar e Francisco Franco são frequentemente lembrados quando nos referimos a formas centralizadas, autoritárias, violentas e preconceituosas de governo.

É grande o interesse por todo esse período histórico, que compreende a primeira metade do século XX, por isso muitas referências a ele foram feitas nas artes contemporâneas. Tanto pelo cinema, em filmes de ficção ou documentários, como pela literatura, pelas artes plásticas, pela fotografia, pela música, por caricaturas, entre outras formas de expressão artística.

Como é vasto o acervo de menções a esse assunto, sobretudo no cinema, precisamos refletir sobre o que vemos nos filmes históricos. Isso porque os filmes atraem facilmente o público pela sua sensação de "verdade", mas é preciso lembrar que, por trás dela, há um ponto de vista construído subjetiva e objetivamente por alguém.

Mas como fazer isso? Que aspectos são importantes de ser observados com atenção e por quê? Será que o perfil dos personagens, os cenários, os figurinos etc. são "fiéis" à História? Será fundamental conhecer quando e onde o filme foi produzido e por quem? E as músicas usadas nos filmes: elas revelam algo sobre a história contada?

Nesta atividade, você aprenderá a fazer um roteiro de análise fílmica. Mas, em primeiro lugar, é preciso ter em mente que o cinema traz uma interpretação da realidade, entre várias possíveis, mesmo que o filme seja do gênero histórico.

Cena do filme *O grande ditador*, de Charles Chaplin, 1940.

Passo a passo

1. Com o auxílio do professor, você e os colegas escolherão um filme com a temática da Segunda Guerra Mundial para assistir.
2. Em sala de aula, façam uma roda para dialogar sobre o filme a que assistiram e sobre as sensações que tiveram ao ver aquelas imagens. Depois de todos apresentarem suas opiniões, elabore uma redação com o tema: "A sensação de realidade que os filmes nos passam".
3. Depois desse primeiro contato com o filme, chegou o momento de montar uma ficha técnica dele. Em sala de aula e com a mediação do professor, elaborem uma série de perguntas que poderiam ser feitas sobre qualquer filme e anotem no caderno.
4. Juntos, escolham as questões que consideram mais importantes para compor o roteiro de análise fílmica da turma. Na sequência, desenvolvam o roteiro final, que deve conter a ficha técnica da obra, como no modelo a seguir.

FICHA TÉCNICA
TÍTULO:
DIRETOR(ES):
PAÍS:
ANO:
ROTEIRO DE ANÁLISE FÍLMICA
Qual(is) é(são) o(s) personagem(ns) central(is) do filme? Ele(s) existiu(iram) de fato?
Onde o filme se passa?
Qual é o enredo do filme? (Que história ele apresenta?)
Como é a música do filme? Ela desempenha alguma função na obra? Se sim, qual?
Que período da História é retratado?
O filme procura ser fiel à História? Que elementos demonstram isso?
Qual é a mensagem final?
Quando e onde o filme foi produzido? Os locais e o ano de produção dizem algo sobre a história que ele conta? Qual era o contexto histórico do país ou do mundo quando o filme foi produzido?

Pronto! Agora você já pode começar o trabalho de análise de um filme histórico.

Finalização

Chegou a vez de você mesmo elaborar sua análise fílmica.

- O professor escolherá um filme que será exibido para toda a turma. No dia da apresentação, você deve levar seu caderno com o modelo do roteiro de análise, lápis e borracha.
- Ao término da atividade, na sala de aula, converse com os colegas e com o professor sobre o que você entendeu do filme e como o analisou.

PANORAMA

FAÇA AS ATIVIDADES A SEGUIR E REVEJA O QUE VOCÊ APRENDEU.

NO CADERNO

1. Observe a fotografia, leia a legenda e faça o que se pede.

↑ Encontro entre os presidentes Getúlio Vargas, do Brasil, e Franklin Delano Roosevelt, dos Estados Unidos, em Natal (RN), 1943.

a) Relacione esse acontecimento à participação do Brasil na Segunda Guerra Mundial.

b) A fotografia foi tirada em Natal, no Estado do Rio Grande do Norte. Faça uma pesquisa para descobrir por que o encontro entre os presidentes aconteceu nessa cidade (lembre-se de que, naquela época, o Rio de Janeiro era a capital do Brasil) e qual era a importância de Natal para o Brasil e para os Estados Unidos no contexto da Segunda Guerra Mundial.

2. O fascismo foi um fenômeno político que floresceu quase simultaneamente em diversos países europeus, na primeira metade do século XX. Mesmo com características e vertentes ideológicas e políticas diferentes, havia uma base comum que fez com que se declarasse o franquismo, o Estado Novo português, o Estado Novo brasileiro, o fascismo italiano etc. como governos autoritários. Explique qual era a base ideológica comum a esses regimes políticos.

3. Observe as imagens e faça o que se pede.

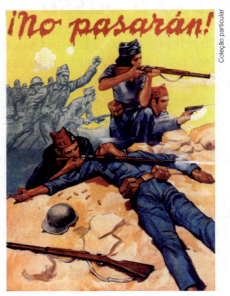

↑ Cartaz da Guerra Civil Espanhola, 1936-1939.

↑ Mulheres republicanas lutam no cerco de Alcázar, na Espanha, durante a Guerra Civil Espanhola, 1936.

a) O que as imagens retratam e o que parece estar em destaque nelas?

b) Assim como na Primeira Guerra Mundial, na Guerra Civil Espanhola as mulheres tiveram intensa participação. Compare o papel desempenhado por elas nesses dois acontecimentos.

100

4. Observe a fotografia, leia a legenda e faça o que se pede.

↑ Adolf Hitler recebe Francisco Franco na Estação de Hendaia, França, 1940.

- A imagem retrata personagens que representam dois regimes autoritários formados na Europa na década de 1930. Explique quem são esses personagens, os regimes políticos que simbolizam e o contexto histórico que possibilitou a chegada deles ao poder.

5. Neste tema, você se deparou, diversas vezes, com vocábulos que têm o sufixo -ismo. Pesquise em um dicionário o significado desse sufixo. Com suas palavras, escreva por que esse sufixo foi usado para compor os termos totalitarismo, franquismo, salazarismo e nazismo.

6. Quais eram as relações entre o Brasil, gerido por Getúlio Vargas, e o Eixo (Alemanha, Itália e Japão), durante a Segunda Guerra?

7. Explique o que foi a Intentona Comunista e qual foi o reflexo dela na sociedade brasileira.

8. Quais vantagens cada país recebeu de garantia no acordo firmado entre Brasil e Estados Unidos durante a política de boa vizinhança?

9. Como foi criada a ONU?

10. O que é a Declaração Universal dos Direitos Humanos?

11. Leia o artigo 1º da Declaração Universal dos Direitos Humanos e, em seguida, responda à questão.

Artigo 1º: Todas as pessoas nascem livres e iguais em dignidade e direitos. São dotadas de razão e consciência e devem agir em relação umas às outras com espírito de fraternidade.

Declaração Universal dos Direitos Humanos. Disponível em: <http://www.direitoshumanos.usp.br/index.php/Declaração-Universal-dos-Direitos-Humanos/declaracao-universal-dos-direitos-humanos.html>. Acesso em: fev. 2019.

- Em sua opinião, qual é o significado desse artigo?

12. Observe a primeira página do jornal *Folha da Manhã* e faça o que se pede.

↑ Primeira página do jornal *Folha da Manhã*, 24 de maio de 1932.

a) Explique o contexto histórico que levou ao acontecimento destacado nesta página.

b) Aproximadamente dois meses após este fato começou a Revolução Constitucionalista. Explique o que foi esse conflito.

DICAS

▶ ASSISTA

Terra e liberdade. Alemanha, Espanha, Inglaterra, Itália e França, 1995. Direção: Ken Loach, 109 min. A Guerra Civil Espanhola é o tema central do filme, que narra a história de David, um inglês que abandona tudo em Liverpool para se juntar à luta dos comunistas contra as tropas fascistas. O filme aprofunda os ideais revolucionários apresentando as diferenças e semelhanças entre as frentes de luta armada, que combatiam o governo espanhol.

O menino do pijama listrado. Inglaterra e EUA, 2008. Direção: Mark Herman, 94 min. Com base no livro de mesmo nome, o filme relata uma inesperada amizade entre Bruno – o filho de um comandante do Exército alemão – e um garoto judeu, Shmuel, preso em um campo de concentração.

📖 LEIA

Fascismo, nazismo, integralismo, de João Julio Bertonha (Ática). A obra analisa os governos autoritários e suas múltiplas manifestações, além de fazer uma breve abordagem das formas utilizadas por esses movimentos para angariar apoio popular.

↑ A Ponte Glienicke, sobre o Rio Havel, que conecta as cidades alemãs de Potsdam e Berlim, foi apelidada de Ponte dos Espiões durante a Guerra Fria. Ela ganhou essa fama porque a União Soviética e os Estados Unidos utilizaram-na para realizar trocas de espiões capturados durante esse período.

TEMA 4
A Guerra Fria

NESTE TEMA
VOCÊ VAI ESTUDAR:
- a polarização do mundo em países capitalistas e socialistas após a Segunda Guerra Mundial;
- a expansão do socialismo;
- os conflitos bélicos resultantes dessa polarização.

Ugis Riba/Shutterstock.com

Você consegue imaginar como seria viver em um mundo dominado pelo medo de um conflito nuclear? Talvez esse sentimento tenha sido um dos mais impactantes entre as gerações que viveram no período histórico denominado Guerra Fria, caracterizado pela divisão do mundo entre países capitalistas e socialistas. Na segunda metade do século XX, Estados Unidos e União Soviética protagonizaram uma disputa baseada em políticas de desenvolvimento de armas de grande destruição. Essa corrida armamentista poderia causar a devastação da humanidade.

CAPÍTULO 1
Dois Estados para influenciar o mundo

Neste capítulo, você vai estudar os conflitos ocorridos no mundo pós-Segunda Guerra Mundial que envolveram disputas de poder entre os projetos capitalistas e socialistas.

Ainda no decorrer da Segunda Guerra Mundial, os países aliados iniciaram conferências para discutir a redefinição de fronteiras após o término do conflito. A União Soviética, no processo de luta contra as tropas alemãs, conforme libertava os países do Leste Europeu do domínio nazista, foi consolidando sua influência na região. Por outro lado, a Europa Ocidental permaneceu sob a influência dos estadunidenses e dos ingleses, ou seja, tinha orientação capitalista.

Com o fim da guerra, em 1945, a aliança entre os países capitalistas e a União Soviética foi se desfazendo gradualmente, já que o inimigo comum, o nazismo, havia sido derrotado.

Os socialistas acreditavam que o capitalismo chegaria ao fim devido a suas próprias contradições, uma vez que contribuía para o enriquecimento de um pequeno grupo social, enquanto a maior parte da população vivia em condições precárias. Essas pessoas, cedo ou tarde, iriam insurgir contra o sistema e suas injustiças e desigualdades. Para os capitalistas, o socialismo era uma ameaça, pois questionava as bases da sociedade burguesa e sua forma de produção de riqueza. Eles resolveram respeitar as áreas de influência estabelecidas nas conferências internacionais, mas não sem realizar um combate ideológico e impedir a expansão socialista para novas áreas.

Novas alianças, velhos inimigos

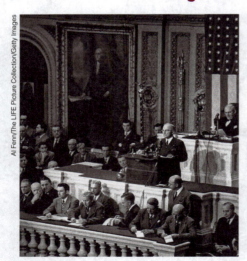
↑ O presidente Truman ao anunciar a Doutrina Truman em sessão do Congresso, Washington (EUA), 1947.

Em 1947, nos Estados Unidos, foi criada a chamada Doutrina Truman cujo objetivo era impedir a expansão do socialismo. Harry S. Truman, presidente dos Estados Unidos entre 1945 a 1953, assumiu o compromisso de "defender o mundo livre contra a ameaça comunista".

[...] No presente momento na história do mundo, quase todas as nações devem escolher entre formas alternativas de vida. A escolha, muitas vezes, não é livre.

Um modo de vida baseia-se na vontade da maioria e distingue-se pela liberdade das instituições, pelo governo representativo, por eleições livres e por garantias de liberdade individual, política, religiosa e de expressão.

A segunda forma de vida baseia-se na vontade de uma minoria imposta à força sobre a maioria. Baseia-se no terror e na opressão, em uma imprensa controlada; em eleições de partidos únicos e na supressão das liberdades pessoais. Eu acredito que deve ser política dos Estados Unidos apoiar os povos livres que estão resistindo a tentativas de subjugação por minorias armadas ou por pressões externas [...].

Discurso do presidente estadunidense Harry S. Truman antes de uma sessão do Congresso, 12 de março de 1947. Disponível em: <http://avalon.law.yale.edu/20th_century/trudoc.asp>. Acesso em: fev. 2019. [Tradução nossa].

Para colocar esse projeto em prática, os Estados Unidos tomaram duas medidas que afetavam diretamente a política e a economia internacionais: a criação do Plano Marshall, em 1947, e da Organização do Tratado do Atlântico Norte (Otan), em 1949.

O Plano Marshall consistia no empréstimo de bilhões de dólares dos Estados Unidos a países europeus para que eles reerguessem sua economia. Com esse plano, os Estados Unidos buscavam fortalecer o capitalismo na Europa, o que justifica o fato de as nações aliadas à União Soviética não terem sido beneficiadas. Para evitar que países socialistas saíssem de sua zona de influência, a URSS criou, em 1949, o Conselho para Assistência Econômica Mútua (Comecon), um acordo que estipulava trocas comerciais de produtos e matérias-primas entre os Estados-membros, assim como ajuda técnica e financeira.

A Otan, por sua vez, era uma aliança militar firmada entre os países capitalistas para se defenderem de possíveis ataques comunistas. A União Soviética, por conseguinte, também estabeleceu um acordo militar entre seus aliados, que ficou conhecido como Pacto de Varsóvia, assinado pelos países-membros em 1955.

Embora não tenha havido um conflito direto entre os EUA e a URSS, os países aliados de ambos os lados eram financiados e apoiados em guerras, que ocorreram principalmente na Ásia. O temor de um conflito nuclear acabou gerando um tipo de confronto indireto entre as duas potências mundiais. Assim, começou o período denominado Guerra Fria.

Fonte: Patrick O'Brien. *Atlas of world history*. Nova York: Oxford, 2012. p. 245.

105

Plano Marshall

Em 5 de junho de 1947, o secretário de Estado americano, general George Marshall, propôs um plano de ajuda econômica dos Estados Unidos aos países europeus. Esse plano, que levou o nome de seu criador, tinha o intuito de evitar graves "perturbações econômicas, sociais e políticas" ocasionadas pela crise socioeconômica no Velho Continente.

Foi aprovado, então, o Programa de Reconstrução Europeia (Plano Marshall), que consistia na concessão de créditos e financiamentos dos Estados Unidos aos países da Europa Ocidental a fim de possibilitar a reorganização da infraestrutura destruída pela guerra e favorecer a retomada da produtividade. Os recursos foram destinados principalmente a indústrias, plantações, estradas, ferrovias, aeroportos, construções etc. Além disso, os estadunidenses exportaram alimentos e maquinário para a Europa Ocidental.

Os países que aderiam ao plano tinham de aceitar uma série de condições, como a redução das tarifas alfandegárias e a elaboração de um plano comum de reconstrução e de ajuda mútua. Além disso, foram criadas instituições como a Organização Europeia de Cooperação Econômica (OECE), que passaria a se chamar Organização para a Cooperação e Desenvolvimento Econômico (OCDE) em 1961.

O Plano Marshall entrou em vigor em 1948 e durou quatro anos. Dezesseis países participaram do programa de cerca de 13 bilhões de dólares. Os principais beneficiados foram os países da Grã-Bretanha (26%); França (20%); República Federal da Alemanha (11%); e Itália (10%). Dos países do bloco socialista, apenas a Iugoslávia, que desde o início preservou sua autonomia política, foi contemplada com recursos do Plano Marshall.

De 1950 até 1970, a economia mundial cresceu a uma taxa média de 5% ao ano. Economicamente, esse ciclo próspero foi possível graças à recuperação dos mercados pelo mundo. Os bilionários investimentos feitos por estadunidenses e soviéticos foram canalizados para as áreas de pesquisa científica, educação e saúde dos países beneficiados. Assim, os países europeus estabilizaram-se e passaram a assumir os cuidados relacionados ao bem-estar de sua população, formando os chamados Estados de Bem-Estar Social, sistema em que o Estado se responsabiliza por garantir aos indivíduos, por meio de ações políticas e econômicas, seus direitos sociais, assegurando-lhes condições mínimas nas áreas de educação, saúde, habitação, entre outras.

FORMAÇÃO CIDADÃ

O Plano Marshall foi um programa do governo estadunidense de cooperação internacional. Reflita sobre o termo **cooperação** e sobre o significado do valor humano associado a ele. Caso seja necessário, pesquise a palavra em dicionário impresso ou na internet.

← Cartaz de divulgação do Plano Marshall na Europa, 1947. Nele, lê-se: "Europa, todas as nossas cores para o mastro".

A era de ouro do capitalismo nos Estados Unidos

Embora tenham participado da Segunda Guerra Mundial, os Estados Unidos não tiveram seu território diretamente afetado pelo conflito. Somado a isso, o aumento das demandas industriais e militares por parte das nações em guerra garantiu grande crescimento econômico e prosperidade ao país.

No fim da década de 1940, os Estados Unidos concentravam cerca de dois terços da produção industrial do mundo. Os efeitos da Grande Depressão haviam sido superados com a intervenção do Estado na economia, o que gerou um Estado mais atuante e que garantia direitos à população. Desse modo, houve um desenvolvimento considerável da classe média, que passou a se inserir de forma mais intensa no mercado de consumo.

O consumismo constitui um dos aspectos centrais do *american way of life*, ou "modo de vida americano". Essa expressão foi utilizada nas décadas posteriores à Segunda Guerra Mundial para diferenciar o modo de vida capitalista (representado pelos Estados Unidos) do modo de vida socialista (representado pela União Soviética).

Nos Estados Unidos, como forma de incentivar a circulação de capital, os meios de comunicação, por meio de propagandas, difundiam a ideia de que a felicidade estaria atrelada ao consumo. Assim, para uma pessoa ser feliz, ela deveria comprar o automóvel do ano, adquirir eletrodomésticos, mudar para uma casa maior etc. Com isso, o país, que já era tradicionalmente considerado a terra da liberdade, da prosperidade econômica, da modernidade e do avanço técnico-científico, passou a defender esse modo de vida como superior ao dos demais países.

Ao mesmo tempo que se exaltava a liberdade por meio do consumo, fazia-se a crítica ao modelo adotado pelos países socialistas, que era pautado na valorização do bem coletivo. Essa contraposição relacionava-se também à escassez de produtos industrializados, ao atraso tecnológico e à supressão de direitos individuais que havia entre os soviéticos. Assim, a população estadunidense era incentivada a rejeitar as ideias socialistas e o modelo de vida dos países socialistas, e a acreditar que vivia no país que melhor atendia às suas necessidades.

FORMAÇÃO CIDADÃ

A cultura do *american way of life*, disseminada pelos Estados Unidos principalmente no contexto da Guerra Fria, chegou ao Brasil por meio de produtos industrializados de origem estadunidense. Quais são os impactos da cultura do consumo desenfreado na sociedade brasileira? O que é necessário para que o consumo consciente seja adotado de forma ampla pela sociedade atual?

Família reunida para escutar um pronunciamento do presidente Roosevelt pelo rádio. Dickson City, Pensilvânia (EUA), 1943.

AQUI TEM MAIS

A tecnologia bélica aplicada ao cotidiano

O setor industrial dos Estados Unidos tinha grande capacidade de produção após o término da Segunda Guerra Mundial, de modo que, com o fim dos conflitos, passou a focar na produção de alimentos, roupas, meios de transporte, eletrodomésticos, entre outras atividades.

Foi nesse contexto que a tecnologia militar passou a ser usada para fins comerciais. Liquidificador, televisão, máquina de lavar, torradeira, aspirador de pó, computador, internet, câmeras digitais, forno micro-ondas são alguns exemplos de tecnologias que foram inventadas para fins bélicos, mas, posteriormente, foram adaptadas para o uso da sociedade civil.

Como exemplos dessa adaptação no uso das tecnologias, destaca-se o trabalho de um engenheiro americano que atuava no desenvolvimento de radares. Ele percebeu que uma barra de chocolate em seu bolso havia derretido, aquecida pelas micro-ondas que os equipamentos emitiam. As pesquisas prosseguiram e a pipoca foi o primeiro alimento preparado com a nova técnica, em aparelho micro-ondas. Já as câmeras digitais foram criadas para os satélites; o computador, para fazer cálculos balísticos e para a decifração de códigos inimigos; e a internet para que a comunicação e o armazenamento de dados ocorressem mesmo em meio a bombardeios.

↑ Anúncio de um televisor publicado na revista americana *Saturday Evening Post*, c. 1950.

1. Que tecnologias criadas para a guerra estão presentes em nosso cotidiano? De que modo elas foram adaptadas para o uso comum?

A caça aos comunistas

Desde sua independência, no século XVIII, os Estados Unidos seguiam a doutrina liberal, que, entre outros aspectos, valoriza a atuação de empresas privadas, a livre-iniciativa, o progresso material e a acumulação de riquezas como elementos fundamentais para a construção da nação. Dessa maneira, pautavam-se na crença de que todas as pessoas teriam possibilidade de enriquecer por meio do trabalho e mérito. Essa tradição era diretamente contrária à proposta comunista. E não tardou para que o sentimento anticomunista existente entre a Primeira e a Segunda Guerra Mundial voltasse à tona no país.

↑ Senador Joseph McCarthy durante sessão no Senado. Washington (EUA), 15 de novembro de 1954.

Na década de 1950, o anticomunismo tornou-se uma política de Estado. A descoberta de que a URSS estava fazendo experiências com bombas atômicas e a possibilidade de haver espiões soviéticos no país colaboraram para o desenvolvimento de uma intensa campanha anticomunista liderada pelo senador conservador Joseph McCarthy. O movimento, conhecido como macarthismo, iniciou um período de forte intolerância no país, em que todas as pessoas consideradas comunistas ou simpatizantes do regime soviético eram vigiadas, perseguidas, presas ou exiladas.

ATIVIDADES

SISTEMATIZAR

1. Qual era a situação das alianças políticas feitas durante a Segunda Guerra Mundial após o fim do conflito?

2. Como os países se reorganizaram para evitar novos conflitos em larga escala?

3. Explique o que foi a Doutrina Truman.

4. Explique quais foram as consequências imediatas da Segunda Guerra Mundial.

5. O que foi o Plano Marshall e quais eram as contrapartidas exigidas dos países beneficiados?

6. O que foi o *american way of life* e qual é sua relação com o período em que foi implementado?

7. O que foi o macarthismo?

REFLETIR

1. Leia o texto abaixo e responda às questões.

Com o fim da guerra [Segunda Guerra Mundial], os Estados Unidos se viram numa situação privilegiada, como a mais forte, coesa e próspera economia mundial. O governo americano coordenou um vasto plano de apoio para recuperar as economias capitalistas da Europa Ocidental, já no contexto da Guerra Fria, concorrendo com o recém-ampliado bloco dos países socialistas. As agitações revolucionárias na Ásia, África e América Latina forçariam desdobramentos dos investimentos americanos também para essas áreas. O dólar americano se tornou a moeda padrão para as relações no mercado internacional, a ele se atribuindo uma consistência e estabilidade que evitasse crises como as dos anos 20 e 30. Beneficiando-se da sua condição de liderança, os Estados Unidos patrocinaram tratados multilaterais, destinados a garantir a estabilidade dos mercados e a reduzir práticas protecionistas e barreiras alfandegárias, consolidando sua hegemonia.

SEVCENKO, Nicolau. *A corrida para o século XXI: no loop da montanha-russa.* São Paulo: Companhia das Letras, 2001. p. 25.

a) Segundo o autor, de que maneira os Estados Unidos foram beneficiados no final da Segunda Guerra Mundial?

b) De acordo com o que você aprendeu neste capítulo e baseando-se na leitura do trecho, responda: Quais foram as estratégias usadas pelos Estados Unidos para garantir sua hegemonia?

c) Por que era importante para os Estados Unidos conquistar mais aliados?

DESAFIO

1. A disputa ideológica das superpotências que emergiram após a Segunda Guerra Mundial ocorreu de diversas maneiras, entre elas, por meio da indústria cultural. Faça uma pesquisa sobre o filme do cartaz reproduzido a seguir considerando a defesa das ideias capitalistas em detrimento das socialistas. Depois, faça uma ficha que contenha as seguintes informações: nome do filme, nome do diretor, tempo de duração, ano de produção e uma resenha em que relacione o enredo ao contexto da Guerra Fria.

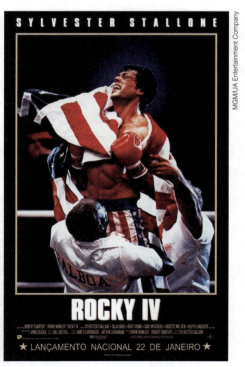

↑ Cartaz do filme *Rocky IV*, 1985.

CAPÍTULO 2 — A expansão comunista

No capítulo anterior, você estudou as transformações que ocorreram nos Estados Unidos após a Segunda Guerra Mundial e as estratégias usadas para combater a expansão socialista. Neste capítulo, você vai estudar como o comunismo rompeu as fronteiras da URSS e se propagou pelo Leste Europeu e por parte da Ásia.

A Revolução Russa de 1917 deu início a um modelo de governo revolucionário, fundamentado na organização dos trabalhadores, sob a liderança do Partido Bolchevique. Com o passar do tempo, essa liderança foi distanciando-se das classes trabalhadoras, tomando para si o poder das decisões e instalando-se como classe política dominante.

Após a morte de Lenin, em 1924, houve uma disputa pelo poder dentro da alta cúpula do Partido Comunista. De um lado estava Liev Trotski, bolchevique, fundador do Exército Vermelho e comissário de guerra; de outro, Josef Stalin, secretário-geral do partido. Cada um tinha uma concepção dos rumos da revolução: Trotski defendia a necessidade de estendê-la imediatamente para todos os países; Stalin defendia a tese da consolidação do socialismo primeiro na União Soviética, depois no exterior.

A disputa foi vencida por Stalin. O novo líder passou a governar o país de forma personalista e autoritária, aplicando um regime totalitário, ao mesmo tempo que o transformou em uma potência industrial e militar.

O governo de Stalin

Assim que assumiu o poder, em 1928, Stalin anunciou o chamado Primeiro Plano Quinquenal, que tinha como principais objetivos a coletivização da agricultura e a industrialização.

Stalin e seus aliados acreditavam que a criação de fazendas estatais e cooperativas agrícolas, somada à mecanização e ao uso de fertilizantes e de agrotóxicos, aumentaria a produtividade no setor de alimentos. Em sua concepção, essas medidas viabilizariam a migração de parte da mão de obra para o meio urbano, o que seria fundamental para o processo de industrialização do Estado soviético. Tal processo privilegiou a construção de grandes fábricas e fundições, além de volumosos investimentos em tecnologia, principalmente militar.

Liev Trotski, à esquerda, e Josef Stalin, à direita, em 1917.

A industrialização soviética

A maioria da população soviética era formada por operários e camponeses que recebiam baixos salários. Os operários da indústria lidavam cotidianamente com altas metas de produtividade que, caso não fossem cumpridas, poderiam resultar na acusação de agirem como inimigos da nação. Nesse caso, poderiam ser julgados e até mesmo enviados aos campos de trabalho forçado. O resultado de ações como essa foi um grande crescimento da economia, que tornou a União Soviética uma potência industrial.

Durante as décadas de 1930 e 1940, a industrialização possibilitou a produção de armas e a resistência à invasão da Alemanha nazista na Segunda Guerra Mundial. O objetivo de Stalin era mostrar ao mundo a possibilidade de obter desenvolvimento econômico sob um regime socialista. Com sua morte, em 1953, a situação geral da economia na União Soviética começou a deteriorar-se. Por trás da fachada de progresso contínuo estavam as contradições sociais, os problemas econômicos e a luta pela sucessão no poder.

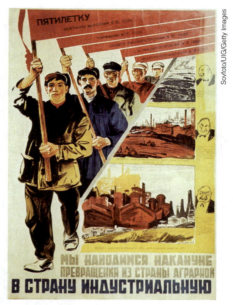

↑ Cartaz soviético de 1930 sobre o Plano Quinquenal. Nele, lê-se: "Estamos no limiar de mudar de uma nação agrária para uma nação industrial".

As alternativas de Kruschev

Depois da morte de Stalin e de intensa disputa pelo governo soviético, Nikita Kruschev subiu ao poder. Buscando melhorar as relações entre a União Soviética e o bloco capitalista, ele pôs em ação uma política externa que ficou conhecida como "coexistência pacífica". Desse modo, em vez de realizar as reformas necessárias para recuperar a economia, ele tornou o país cada vez mais dependente dos recursos disponíveis no mercado mundial.

No XX Congresso do Partido Comunista da União Soviética, realizado em 1956, Kruschev denunciou as mentiras e os abusos do governo de Stalin, como a violação dos princípios socialistas, o culto à personalidade, os expurgos e a desastrosa política econômica. Esse processo ficou conhecido como **desestalinização**.

Com as reformas internas feitas por Kruschev, estabeleceu-se um clima de moderada liberalização na União Soviética, o que contribuiu para que alguns países, descontentes com o domínio soviético, buscassem autonomia política.

 CURIOSO É...

Gulags

Gulag é uma sigla, em russo, que significa "administração central dos campos". Referia-se a campos de trabalho forçado situados em regiões geográficas de difícil acesso e com condições climáticas extremas. Neles, combinavam-se isolamento, frio intenso, tarefas pesadas, alimentação mínima e condições sanitárias quase inexistentes. Para se protegerem da violência, alguns grupos de presos criaram códigos e leis internas que deram origem à máfia russa.

Domínio e resistência do Leste Europeu

Após a expulsão dos nazistas, o exército soviético avançou pelo Leste Europeu, aliando-se aos movimentos de resistência locais que já lutavam contra as tropas alemãs. Quando a Segunda Guerra Mundial terminou, esses países passaram a receber influência política soviética.

Com o apoio do Exército Vermelho, os comunistas chegaram ao poder na Tchecoslováquia, Polônia, Bulgária, Romênia, Albânia, República Democrática Alemã (Alemanha Oriental) e Hungria. Apenas a Iugoslávia, sob o comando nacionalista do Marechal Tito, mantinha orientação socialista independente do governo de Moscou.

A criação do Conselho para Assistência Econômica Mútua (Comecon), em 1949, e o Pacto de Varsóvia, em 1955, consolidaram a hegemonia política e econômica dos soviéticos no Leste Europeu.

→ Ruínas após bombardeio na cidade de Varsóvia, Polônia, 1945.

A exceção da Iugoslávia

Na Iugoslávia, o Marechal Josip Broz Tito, que pertencia ao grupo de luta pela resistência, conferiu características específicas ao regime político que se formava em seu país. Pelo fato de a Iugoslávia ter resistido ao domínio nazista praticamente sem a ajuda da URSS e dos Aliados, Tito obteve independência para estabelecer um governo socialista próprio e não alinhado com a União Soviética.

Assim, o Marechal Tito estabeleceu relações econômicas com países capitalistas, mas preservando aspectos do socialismo iugoslavo. Essa política tornou-se comum, principalmente entre as nações então recém-independentes.

Ao evitar sujeitar-se à influência estalinista e, ao mesmo tempo, beneficiar-se do Plano Marshall, a Iugoslávia foi expulsa dos órgãos comunistas dominados pela União Soviética em 1948, episódio que ficou conhecido como ruptura Tito-Stalin. A partir de então, o partido foi alvo de campanhas que tratavam Tito como inimigo e traidor das ideias socialistas. Após a morte de Stalin, houve uma reaproximação entre os iugoslavos e o governo soviético de Nikita Krushev, e as relações entre os países melhoraram.

↑ Faixa com retrato do Marechal Tito em edifício na Iugoslávia, 1948.

A insurreição húngara

A insurreição húngara foi um movimento liderado por estudantes, intelectuais e trabalhadores que defendiam a necessidade de reformas políticas que garantissem a democratização do país. Eles pediam a volta ao poder de Imre Nagy, que havia sido primeiro-ministro e crítico ao domínio soviético. Para acalmar a população, a cúpula do Partido Comunista aceitou empossar Nagy como primeiro-ministro.

Nagy afrouxou o controle do Estado na economia, libertou presos políticos, concedeu liberdade à imprensa e restabeleceu o pluripartidarismo. No entanto, as reformas foram consideradas insuficientes pela população, que começou a exigir reestruturações mais profundas, tomando conta das fábricas, organizando greves gerais e armando-se para lutar contra o domínio da URSS.

↑ Estátua de Stalin derrubada em Budapeste durante a Revolução Húngara de 1956.

Temendo que a revolta se espalhasse por outros países e ameaçasse o poder soviético, tropas do Pacto de Varsóvia atacaram Budapeste, a capital da Hungria, no dia 4 de novembro de 1956. A resistência húngara durou dez dias, e a investida provocou a morte de cerca de 20 mil habitantes e o exílio de outros 160 mil.

A Primavera de Praga

A chamada Primavera de Praga, ocorrida na capital da Tchecoslováquia, foi um movimento que buscava medidas democratizantes, tal como ocorrera na Hungria. Em 1968, o primeiro-ministro Ludvik Svoboda e o parlamentar Alexander Dubcek (também primeiro-secretário do Partido Comunista) iniciaram uma ampla reforma social, que incluía maior liberdade de expressão e de imprensa, defesa dos direitos das minorias e liberalização religiosa. As medidas contavam, ainda, com amplo apoio da população. Assim, Dubcek e seus aliados pretendiam colocar em prática uma forma de socialismo de característica mais liberal, chamado de "socialismo com face humana", que possibilitava a liberdade de pensamento e questionava a doutrinação ideológica.

A reação da União Soviética foi de desaprovação total. Um enorme contingente militar de tanques, aviões, canhões e soldados deslocou-se para a Tchecoslováquia e reprimiu a população de Praga, que resistiu por alguns meses. A resistência foi contida pelos soviéticos e chegou ao fim com a prisão dos líderes, a intensificação da repressão política contra a população e a nomeação de um novo líder regional subordinado ao governo central da URSS. A repressão soviética foi severa, mas a luta pelo "socialismo com face humana" não foi encerrada com o fim da Primavera de Praga.

← Resistência da população tcheca durante a invasão das forças do Pacto de Varsóvia lideradas pela União Soviética, que pretendiam interromper as reformas políticas do movimento Primavera de Praga, 1968.

A Revolução Chinesa

Desde o século XIX, a China sofria com a ocupação de seus territórios por países estrangeiros, principalmente a Inglaterra e o Japão. O empobrecimento da população dominada e a resistência do Império Qing em realizar reformas econômicas e sociais que melhorassem as condições de vida do povo fizeram com que eclodissem movimentos contrários ao governo, considerado aliado dos países imperialistas.

Em 1911, uma aliança entre setores nacionalistas, incluindo os militares e o Kuomintang (Partido Nacionalista Chinês), depôs o imperador Pu Yi e proclamou a república na China. Sun Yat-Sen, à frente do Kuomintang, tornou-se o primeiro líder republicano. Seu objetivo era reunificar o território chinês e subordinar os grandes latifundiários, que concentravam mais de 90% das terras do país, ao seu governo.

Em 1921, foi fundado, na cidade de Xangai, o Partido Comunista Chinês, que apoiava o Kuomintang no fortalecimento da república e na unificação do país, porém desejava mais poder aos camponeses e operários e defendia a soberania nacional em relação à exploração imperialista. Ele tinha orientação do Comintern, órgão soviético que enviava recursos para o movimento chinês.

Sob a liderança de Chiang Kai-shek, o Kuomintang iniciou, em 1925, um movimento de perseguição aos comunistas, o que levou a uma guerra civil na China. Diante das derrotas, o Exército comunista, liderado pelo general Mao Tsé-Tung, resolveu se deslocar para o campo a fim de organizar a resistência com o apoio dos camponeses, que eram ampla maioria e sofriam com a exploração, a miséria, as guerras e a fome. Dessa forma, eles conseguiram adesão camponesa à campanha comunista, que lhes propunha lutar por melhores condições de vida.

Em 1931, quando o projeto de expansão japonês chegou à China, os dois partidos uniram-se em defesa do país. Essa união durou, no entanto, até o fim da Segunda Guerra Mundial. Instigado pelos Estados Unidos, que temiam a expansão comunista na Ásia, Chiang Kai-shek, em março de 1946, começou uma nova série de ataques no norte do país.

Entre 1947 e 1948, os comunistas passaram à ofensiva, com um exército experiente e bem equipado. No ano seguinte, eles concluíram a ocupação de todos os centros políticos e industriais da China. Chiang Kai-shek fugiu para Taiwan sob a proteção dos Estados Unidos.

Em 1º de outubro de 1949, na cidade de Pequim, Mao Tsé-Tung proclamou a República Popular da China. Mao passou a ser o chefe do Conselho de Governo, enquanto Zhou Enlai tornou-se o primeiro-ministro.

→ Entre 1934 e 1935, Mao Tsé-Tung e seu companheiro Zhou Enlai realizaram a Grande Marcha no território chinês. Eles percorreram mais de 9 500 km, de norte a sul do país, a fim de organizar um exército revolucionário.

A Era Mao

No poder, os comunistas expulsaram as potências imperialistas, implementaram a reforma agrária, coletivizaram as terras e estatizaram as fábricas. A China centrou seu projeto econômico no modelo russo, fundamentado na indústria de base. Em 1958, o governo iniciou o programa conhecido como Grande Salto Adiante, cujo objetivo era tornar a China um país industrializado em um curto período. Para isso, o Estado defendia a ideia de que a transformação dependia da vontade do povo chinês e de sua dedicação coletiva ao desenvolvimento. Essas medidas, somadas a investimentos na educação, viabilizaram uma forte industrialização e alta na produtividade no campo.

A China rompeu com a União Soviética no início da década de 1960. Os chineses não concordavam com a política de coexistência pacífica de Nikita Kruschev, que buscava conciliação com o sistema capitalista. O rompimento das relações políticas e econômicas deixou a China isolada no cenário mundial. Sua base industrial, embora em processo de expansão, não era suficiente para fabricar produtos manufaturados e industrializados para o mercado interno. Até a década de 1970, a maior parte da produção industrial chinesa era composta de produtos fabricados localmente, mas a tecnologia era projetada na União Soviética.

Revolução Cultural

Em decorrência da crise econômica gerada pela ruptura com a URSS, da fome enfrentada pela população no período e do descontentamento de vários setores do Partido Comunista com as políticas de Mao, ele foi afastado da liderança do partido em 1958.

Para reaproximar-se das classes populares, Mao iniciou a Revolução Cultural, em 1966, que visava à instrução do povo, à superação de quaisquer resquícios da prática capitalista na sociedade chinesa e à abolição dos costumes da "cultura burguesa". Mao defendia que a população deveria impedir a consolidação de uma classe burocrática por meio da "revolução permanente", tarefa que caberia principalmente à juventude.

Os apelos de Mao originaram um imenso exército de jovens. Identificados como Guardas Vermelhos, eles iniciaram um processo contrário a qualquer expressão cultural que não fosse considerada revolucionária. A Revolução Cultural foi um período extremamente violento da história chinesa, marcado pela violação de direitos humanos e pela tentativa de impor um modelo de vida único para todos. Consolidou-se o culto à personalidade de Mao, que era respeitado como verdadeiro representante da revolução e líder inquestionável.

↑ Cartaz chinês da campanha Grande Salto Adiante, 1958-1961. Na bandeira, lê-se: "Siga o caminho do cooperativismo!".

↑ Durante a Revolução Cultural, foi criado o *Livro vermelho* para recuperar a popularidade de Mao Tsé-Tung. O livro é composto de citações de Mao a respeito do Estado, do socialismo e do poder do povo, com críticas ao capitalismo e à burguesia.

A Revolução Cubana

A Ilha de Cuba foi uma colônia espanhola até o final do século XIX, quando obteve a emancipação política com o apoio dos Estados Unidos.

Após se tornar independente, Cuba passou a ser alvo da política imperialista estadunidense. Os Estados Unidos instituíram uma base militar no território cubano e adicionaram leis à Constituição de Cuba que permitiam intervenção caso seus interesses fossem afetados. A economia cubana era, então, predominantemente agrária, baseada nas culturas de cana-de-açúcar e de tabaco voltadas para o mercado externo, principalmente para os Estados Unidos, o que gerava dependência econômica.

Os governos cubanos compactuavam com essa realidade de dominação e, em troca, recebiam apoio político e econômico dos Estados Unidos. Em 1952, a ilha vivia uma ditadura imposta pelo autoproclamado presidente Fulgêncio Batista.

Em 1953, um grupo de jovens oposicionistas, liderados por Fidel Castro, tentou tomar o quartel de Moncada e, assim, iniciar um levante popular. A operação foi um fracasso. Os sobreviventes foram presos e condenados a vários anos de prisão. Em 1955, pressionado pela opinião pública, Batista concedeu anistia aos presos políticos.

↑ Fulgêncio Batista foi eleito presidente em 1940, sucedendo Laredo Brú, em eleições livres (no breve período de democratização pelo qual Cuba passou entre 1940 e 1952). Governou até 1944 seguindo as regras constitucionais. Em 1952 deu um golpe de Estado e governou ditatorialmente até 31 de dezembro de 1958. Fotografia de 1958.

Desse modo, Fidel exilou-se no México e formou um novo grupo de guerrilheiros para desembarcar em Cuba e derrubar Batista, contando com a colaboração de Ernesto "Che" Guevara. No final de 1956, 82 guerrilheiros aportaram na ilha, mas pouco mais de 20 deles sobreviveram às linhas de defesa. O movimento obteve apoio de grande número de camponeses, trabalhadores urbanos, organizações estudantis, movimentos sociais e até de alguns partidos políticos.

Apoiados pela maioria da população, na segunda metade de 1958, os guerrilheiros passaram à ofensiva. Batista fugiu na madrugada de 31 de dezembro de 1958. Nos primeiros dias de janeiro de 1959, os rebeldes já controlavam todo o país e Fidel foi recebido como vitorioso em Havana.

→ Guerrilheiros cubanos liderados por Fidel Castro e Camilo Cienfuegos entram na cidade de Havana, Cuba, 1959.

Os revolucionários no poder

Com a vitória da revolução, Fidel Castro, que se tornara primeiro-ministro, estatizou as empresas nacionais e as indústrias de grande porte, bem como as grandes companhias estrangeiras, o que desagradou profundamente os líderes políticos estadunidenses. No campo, foi realizada uma reforma agrária que expropriou grande parte dos latifúndios de Cuba.

O governo passou também a reprimir as formas de manifestação popular contrárias ao regime, com a prisão e o fuzilamento de quaisquer inimigos do novo Estado cubano. Os oponentes aos revolucionários fugiram para os Estados Unidos em busca de apoio para um contragolpe a Fidel.

Como retaliação às medidas implantadas pelo governo revolucionário, o então presidente dos Estados Unidos, Dwight D. Eisenhower, suspendeu as importações de açúcar cubano. Fidel reagiu nacionalizando as companhias açucareira, telefônica, petrolífera e de eletricidade, bem como os bancos estadunidenses.

Em abril de 1961, Fidel declarou que Cuba passava a ser um Estado socialista, adquirindo, assim, apoio da China e da URSS. Em grande parte devido ao suporte dessas potências, Cuba teve crescimento econômico elevado até 1985.

> A Revolução Cubana não se iniciou como uma revolução comunista, e sim como um movimento contrário ao imperialismo dos Estados Unidos e à política de governo local. Entretanto, em razão da Guerra Fria e dos embates com os Estados Unidos, Cuba acabou se aproximando política e economicamente da URSS.

A Alemanha dividida

↑ Clement Atlee, vice-primeiro-ministro inglês, sentado à esquerda; Harry Truman, presidente americano, sentado no centro; e Joseph Stalin, estadista russo, sentado à direita. Eles estão reunidos na Conferência de Potsdam, Alemanha, 1945.

Com o fim da Segunda Guerra Mundial e a derrota dos nazistas, os países vencedores (União Soviética, países-membros do Reino Unido e Estados Unidos) organizaram a Conferência de Potsdam, cujo objetivo era estabelecer as diretrizes político-econômicas da Alemanha após a Segunda Guerra Mundial. Nessa conferência, os chefes de governo e seus ministros do exterior evidenciavam a nova configuração geopolítica internacional. A União Soviética consolidava-se no Leste Europeu, e o Reino Unido consolidava sua posição de aliado dos Estados Unidos, que, por sua vez, tentava barrar a influência soviética na região.

Um dos objetivos da Conferência de Potsdam era apagar as marcas do nazismo e reconstruir a Alemanha devastada pelos intensos bombardeios dos Aliados.

Após a Conferência de Potsdam, o país foi dividido em quatro zonas de ocupação, controladas por União Soviética, França, Estados Unidos e Grã-Bretanha, e mais a capital Berlim. Porém, as diferenças ideológicas afastaram os soviéticos dos países capitalistas e a Alemanha foi dividida em duas: República Democrática Alemã (RDA – parte oriental), de orientação socialista, aliada da União Soviética; e República Federal da Alemanha (RFA – parte ocidental), de orientação capitalista, unificando as zonas de ocupação dos países capitalistas e tornando-se aliada dos Estados Unidos.

A divisão fez com que centenas de alemães migrassem para a Alemanha Ocidental, por não concordarem com o regime adotado pelos soviéticos na Alemanha Oriental. A migração em massa ameaçava a economia e os serviços básicos do lado oriental.

Para conter o fluxo, autoridades locais decidiram criar uma série de barreiras, entre elas, barricadas nas ruas que ligavam os dois lados de Berlim, a suspensão no tráfego de ônibus entre eles, postos de controle policial etc. As fugas não cessavam e, assim, a opção do governo foi o fechamento total da fronteira. Durante a madrugada de 13 de agosto de 1961, iniciou-se a construção do Muro de Berlim, com mais de 60 km de extensão, que separou famílias, casais e amigos durante 28 anos.

→ Vista do Muro de Berlim de uma plataforma de observação em Bernauer Strasse, Alemanha Ocidental, década de 1970.

Os mísseis que abalaram o mundo

Durante o governo do presidente norte-americano John Kennedy, houve a tentativa estadunidense de invasão da Baía dos Porcos, região litorânea de Cuba. O objetivo era derrubar o governo revolucionário cubano e, para isso, os Estados Unidos treinaram uma equipe de mais de 1 200 pessoas, composta principalmente de exilados cubanos contrários à revolução. A invasão fracassou e o Exército Revolucionário Cubano deteve os invasores, que bateram em retirada no dia 20 de abril de 1961.

As relações com os Estados Unidos ficaram cada vez mais difíceis, o que levou Cuba a se aproximar da União Soviética. Como a ilha estava localizada em uma região estratégica, aproximadamente, 160 quilômetros dos Estados Unidos, a União Soviética negociou com ela a instalação de mísseis em seu território. Em outubro de 1962, a base militar foi descoberta pelo governo americano, o que provocou o episódio conhecido como Crise dos Mísseis.

Esse foi um dos momentos mais delicados da história da Guerra Fria. Ao mesmo tempo que a URSS planejava usar o território cubano para a instalação de mísseis, os Estados Unidos tinham seu equivalente de ataque aos soviéticos na Turquia. Durante alguns dias, o mundo viveu sob a ameaça do início da Terceira Guerra Mundial.

A questão foi resolvida entre Kennedy e Kruschev por meio de negociação: ambas as potências desarmariam os mísseis e se comprometiam a não usá-los em ataques.

← Navio dos Estados Unidos navega ao lado de cargueiro russo para inspecionar sua carga, enquanto um avião norte-americano sobrevoa as duas embarcações. Porto Rico, 1962.

ATIVIDADES

SISTEMATIZAR

1. Quais foram as propostas defendidas por Trotski e Stalin para chegar ao poder na URSS?
2. Descreva quais eram os objetivos dos Planos Quinquenais.
3. Como a União Soviética manteve o controle político de alguns países do Leste Europeu após a Segunda Guerra Mundial?
4. O que foi o processo de desestalinização iniciado por Nikita Kruschev?
5. Quais são as semelhanças entre a política econômica de Mao Tsé-Tung na China e a de Stalin na União Soviética?
6. Quais foram os objetivos da Revolução Cultural?
7. Que motivos deram origem à organização do movimento guerrilheiro em Cuba?
8. Explique o que foi a Conferência de Potsdam.
9. O que provocou a Crise dos Mísseis?

REFLETIR

1. Em março de 1946, o primeiro-ministro britânico Winston Churchill fez a seguinte afirmação:

   [...] do Báltico ao Adriático, uma Cortina de Ferro baixou sobre o continente.

   Winston Churchill apud Jason Tércio. *A espada e a balança*: crime e política no banco dos réus. Rio de Janeiro: Jorge Zahar Editor, 2002. p. 18.

   O mapa ao lado é uma representação gráfica do que Churchill chamou de "Cortina de Ferro". Observe-o e responda às questões.

   a) O que era a chamada Cortina de Ferro?
   b) Para Churchill, o que a Cortina de Ferro representava?
   c) A chamada Cortina de Ferro era uma divisa física? Explique.

Fontes: José Jobson de Arruda. *Atlas histórico básico*. 17. ed. São Paulo: Ática, 2011. p. 32; Cláudio Vicentino. *Atlas histórico: geral e Brasil*. São Paulo: Scipione, 2011. p. 149.

DESAFIO

1. Embora a industrialização da China tenha ocorrido com dificuldades, o país é atualmente uma das principais potências mundiais, e seus produtos estão inseridos em todos os mercados. Faça uma pesquisa sobre a economia chinesa e explique, com suas palavras, de que maneira o capitalismo e o comunismo estão presentes na estrutura do governo. Pesquise também os índices de educação e de pobreza do país. Em seu texto, compare, com dados da atualidade, avanços e problemas sociais estudados no capítulo relativos a esse país.

CAPÍTULO 3

Os conflitos bélicos

No capítulo anterior, você estudou como as ideias socialistas se expandiram da União Soviética para outras nações.
Neste capítulo, você vai estudar as interferências causadas pelos interesses estadunidenses e soviéticos em algumas regiões do mundo.

As guerras de procuração

Vimos anteriormente que, durante o período chamado Guerra Fria, as duas grandes potências globais – Estados Unidos e União Soviética –, apesar de disputarem uma corrida armamentista, evitaram travar uma batalha real, pois ela poderia resultar em um conflito nuclear, causando devastações inimagináveis ao planeta. Entretanto, os dois países tiveram diversos conflitos políticos e ideológicos enquanto tentavam expandir suas esferas de influência no mundo.

O fato de não disputarem uma guerra entre si não impediu que as duas potências se envolvessem em guerras indiretas por meio do apoio a outras nações. Esse tipo de combate é denominado **guerra de procuração** e aconteceu, por exemplo, na Grécia, na Coreia, no Afeganistão e no Vietnã.

GLOSSÁRIO

Guerra de procuração: conflito armado no qual dois países se utilizam de terceiros como intermediários ou substitutos, não lutando diretamente entre si.

→ Stivenson Valério. Charge do século XXI sobre a Guerra Fria.

A guerra civil na Grécia

Durante a Segunda Guerra Mundial, a região dos Bálcãs era considerada estratégica. A Grécia foi invadida pela Alemanha, Itália e Bulgária. O monarca grego foi exilado e toda resistência contida. O Partido Comunista do país conseguiu, nesse contexto desfavorável, mobilizar uma grande quantidade de cidadãos e pressionar as forças de ocupação.

Em 1941, os comunistas criaram a Frente Nacional de Libertação (EAM, sigla em grego). Eles tinham como meta organizar a resistência e consolidar a política na Grécia para que, após o término da guerra, a população pudesse escolher o tipo de governo mais adequado. Enquanto a EAM se preocupava com a política, seu braço militar, o Exército Popular da Libertação Nacional (Elas, sigla em grego), ocupava-se da resistência armada. Havia também grupos de resistência não comunistas, sendo o Exército Nacional Democrático (Edes, sigla em grego) o mais atuante deles.

A Inglaterra ocupou Atenas após a retirada dos alemães do território grego em 1944. Lá, os ingleses estabeleceram uma administração **interina**, sob o comando do primeiro-ministro Georgios Papandreou, que, entre outros objetivos, deveria propiciar o retorno do monarca que estava no exílio. O primeiro-ministro, temeroso do poder que os comunistas tinham, ordenou que o Elas se desarmasse para que a EAM continuasse a participar da política do país. O grupo se negou, afirmando que só o faria se todos os colaboradores do nazismo fossem destituídos do poder. A Inglaterra, porém, considerava que, naquele momento, os comunistas eram uma ameaça maior do que antigos nazistas. Assim, o embaixador britânico ordenou ao governo grego que todas as manifestações de oposição fossem silenciadas, ainda que se fizesse necessário o uso da força. Com isso, em dezembro do mesmo ano, durante uma passeata comunista, a polícia grega, com o apoio de soldados britânicos, abriu fogo contra os manifestantes, matando muitos deles.

Durante o primeiro ano de guerra civil, os comunistas conseguiram apoio tanto da URSS como da Iugoslávia e controlaram o norte da Grécia. A Inglaterra, que combatia também em outras regiões, gradualmente foi perdendo o controle do governo grego e solicitou auxílio aos Estados Unidos.

> **GLOSSÁRIO**
>
> **Interino:** provisório, temporário.

↑ Cartaz da Frente Nacional de Libertação da Grécia. Nele, lê-se: "O Elas quebrando as correntes de Atenas", c. 1941-1944.

← Soldados britânicos em Atenas, Grécia, 1944.

Harry S. Truman, presidente dos Estados Unidos, concordou em subsidiar o governo grego. Assim, a Grécia foi a primeira nação a ser beneficiada pela Doutrina Truman. Com a ajuda estadunidense, os monarquistas receberam mais armamentos e tropas. Os comunistas foram empurrados cada vez mais para o norte. Em agosto de 1949, o último refúgio comunista foi tomado e, em outubro do mesmo ano, o Elas se rendeu.

Ao fim do conflito, o saldo foi de cerca de 100 mil mortos e mais de 700 mil pessoas desabrigadas. Os comunistas sobreviventes refugiaram-se na União Soviética e em outros países socialistas. A guerra civil grega representou o primeiro exemplo de interferência ocidental na política interna de outro país no Pós-Guerra e deixou a Grécia em estado pior do que se encontrava no período final da ocupação nazista. Depois dela, o país ficou politicamente dividido até meados da década de 1970.

A Guerra da Coreia

De 1910 até o fim da Segunda Guerra Mundial, a região da Coreia era dominada pelo Império Japonês. Antes mesmo que a guerra acabasse, os Aliados já discutiam qual seria o futuro da Coreia após o término do conflito.

Quando a guerra finalmente chegou ao fim, membros das Forças Armadas dos Estados Unidos propuseram que a União Soviética se responsabilizasse por aceitar a rendição das tropas japonesas localizadas ao norte do paralelo 38° da Coreia. Enquanto isso, os estadunidenses receberiam os japoneses que se rendessem ao sul desse paralelo.

A intenção disso era que a divisão entre norte e sul da Coreia servisse como solução temporária para administrar a região. No entanto, os governos estabelecidos em cada uma das regiões se solidificaram. No norte, ocupado pelos soviéticos, foi criada a República Popular Democrática da Coreia, comandada pelo primeiro-ministro Kim Il-Sung, líder do Partido Operário Coreano. No sul, região ocupada pelos estadunidenses, foi instituída a República da Coreia, sob administração do presidente Syngman Rhee.

Em 1949, depois de um acordo com a ONU, a União Soviética e os Estados Unidos retiraram-se da Coreia. Os líderes das duas Coreias eram favoráveis à ideia de unificação do país, porém discordavam ideologicamente da forma de governo. A guerra entre as Coreias iniciou-se em 28 de junho de 1950, quando o exército norte-coreano ultrapassou a fronteira, avançou rapidamente em direção ao sul e, em poucos meses, ocupou quase toda a península, com o suporte da URSS.

Diante do avanço comunista, os Estados Unidos intervieram em prol da Coreia do Sul, que também contou com o apoio da comunidade internacional por meio da ONU. A entrada dos estadunidenses no conflito desequilibrou o confronto em favor da Coreia do Sul. Para evitar a vitória da Coreia capitalista, a China entrou no conflito em apoio à Coreia do Norte, reequilibrando assim as forças na região.

A Guerra da Coreia não representou avanço político e territorial concreto para nenhum dos dois países, que, ao se darem conta desse fato, começaram a negociar formas de pôr fim ao conflito. Em 27 de julho de 1953, foi assinado o Armistício de Panmunjom, que restabelecia as antigas fronteiras firmadas no final da Segunda Guerra Mundial. Porém, teoricamente, a guerra nunca se encerrou.

A Coreia do Sul conservou-se capitalista, sofreu com regimes autoritários e, com investimento externo, teve grande desenvolvimento econômico. A Coreia do Norte mantém um regime de partido único, autoritário e fortemente militarizado, continuou com orientação socialista, com destaque para a implantação de uma política educacional pública sólida e um sistema de saúde público eficiente.

→ Forças estadunidenses a caminho da capital sul-coreana de Seul após a invasão e captura do Porto de Inchon, em 1950.

A Guerra do Vietnã

Apoiados pela China, os vietnamitas superaram a ocupação francesa em 1954 e, naquele mesmo ano, foi realizada a **Conferência de Genebra**. Nela foram reconhecidas as independências do Vietnã, do Laos e do Camboja, e definiu-se ainda que o território do Vietnã independente seria dividido em dois.

O Vietnã do Norte, sob o comando de Ho Chi Minh, tornou-se, a partir de então, uma república socialista alinhada à URSS e à China. Já o Vietnã do Sul, liderado pelo presidente Ngo Dinh Diem, passou a ser aliado dos Estados Unidos.

Em dezembro de 1960, oposicionistas ao governo do Vietnã do Sul, que ficaram conhecidos como vietcongues (vietnamitas comunistas), organizaram uma resistência ao regime. No ano seguinte, os Estados Unidos enviaram auxílio militar e econômico para conter esses opositores e impedir a expansão do comunismo na região.

Apesar de todo o aparato bélico e tecnológico, os Estados Unidos enfrentaram uma guerra de guerrilhas. Os vietcongues, por sua vez, não contavam com o mesmo aparato bélico, revertendo a situação por meio do apoio popular e do conhecimento do território.

Sabendo do apoio do Vietnã do Norte aos vietcongues, os estadunidenses iniciaram bombardeios de **napalm**, fósforo e agente laranja sobre as comunidades civis que davam auxílio aos guerrilheiros.

← Fuzileiros navais dos Estados Unidos conduzem prisioneiros vietcongues durante a Guerra do Vietnã, Vietnã do Sul, 1965.

A Conferência de Genebra, que ocorreu em julho de 1954, visava encontrar uma forma de resolver questões pendentes relacionadas à Península da Coreia, unificar o Vietnã e discutir a possibilidade de restaurar a paz na Indochina. Dela participaram representantes da União Soviética, dos Estados Unidos, da França, do Reino Unido e da China.

Nos Estados Unidos cresceu a rejeição à guerra e uma onda de protestos gerou forte clima de tensão política. Os conflitos no Vietnã eram os primeiros a serem transmitidos pela televisão, e a população que os assistia, mesmo tendo inicialmente apoiado a guerra, deixou de ver sentido nela.

Durante o governo de Richard Nixon (1969-1974), a campanha de bombardeios militares chegou ao seu ápice, assim como o uso de armas químicas, muitas delas com componentes cancerígenos. Não alcançando o resultado esperado, em janeiro de 1973, os Estados Unidos assinaram o tratado de cessar-fogo. Em 1975, com o exército sul-vietnamita destruído, os norte-vietnamitas avançaram e ocuparam Saigon, a capital. A cidade passou a se chamar Ho Chi Minh em homenagem ao líder comunista. Em julho de 1976, o país foi reunificado sob o nome de República Popular do Vietnã, de orientação socialista.

GLOSSÁRIO

Napalm: mistura de petróleo com outros reagentes químicos, em forma de gel, altamente incendiária. Usada em bombas químicas e lança-chamas.

A Guerra do Afeganistão

No período da Guerra Fria, tanto os russos quanto os estadunidenses interessavam-se por exercer influência política no Afeganistão, uma vez que o país está localizado numa região estratégica que interliga Oriente Médio, Índia e Ásia Central. Os soviéticos desejavam controlar o acesso ao Golfo Pérsico, enquanto os Estados Unidos buscavam conter a expansão soviética.

A partir de 1973, as relações entre a URSS e o Afeganistão tornaram-se mais próximas. No entanto, naquele mesmo ano, um golpe de Estado no Afeganistão derrubou a monarquia, propondo uma reforma política e econômica, além do fim da corrupção.

Em 1978, outro golpe aconteceu, e Hafizullah Amin, primeiro-ministro na época, recusou-se a ceder o poder para Babrak Karmal, então apoiado pela União Soviética. Com a recusa, a URSS enviou um representante ao Afeganistão a fim de tentar negociar a deposição do primeiro-ministro e a entrega do posto a Babrak. Sem sucesso, a URSS mandou tropas ao país, iniciando o processo de ocupação militar.

A população afegã resistiu ao novo governo. Apoiados pelos Estados Unidos e outros países muçulmanos que tinham interesses no território (como o Irã e o Paquistão), grupos rebeldes receberam dinheiro, produtos manufaturados, remédios e armas para combater o governo socialista.

Após uma série de reveses, a URSS e as tropas adversárias retiraram-se do Afeganistão em 1989. No entanto, a intervenção estrangeira deixou como consequência uma série de divisões e conflitos internos que repercutem diretamente na vida política e social do país até hoje.

Em 1992, os rebeldes muçulmanos chegaram ao poder. Os vários grupos que lutaram contra os soviéticos se dividiram, e a milícia islâmica **talibã** passou a controlar a maior parte do país, impondo um regime com base em uma interpretação radical da tradição islâmica.

> **GLOSSÁRIO**
>
> **Talibã:** grupo islâmico militar do Afeganistão.

← Retirada das tropas soviéticas da cidade de Cabul, Afeganistão, 1988.

A questão judaico-palestina

No Oriente Médio, de tempos em tempos um conflito entre palestinos e israelenses toma conta dos noticiários. Trata-se de uma disputa territorial entre esses povos que remete a séculos atrás.

A Palestina é uma porção territorial do Oriente Médio que já abrigou diversos povos. Os hebreus, povo do qual descendem os judeus, ocupavam a região desde a Antiguidade. Com o domínio de Roma sobre a região, por volta do século I a.C., esse território passou a ser chamado Judeia.

Alguns anos após a hegemonia romana sobre a Judeia, os hebreus organizaram várias revoltas e foram duramente reprimidos. Desde então, muitos deles partiram para outros territórios, mantendo, no entanto, a identidade cultural. Várias famílias estabeleceram-se na Europa central e na oriental.

A dispersão dos judeus pelo mundo ficou conhecida como diáspora e, ao longo de séculos, o sonho de retornar à região continuou sendo alimentado. Na Europa, os judeus sofreram diversas perseguições por parte de governos e da Igreja Católica. No século XIX, surgiu um movimento político que tinha como objetivo unir todos os judeus do mundo em um Estado com base territorial na Palestina. Esse movimento foi chamado de sionismo, em referência a Sion (ou Monte Sião), uma colina da cidade de Jerusalém.

Com a expansão das ideias sionistas, diversos grupos de judeus passaram a emigrar para a Palestina no século XIX. No entanto, o território era ocupado pelo Império Otomano. Em meados do século XX, com a derrota dos otomanos na Primeira Guerra Mundial, o controle do território passou para a Inglaterra. Isso facilitou ainda mais a emigração dos judeus que viviam na Europa.

Homem judeu no *kibutz* Yavnes, Israel, 1970. Nos *kibutzim*, o trabalho é exercido de forma comunal, e sua organização social foi essencial para a criação do Estado de Israel. Esses locais são, sobretudo, experiências de trabalho coletivo e colaborativo, que reforçam os laços internos da comunidade.

A criação de Israel

A criação de um Estado judeu não fazia parte da agenda política internacional até a década de 1930. Esse cenário mudou apenas com o fim da Segunda Guerra Mundial. A partir de então, os judeus puderam finalmente relatar à mídia internacional os horrores da guerra e da perseguição nazista que sofreram. O impacto que o Holocausto causou no mundo reforçou a opinião de que era importante criar o Estado judeu.

Além disso, a maioria dos sobreviventes judeus não tinha recursos para viver. Isso era extremamente prejudicial aos Estados europeus que estavam se recompondo após a guerra. Uma saída simples para esses países seria enviar os judeus a um Estado judeu.

No entanto, a Palestina já era habitada antes da onda de judeus imigrantes. Apesar de a região estar ocupada por diversos povos, o principal grupo organizado que a habitava tinha origem árabe. A hostilidade entre os dois grupos crescia à medida que o número de judeus aumentava na região.

Em 1947, a situação tornou-se extremamente perigosa e começou a ameaçar o equilíbrio do recente Pós-Guerra. A Organização das Nações Unidas (ONU) interveio e aprovou a divisão do território palestino em dois: um judeu e outro árabe.

Um ano depois, o Estado de Israel foi criado. Ele teve apoio tanto dos Estados Unidos quanto da União Soviética, mesmo no contexto da Guerra Fria. Se, por um lado, a criação de Israel propunha a paz, por outro provocou a ira dos Estados árabes, causando a Primeira Guerra Árabe-Israelense, entre outros conflitos.

Israel, que tinha apoio de alguns países europeus, venceu os árabes e tem ampliado os territórios originalmente cedidos pela ONU, mantendo os palestinos sob seu controle.

LINK
Zona industrial de Kaesong

→ Vista do complexo industrial de Kaesong, parque fabril intercoreano na cidade de Kaesong, na fronteira com a Coreia do Norte, 2018.

A Coreia do Norte reabriu a zona industrial de Kaesong no final de 2013. Kaesong é a única cidade do país em que há cooperação econômica com a Coreia do Sul, e uma das poucas fontes de renda internacional para os norte-coreanos. Ela opera por meio de uma associação entre empresas estatais, do norte, e privadas, do sul.

O parque industrial de Kaesong, criado em 2002, é um complexo que fica perto da fronteira entre os dois países e tem a função de cumprir metas do Comitê para a Reunificação Pacífica da Coreia. Mesmo após mais de 60 anos de trégua declarada entre os dois países, a fronteira é patrulhada diariamente por soldados dos dois lados. O trecho que divide as Coreias tem cerca de 4 quilômetros de largura e é chamado de Zona Desmilitarizada.

Os trabalhadores que atravessam cotidianamente a fronteira precisam lidar com a burocracia norte-coreana, que regula a passagem de um lado para o outro. A comunicação com os trabalhadores do norte também é rigorosamente monitorada e, em alguns casos, chega a ser proibida.

Aproximadamente cem empresas da Coreia do Sul empregam mais de 50 mil funcionários norte-coreanos e geram grande volume de negócios. Todos os dias, cerca de 400 sul-coreanos atravessam a fronteira por Gyeongui, uma ferrovia cujos trens trafegam em alta velocidade, para chegar ao trabalho. Esse trânsito de trabalhadores, recheado de tensões, também faz parte do processo de reunificação das duas Coreias, mas enfrenta a resistência do regime norte-coreano.

Apesar das tensões militares, a população da Coreia do Norte desfruta de modernos parques de diversões, centros culturais e esportivos. O isolamento do país, sobretudo econômico, resultou de uma combinação de fatores com raízes profundas na história coreana, mas o principal motivo foi a pressão externa, que se tornou mais forte com o fim da União Soviética.

Em 2015, a Coreia do Norte sofreu sanções internacionais após a realização de testes nucleares. Diante disso, o governo da Coreia do Sul retirou seus cidadãos da zona industrial de Kaesong, desativando as empresas sul-coreanas. Após dois anos de inatividade e sentindo os impactos das sanções internacionais, os norte-coreanos reabriram as fábricas deixadas pela Coreia do Sul. Apesar das dificuldades nos últimos anos, em 2018 intensificaram-se os mecanismos de interlocução e de cooperação entre as duas Coreias.

1. O que é o complexo industrial de Kaesong, localizado na fronteira entre a Coreia do Norte e a Coreia do Sul?

2. Que razões do passado e do presente ajudam a explicar as tensões e a burocracia na fronteira entre as duas Coreias?

ATIVIDADES

SISTEMATIZAR

1. Qual foi o papel exercido pela Organização das Nações Unidas na Guerra da Coreia?

2. Em 1953, a Coreia do Norte e a do Sul assinaram o Armistício de Panmunjom. Qual foi o significado desse tratado para as duas Coreias?

3. De que maneira os vietcongues enfrentaram o poderio dos Estados Unidos na Guerra do Vietnã?

4. No período da Guerra Fria, por que os Estados Unidos e a União Soviética se interessaram pelo Afeganistão? Explique os motivos desse interesse.

5. O que aconteceu com o poder político no Afeganistão depois das intervenções e posterior retirada da União Soviética, dos Estados Unidos e de países vizinhos do território afegão?

6. Como se deu a criação do Estado de Israel e qual foi a reação dos palestinos a essa ação?

REFLETIR

1. Leia o texto e, depois, responda às questões.

Embora o aspecto mais óbvio da Guerra Fria fosse o confronto militar e a cada vez mais frenética corrida armamentista no Ocidente, não foi esse o seu grande impacto. As armas nucleares não foram usadas. As potências nucleares se envolveram em três grandes guerras (mas não umas contra as outras). Abalados pela vitória comunista na China, os EUA e seus aliados (disfarçados como Nações Unidas) intervieram na Coreia em 1950 para impedir que o regime comunista do Norte daquele país se estendesse ao Sul. O resultado foi um empate.

[...] Em suma, o material caro e de alta tecnologia da competição das superpotências revelou-se pouco decisivo.

Muito mais óbvias foram as consequências políticas da Guerra Fria. Quase de imediato, ela polarizou o mundo controlado pelas superpotências em dois "campos" marcadamente divididos. [...]

Eric Hobsbawm. *Era dos Extremos*: o breve século XX – 1914- -1991. São Paulo: Companhia das Letras, 2005. p. 234-235.

a) Qual era o contexto da geopolítica mundial que levou à Guerra da Coreia?

b) Como ocorreram as intervenções estrangeiras na Guerra da Coreia?

c) Pesquise a atual relação entre as duas Coreias quanto ao armistício assinado em 1953.

DESAFIO

1. A fotografia a seguir, tirada durante a Guerra do Vietnã, tornou-se um símbolo desse conflito. As crianças estão fugindo dos efeitos da explosão de uma bomba de napalm.

↑ Forças sul-vietnamitas atrás de crianças aterrorizadas. Elas correm após o estrondo causado por um ataque aéreo com a explosão da bomba de napalm onde se suspeitava haver vietcongues escondidos, 1972.

a) Qual era o objetivo dos Estados Unidos ao lançar bombas de napalm durante a Guerra do Vietnã?

b) Faça uma pesquisa para descobrir quais foram os efeitos nas vítimas das armas químicas utilizadas na Guerra do Vietnã.

c) Pesquise também o uso de armas químicas nas guerras atuais. O napalm foi usado em outros conflitos como armamento militar? Ele ainda é utilizado em conflitos?

FIQUE POR DENTRO

Guerra nas estrelas

O presidente estadunidense, Ronald Reagan, anunciou, em março de 1983, o início de um programa de defesa nacional que tornaria armas nucleares "inúteis e obsoletas". Foi criada a Iniciativa Estratégica de Defesa (IED), projeto que usaria tecnologia de ponta em armamento, ciência da computação e comunicação para criar um sistema de defesa capaz de impedir um ataque de mísseis nucleares soviéticos. O projeto era extremamente caro e impossível de realizar, por isso foi ridicularizado com o apelido Guerra nas Estrelas e continuamente postergado.

Orçamento do IED

O programa IED recebeu mais de 23 bilhões de dólares durante o mandato de Reagan, e, em 1989, 17% do orçamento de investigação do Departamento de Defesa.

Em milhões de dólares

1984	1985	1986	1987	1988	1989
991	1.777	3.789	4.989	6.260	7.406

Aumento da porcentagem anual

1984	1985	1986	1987	1988	1989
n/a	79%	113%	32%	25%	18%

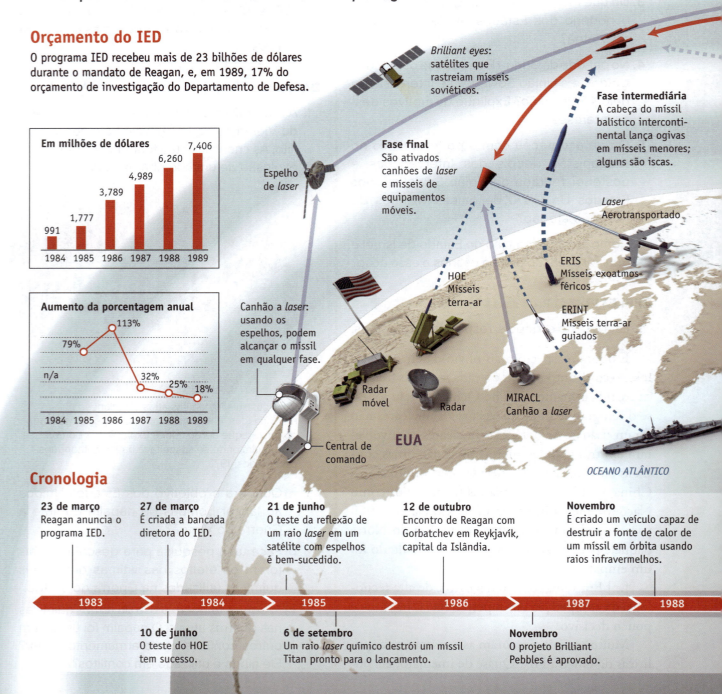

Brilliant eyes: satélites que rastreiam mísseis soviéticos.

Fase final
São ativados canhões de *laser* e mísseis de equipamentos móveis.

Fase intermediária
A cabeça do míssil balístico intercontinental lança ogivas em mísseis menores; alguns são iscas.

Laser Aerotransportado

Espelho de *laser*

Canhão a *laser*: usando os espelhos, podem alcançar o míssil em qualquer fase.

HOE Mísseis terra-ar

ERIS Mísseis exoatmosféricos

ERINT Mísseis terra-ar guiados

Radar móvel

Radar

MIRACL Canhão a *laser*

Central de comando

EUA

OCEANO ATLÂNTICO

Cronologia

23 de março
Reagan anuncia o programa IED.

27 de março
É criada a bancada diretora do IED.

21 de junho
O teste da reflexão de um raio *laser* em um satélite com espelhos é bem-sucedido.

12 de outubro
Encontro de Reagan com Gorbatchev em Reykjavík, capital da Islândia.

Novembro
É criado um veículo capaz de destruir a fonte de calor de um míssil em órbita usando raios infravermelhos.

1983 — 1984 — 1985 — 1986 — 1987 — 1988

10 de junho
O teste do HOE tem sucesso.

6 de setembro
Um raio *laser* químico destrói um míssil Titan pronto para o lançamento.

Novembro
O projeto Brilliant Pebbles é aprovado.

Hollywood chegou antes

Um pouco mais de uma década antes do anúncio do plano de armamentos defensivos no espaço por Reagan, o personagem James Bond enfrentou uma ameaça similar no filme *Os diamantes são eternos* (1971). Outros títulos da saga do agente também abordam a tecnologia espacial, como *007 contra o foguete da morte* (1979) e *Um novo dia para morrer* (2002). O filme *Cowboys do espaço* (2000), dirigido por Clint Eastwood, faz alusão às consequências do uso estratégico do espaço durante a Guerra Fria.

Outros programas

Sentinela (1963)
Primeiro programa de defesa exoatmosférico. Incluía o Spartan, que foi criado para proteger as grandes cidades dos Estados Unidos.

Salvaguarda (1969)
Foram desenvolvidos o Minuteman I e o Titan II, dois mísseis de interceptação para proteger silos nucleares.

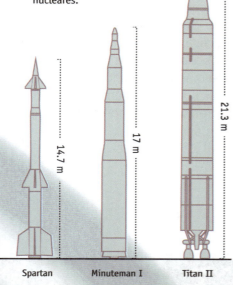

Spartan — 14,7 m
Minuteman I — 17 m
Titan II — 21,3 m

Dispositivo de vigilância e rastreamento

Brilliant eyes

Canhão espacial eletromagnético

Espelho de *laser*

Brilliant Pebbles: atiram em mísseis soviéticos rastreados pelos Brilliant eyes.

Fase de pós-lançamento
O míssil chega à atmosfera e descarta os propulsores consumidos.

Fase de disparo
Os mísseis balísticos intercontinentais soviéticos podem ser interceptados por um míssil lançado por algum equipamento móvel.

ERINT
Mísseis terra-ar guiados

URSS

LEGENDA
— Míssil nuclear soviético
- - Mísseis americanos
— Raio lançado por terra
- - Mísseis lançados por Brilliant Pebbles

> **1.** Por que o programa denominado Iniciativa Estratégica de Defesa (IED), do governo estadunidense, foi ridicularizado e associado ao filme *Guerra nas estrelas*?

Julho
É testado o lançamento do raio de um acelerador de partículas dentro de um foguete no espaço.

Fevereiro
É lançado um raio *laser* da Terra que reflete no espelho de um satélite e o redireciona para um outro lugar na Terra.

29 de janeiro
O presidente estadunidense, Bush, inicia o programa de Proteção Global Contra Ataques Limitados (PGCAL), com o objetivo de aumentar o alcance do IED para os países aliados dos Estados Unidos.

13 de maio
O presidente estadunidense, Bill Clinton, substitui o IED pelo projeto de Defesa contra Mísseis Balísticos (DMB).

1989 — 1990 — 1991 — 1992 — 1993

Agosto
O projeto Brilliant Pebbles é considerado tecnicamente possível.

9 de novembro
Queda do Muro de Berlim.

31 de dezembro
Desagregação da União das Repúblicas Socialistas Soviéticas e fim da Guerra Fria.

Fontes: The Cold War Museum. Disponível em: <www.coldwar.org>. Acesso em: mar. 2019; National Museum of the US Air Force. Disponível em: <www.nationalmuseum.af.mil/>. Acesso em: mar. 2019.

EXPLORANDO O CINEMA

Adeus Lênin!

Sinopse

O jovem Alexander é responsável por cuidar da saúde de sua mãe, Hanna, uma fervorosa militante socialista da Alemanha Oriental. Após sofrer um infarto, Hanna entra em coma e não presencia o processo de reunificação da Alemanha, cujo maior símbolo foi a Queda do Muro de Berlim. Saindo do coma e ainda com a saúde muito frágil, ela retorna para casa. Alexander e sua irmã, Ariane, remontam a decoração, resgatam os alimentos e as vestimentas do período do regime socialista para que a mãe não se choque ao ver as modificações da nova Alemanha reunificada. O problema é quando ela decide ligar a televisão. Alexander precisa, então, contar com a ajuda de um amigo diretor de vídeos.

- **Título:** Adeus Lênin!
- **Direção:** Wolfgang Becker
- **País de origem:** Alemanha
- **Duração:** 1h58min
- **Ano de lançamento:** 2002

Contextualizando o filme

Adeus Lênin! trata da história da reunificação alemã após a queda da Alemanha Oriental e socialista.

Lênin foi um importante líder e dirigente da União Soviética, país ao qual a parte oriental da Alemanha era vinculada desde o fim da Segunda Guerra Mundial.

Com uma mescla de ficção e de imagens reais do final da década de 1980 e início dos anos 1990, a obra conta a história do amor de Alexander por sua mãe, Hanna, em meio à Queda do Muro de Berlim e às transformações capitalistas pelas quais passou a Alemanha Oriental, mostrando as decepções e frustrações de militantes socialistas mais ortodoxos diante de todo esse processo.

A nova vida, com diversos e novos produtos de consumo, é apresentada no filme, no qual também é possível visualizar o impacto da Copa do Mundo de 1990 como um momento de entretenimento, bem como de satisfação com a reunificação política, sobretudo pelos mais jovens.

Refletindo sobre o filme

1. Apresente argumentos para explicar os seguintes elementos:
   a) título da obra;
   b) a coloração vermelha da abertura do filme.

2. Após assistir ao filme, escreva um pequeno texto sobre os cuidados que Alexander teve com a saúde frágil de sua mãe assim que ela saiu do coma e retornou para casa.

PANORAMA

FAÇA AS ATIVIDADES A SEGUIR E REVEJA O QUE VOCÊ APRENDEU.

NO CADERNO

1. Por que uma guerra nuclear entre Estados Unidos e União Soviética era considerada uma ameaça letal a todo o mundo?

2. Observe a imagem e faça o que se pede.

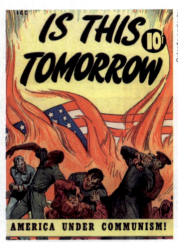

Capa da revista *Is this Tomorrow?*, publicada em 1947 pela Catechetical Guild Educational Society em St. Paul, Minnesota, EUA. Na revista, lê-se: "Este é o amanhã? América em poder do comunismo".

a) Descreva a imagem.
b) Em que contexto histórico a revista foi publicada?
c) Em sua opinião, qual era a intenção de quem publicou a revista? Explique como chegou a essa conclusão.
d) De acordo com a capa, que ideologia política você acha que ela defendia? Justifique.

3. Com base no gráfico, responda às questões.

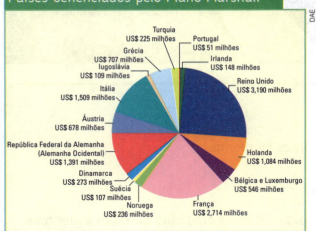

Países beneficiados pelo Plano Marshall

Turquia US$ 225 milhões
Grécia US$ 707 milhões
Iugoslávia US$ 109 milhões
Itália US$ 1.509 milhões
Áustria US$ 678 milhões
República Federal da Alemanha (Alemanha Ocidental) US$ 1.391 milhões
Dinamarca US$ 273 milhões
Suécia US$ 107 milhões
Noruega US$ 236 milhões
França US$ 2.714 milhões
Bélgica e Luxemburgo US$ 546 milhões
Holanda US$ 1.084 milhões
Reino Unido US$ 3.190 milhões
Irlanda US$ 148 milhões
Portugal US$ 51 milhões

Fontes: *World History Atlas*. Londres: Dorling Kindersley, 2008. p. 213; *História do século XX*. São Paulo: Abril Cultural, v. 5. p. 2327, 1974.

a) Quais foram os países mais beneficiados com a ajuda financeira do Plano Marshall?
b) Em sua opinião, quais seriam os motivos para a distribuição desigual da quantia financeira destinada aos Estados europeus?

4. Leia o texto a seguir e faça o que se pede.

A Segunda Guerra Mundial mal terminara quando a humanidade mergulhou no que se pode encarar, razoavelmente, como a Terceira Guerra Mundial, embora uma guerra muito peculiar, pois, como observou o grande filósofo Thomas Hobbes, "a guerra consiste não só na batalha ou no ato de lutar, mas num período de tempo em que a vontade de disputar pela batalha é suficientemente conhecida".

A Guerra Fria entre EUA e URSS [...] foi, sem dúvida, um desses períodos. Gerações inteiras se criaram à sombra de batalhas nucleares globais que, acreditava-se firmemente, podiam estourar a qualquer momento e devastar a humanidade. Na verdade, mesmo os que não acreditavam que qualquer um dos lados pretendia atacar o outro, achavam difícil não ser pessimistas. [...] À medida que o tempo passava [...] só o medo da "destruição mútua inevitável" impediria um lado ou o outro de dar o sempre pronto sinal para o planejado suicídio da civilização [...].

Eric Hobsbawm. *Era dos Extremos:* o breve século XX – 1914-1991. São Paulo: Companhia das Letras, 2005. p. 223-224.

a) Explique o conceito de guerra, segundo Thomas Hobbes, apontado no texto.
b) Relacione esse conceito definido por Hobbes com a especificidade da Guerra Fria.
c) Explique por que Hobsbawm afirma que a humanidade mergulhou em uma "Terceira Guerra Mundial".

5. Leia o texto a seguir e responda às questões.

[...] Um dos eventos mais significativos de 1968 foi a Primavera de Praga. Em janeiro, o reformador Alexander Dubcek foi escolhido primeiro-

-secretário do Partido Comunista (PC), o cargo mais alto na direção do país. Iniciava-se a breve experiência que eles chamaram de socialismo democrático, ou 'socialismo de face humana'. O planejamento econômico ficava a cargo de Ota Sik, que inovava ao flexibilizar o controle econômico estatal centralizado. De janeiro a agosto de 1968, a Tchecoslováquia conheceu extraordinário florescimento cultural e político. Abriu-se espaço para a discussão política ampla, houve descentralização das decisões, criaram-se conselhos de trabalhadores, a história recente do país era debatida e as artes ganharam impulso.

Marcelo Ridenti. 1968: rebeliões e utopias. In: Daniel Aarão Reis Filho; Jorge Ferreira; Celeste Zenha (Org.). *O século XX – O tempo das dúvidas*: o declínio das utopias às globalizações. 3. ed. Rio de Janeiro: Civilização Brasileira, 2005. p. 154-155.

a) De acordo com o texto, quais são as principais características do socialismo democrático?

b) Explique por que os intelectuais reivindicavam o fim da censura e a aproximação entre política e cultura e cidadãos e Estado.

6. Observe a charge a seguir e responda às questões.

↑ Olhando no olho. Charge de Jack Knox publicada em *Nashville Banner*, c. 1940-1956.

a) A qual situação a imagem se refere?

b) Qual é a crítica implícita na charge?

7. Observe as fotografias a seguir e responda às questões.

↑ Membros do recém-criado Estado de Israel reúnem-se para escutar a leitura da Declaração de Independência pelo primeiro-ministro, David Ben-Gurion. Tel-Aviv, Israel, 1948.

↑ Refugiados palestinos com destino ao Líbano. Eles foram expulsos após os combates na região da Galileia. Israel, 1948.

a) Quais foram os desdobramentos da criação do Estado de Israel?

b) Qual foi o comportamento dos árabes naquele contexto?

8. Que motivos desencadearam a guerra civil na Grécia?

DICAS

▶ ASSISTA

Estrelas além do tempo. EUA, 2017. Direção: Theodore Melfi, 2h07min. Em 1961, durante a Guerra Fria, Estados Unidos e União Soviética buscam superar um ao outro na corrida espacial. O filme aborda o destaque de um grupo de funcionárias negras na Nasa que, além de provar competência, precisam superar e quebrar preconceitos.

Primeiro-ministro Jomo Kenyatta na Cerimônia da Independência, Independence Arena, Quênia, 1963.

TEMA 5
O fim do neocolonialismo

NESTE TEMA
VOCÊ VAI ESTUDAR:
- os planos políticos e econômicos para a reconstrução de alguns países europeus do bloco capitalista;
- a independência dos países asiáticos;
- o processo de emancipação dos países africanos.

Os impactos e os desdobramentos da Segunda Guerra Mundial acarretaram transformações em várias partes do mundo. Os países capitalistas se organizaram para reconstruir suas economias, muitas delas devastadas pelos esforços de guerra. Essas transformações contribuíram para o avanço dos movimentos de emancipação na Ásia e na África. Quais foram os motivos que levaram as pessoas a festejar? Qual é a importância da data comemorada anualmente pelos quenianos?

135

CAPÍTULO 1

O colonialismo no século XX

> Neste capítulo, você vai estudar as formas com as quais as metrópoles colonizadoras submeteram povos da África e da Ásia no século XX e a crise desse sistema de dominação.

A partir do final do século XIX, as potências econômicas da Europa, além do Japão e dos Estados Unidos, conseguiram impor seus domínios ao restante do globo terrestre, sobretudo a África e a Ásia.

Com o intuito de buscar novas fontes de energia, mercados consumidores e matérias-primas mais baratas, alguns países da Europa, os Estados Unidos e o Japão se lançaram sobre povos do mundo que acabaram se submetendo, diante da superioridade militar e econômica imperialista. Essa ação, além de acentuar um caráter nacionalista, ocasionou um fenômeno de expansão, causando forte concorrência entre os países expansionistas, que passaram a estabelecer suas fronteiras de forma estratégica, seja por meio da força militar, seja por acordos diplomáticos.

A dominação imperialista não se deu apenas em termos militares ou econômicos, mas também culturais e políticos. Missões religiosas católicas e protestantes buscavam levar aos povos submetidos os valores das metrópoles. Os missionários também acabavam agindo como informantes das condições locais, como as riquezas e os conflitos em voga.

Do mesmo modo, as resistências locais não foram apenas militares, mas também culturais. Muitas foram as maneiras pelas quais os povos submetidos ao imperialismo conseguiram se libertar de suas metrópoles neocolonizadoras – essa ação expansionista também é chamada de neocolonialismo. Um dos aspectos das resistências culturais foi o religioso, com a confirmação de rituais e crenças religiosos, mesmo diante da presença dos invasores, como foi o caso dos maji-majis, que estudamos no 8º ano.

→ Charge de 1899 sobre o imperialismo americano e europeu na África. Refere-se aos efeitos das ações na África empreendidas por Estados Unidos, Grã-Bretanha, Alemanha e França.

As guerras e o imperialismo

O imperialismo colocado em prática a partir de meados do século XIX, como já estudamos no 8º ano, resultou na expansão do capitalismo industrial e comercial como sistema econômico e submeteu outros povos em favor das nações metropolitanas, em especial a Europa, os Estados Unidos e o Japão.

Ao longo desse processo, as metrópoles conseguiram se impor aos povos dominados, ainda que houvesse alguns movimentos de resistência local. Contudo, após a Primeira Guerra Mundial, a situação começou a mudar. As metrópoles europeias que se envolveram nos conflitos se enfraqueceram militar e economicamente, situação que piorou muito com a quebra da Bolsa de Valores de Nova York em 1929. Essa crise envolveu diversos países ao longo do mundo. Alguns foram menos impactados, como a Itália, mas outros foram profundamente afetados, como a Alemanha.

Um dos resultados dessa crise pós-Primeira Guerra Mundial foi o advento de regimes políticos autoritários, como na Hungria, Espanha, Itália e Alemanha, entre outros, que acabaram conduzindo o mundo a mais um conflito mundial. A Segunda Guerra Mundial derrubou as já enfraquecidas economias europeias, além de ter colocado fim ao expansionismo imperialista japonês na Ásia. O fim da guerra trouxe, dois anos depois, o início de outro período, a Guerra Fria, na qual emergiram duas superpotências mundiais, os Estados Unidos e a União Soviética.

A Guerra Fria e um novo imperialismo

Durante a Guerra Fria, a descolonização da África e da Ásia se desenrolava. Colônias africanas e asiáticas aproveitaram-se do enfraquecimento das principais potências europeias no pós-Segunda Guerra e retomaram um forte sentimento nacionalista na luta pela independência – em alguns casos, incentivadas e até patrocinadas pelos Estados Unidos ou pela União Soviética.

O objetivo dos Estados Unidos era acabar com as áreas de colonização controladas pelos países europeus, aumentando, dessa forma, sua influência. Além dos interesses políticos e comerciais, houve também o interesse de cunho científico, já que tanto a África quanto a Ásia despertavam a curiosidade norte-americana.

Por sua vez, a União Soviética também tinha seus interesses comerciais, embora o mais importante para ela era ampliar sua esfera de influência na geopolítica mundial e fazer frente aos Estados Unidos. Foi esse o grande impulso que levou o governo soviético a apoiar as emancipações dos países africanos e asiáticos.

No contexto da Guerra Fria, as lutas por libertação nesses dois continentes, assim como na América Latina, estavam muito influenciadas pelas disputas ideológicas e por tentativas das duas superpotências em conquistar a hegemonia mundial.

→ Ilustração que representa o imperialismo na Guerra Fria.

Um novo reposicionamento dos EUA

Os confrontos entre Estados Unidos e União Soviética durante a Guerra Fria não foram realizados de forma direta entre essas duas nações, mas indireta. As lutas por emancipação das colônias na África e na Ásia foram o palco dos enfrentamentos entre o capitalismo e o socialismo.

Muitas vezes, esses conflitos tomaram grandes proporções e, em alguns casos, quase obrigaram estadunidenses e soviéticos a se oporem diretamente, como em 1962. Nesse ano, na América Latina, houve uma grave crise envolvendo Cuba, país onde os soviéticos instalaram uma base de lançamento de mísseis que poderiam atingir os Estados Unidos.

Diante desse cenário de aumento da polarização mundial, os Estados Unidos fortaleceram seus laços políticos, econômicos e militares com os países da Europa que estavam sob sua influência e que eram metrópoles imperialistas. O objetivo dessa aproximação era impedir o avanço da União Soviética, que apoiava alguns movimentos de emancipação da África e da Ásia. Para os soviéticos, as descolonizações poderiam ajudar a aumentar sua influência no mundo, pois, uma vez livres, os novos países tenderiam a aderir à esfera de influência soviética.

Contudo, além do apoio soviético, as colônias que lutavam por sua independência contavam também com a Carta do Atlântico, assinada ainda durante a Segunda Guerra Mundial e que visava garantir aos povos do mundo seu direito à autodeterminação. O documento estabelecia que os povos têm o direito de escolher a melhor maneira de conduzir seus destinos. Voltado no início para os povos da Europa submetidos aos conflitos da guerra, os princípios do documento logo foram estendidos para outros povos do mundo, que lutavam por sua libertação. A Carta do Atlântico influenciou, em especial, os africanos que haviam lutado na guerra ao lado dos Aliados.

← Franklin D. Roosevelt e o primeiro-ministro britânico Winston Churchill estão em reunião secreta da Conferência do Atlântico. Na fotografia, o navio Príncipe de Gales, em 10 de agosto de 1941.

A fragilidade europeia e as libertações

É inegável o protagonismo dos povos submetidos ao imperialismo na luta pela libertação de suas metrópoles. Ainda assim, as nações europeias imperialistas já não tinham mais condições materiais de manter seus mecanismos de dominação sobre suas antigas colônias. Os europeus precisavam reconstruir suas economias e recuperar as estruturas produtivas, além das pesadas perdas humanas que sofreram durante a guerra.

Assim, os soldados africanos retornavam ao respectivo país de origem levando novas ideias, como as defendidas pela Carta do Atlântico, o que ampliou os movimentos nacionalistas em prol da libertação. Com isso, as metrópoles europeias precisavam investir na repressão às lutas por independência, onerando ainda mais suas economias e abrindo caminho para a atuação dos Estados Unidos e da União Soviética, as novas potências globais.

ATIVIDADES

SISTEMATIZAR

1. Por que a Primeira Guerra Mundial impactou a forma como o imperialismo estava organizado?

2. Qual é a relação entre a quebra da Bolsa de Valores de Nova York, em 1929, e o imperialismo?

3. Estabeleça uma associação entre os seguintes termos: governos autoritários, guerras mundiais e imperialismo.

4. Por que o imperialismo que havia surgido no século XIX era desfavorável aos Estados Unidos?

5. Como os Estados Unidos e a União Soviética se posicionaram diante dos movimentos de emancipação que se espalhavam pelas antigas colônias imperialistas?

6. De que forma a Segunda Guerra Mundial influenciou as lutas de emancipação da África?

REFLETIR

1. Analise a imagem a seguir.

↑ Uma multidão se reuniu do lado de fora da Bolsa de Valores de Nova York, em Wall Street, no final de outubro de 1929.

a) A qual acontecimento histórico a imagem se refere?

b) Estabeleça uma relação entre esse evento, a formação de Estados autoritários na Europa e os processos de libertação de povos submetidos ao imperialismo.

2. Leia o trecho a seguir e, com base nele, responda às questões.

O que exige explicação é por que, afinal, o anti-imperialismo e os movimentos de libertação coloniais se inclinaram em sua maioria para a esquerda, e assim se viram, pelo menos no fim da guerra, convergindo com a mobilização antifascista global. O motivo fundamental é que a esquerda ocidental era o viveiro das teorias e políticas anti-imperialistas, e o apoio aos movimentos de libertação colonial vinha em maior parte da esquerda internacional, e sobretudo (desde o Congresso Bolchevique dos Povos Orientais, em Baku, em 1922) do Comintern e da URSS.

Eric Hobsbawm. *Era dos extremos: o breve século XX*. São Paulo: Companhia das Letras, 1995. p. 172.

a) Explique a relação que o autor estabeleceu entre os movimentos de libertação do imperialismo e os movimentos de esquerda?

b) Como esse trecho explica a situação entre as duas superpotências durante a Guerra Fria em relação aos movimentos de libertação dos povos submetidos ao imperialismo?

DESAFIO

1. Diversos países da África ainda precisam lidar com situações relacionadas à exploração de mão de obra, corrupção e violência. Parte desses problemas é derivado da não superação dos obstáculos impostos ao continente desde a época do imperialismo. Com relação a esse tema, elabore uma pesquisa sobre os chamados "diamantes de sangue". Para isso, organize-se com seus colegas em um grupo de cinco alunos e exponham os resultados da pesquisa aos outros grupos e ao professor. Produzam também um texto que contenha as reflexões do grupo sobre o assunto pesquisado.

139

CAPÍTULO 2
Emancipações na Ásia

No capítulo anterior, você estudou o novo contexto geopolítico do imperialismo durante a Guerra Fria. Neste capítulo, você vai conhecer como ocorreram as libertações das colônias asiáticas e a atuação dos Estados Unidos e da União Soviética nesse processo.

No século XIX, diversos países europeus, em especial Inglaterra, França, Itália, Alemanha e Bélgica, passaram a dominar vastas regiões da Ásia e da África. O Japão também teve domínios imperialistas na Ásia. No caso da Índia, a ocupação britânica durou ainda mais tempo, pois se iniciou no século XVIII. A intensidade da interferência política, econômica e cultural variou. Em geral, a presença imperialista nessas regiões acarretou grande desestruturação na vida da população local.

Essa situação não foi aceita de forma passiva pelos dominados. Desde o início da dominação dos europeus e japoneses, os nativos expressaram seu descontentamento, e foram duramente reprimidos pelas forças dos países imperialistas. Como vimos, um contexto mundial mais favorável no pós-Segunda Guerra Mundial e o amadurecimento dos movimentos de resistência foram elementos fundamentais para o sucesso emancipatório.

Durante muito tempo, a historiografia nomeou esse processo de "descolonização". No entanto, historiadores atuais acreditam que esse termo transmita o ponto de vista do colonizador, desconsiderando a visão dos movimentos de independência. O uso das expressões "nacionalismo", "lutas de libertação" e "emancipações" exprimiriam o processo da perspectiva dos colonizados.

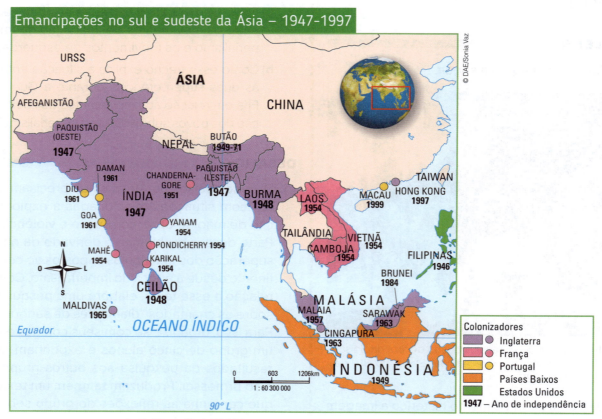

Fonte: Jeremy Black. *World history atlas*. Londres: Dorling Kindersley, 2008. p. 251.

Índia

Até o século XVIII, a Índia era um tradicional produtor e exportador de tecidos, empregando grande parte da população, que assim garantia sua subsistência. Contudo, o imperialismo britânico forçou a Índia a vender matérias-primas e comprar tecidos ingleses. Com isso, as tecelagens na Índia começaram a falir, pois não conseguiam competir com os produtos ingleses, produzidos no ritmo acelerado da Revolução Industrial. Esse cenário provocou o desmoronamento da produção tecelã na Índia e levou inúmeras famílias à pobreza.

Outro caso representativo foi o do monopólio do sal. Os indianos eram proibidos de extraí-lo do próprio território e obrigados a comprá-lo somente da Inglaterra. Essa opressão deixava insatisfeita a população, que se revoltava e era duramente reprimida pelas forças inglesas.

Movimento de independência da Índia

Liderados por Mahatma Gandhi, os indianos iniciaram suas lutas por independência, sem o uso de violência, seguindo as ideias de **desobediência civil**. Uma das ações de desobediência civil foi a Marcha do Sal, liderada por Gandhi em 1930, uma caminhada de 25 dias em direção ao litoral como forma de protestar contra o monopólio do sal estabelecido pelos ingleses.

Durante a Marcha do Sal, Gandhi conseguiu mais apoiadores, e sua luta obteve visibilidade internacional, comovendo a opinião pública mundial. Ao chegar ao litoral, Gandhi e seus seguidores apanharam uma pequena porção de sal, simbolizando a desobediência civil diante da dominação inglesa. Ele e milhares de apoiadores foram presos, mas o movimento continuou até Bombaim.

A ideia de **desobediência civil** é uma das maneiras de contestar as injustiças ou leis que não satisfazem às necessidades da população envolvida. Essa é uma teoria difundida pelo estadunidense Henry David Thoreau e colocada em prática na Índia por Mahatma Gandhi. Ela tem como base o discurso de uma oposição política pacifista diante das injustiças do Estado. Dessa maneira, expressa a insatisfação popular.

← Mahatma Gandhi durante a Marcha do Sal, protesto contra a proibição de extração de sal na Índia colonial decretada pelos britânicos. Seguido por um grande número de indianos, Gandhi caminhou de Sabarmati Ashram a Dandi, entre 12 de março e 6 de abril de 1930.

Durante a Segunda Guerra Mundial, Gandhi iniciou uma campanha para a saída dos ingleses do país e condicionou o apoio dos indianos no conflito à garantia de independência da Índia. Após ver frustradas diversas de suas medidas para tentar anular o poder político que Gandhi representava, em 1947 o governo inglês concedeu a independência à Índia.

O sul e o sudeste da Ásia

A Indonésia, colônia holandesa, foi o primeiro país do Sudeste Asiático a se tornar independente, depois de ter lutado contra a ocupação japonesa em 1945. O governo holandês não se conformou e procurou restabelecer a antiga ordem, mas foi derrotado.

As Filipinas só tiveram a independência reconhecida em 1946, apesar de a terem conquistado em uma guerra contra a Espanha em 1898.

Já a Malásia lutou contra a ocupação britânica e precisou enfrentar tensões regionais com países vizinhos, como a Indonésia, em um processo que durou de 1957 a 1965.

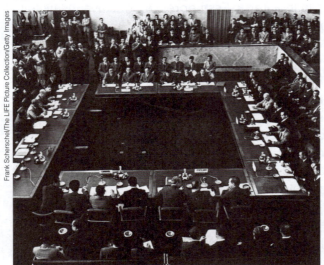

No Vietnã, como vimos no Tema 4, os colonialistas franceses enfrentaram as tropas Vietminh. Com a expulsão da França, ficava pendente a unificação do país. A Conferência de Genebra, em 1954, oficializou a divisão do Vietnã em dois estados distintos. A disputa não resolvida resultou na invasão dos Estados Unidos e na Guerra do Vietnã.

Conferência de Genebra, 1954. Essa reunião tinha o intuito de resolver as questões relacionadas à Península Coreana e à unificação do Vietnã.

O Japão

Vencido na Segunda Guerra Mundial, o Japão permaneceu sob a ocupação estadunidense até 1952, comandada pelo general Douglas MacArthur. O imperador japonês Hirohito foi mantido no cargo, mas deixou de ser considerado uma figura sagrada.

Em 1947, foi promulgada uma nova Constituição, que modernizou a burocracia e a economia local. O texto constitucional assegurava ainda que o país "não manteria quaisquer forças militares ofensivas, em terra, mar ou ar, nem qualquer armamento bélico de caráter ofensivo". Foi realizada também uma reforma agrária que distribuiu terra aos camponeses, formando uma base de apoio sólida ao novo regime.

Além disso, foi aprovada uma legislação sindical que garantia aos trabalhadores o direito de se organizarem em sindicatos e associações, de negociarem livremente com as entidades patronais, além de assegurar direitos trabalhistas.

Na reformulação do sistema educacional, o Estado assumiu a função de ampliar e democratizar o acesso à escola. O ensino passou a ser obrigatório até os 15 anos. O investimento na educação resultou em melhorias na formação da maioria da população, refletindo no desenvolvimento da economia.

Em 1952, restabeleceu-se o direito de soberania do país, incluindo-se aí seu direito de defesa militar.

Vista da cidade de Hiroshima, Japão, 1954. Em menos de uma década, a cidade estava próxima de concluir sua reconstrução.

Oriente Médio

Em 1939, a Inglaterra renunciou a seu mandato no Iraque. A França, por sua vez, suspendeu seu mandato no Líbano e na Síria em 1945.

A independência dos países do Oriente Médio em relação à Inglaterra e França não significou, contudo, a construção da soberania dos povos da região. Os novos países tornaram-se economicamente dependentes das potências mundiais que emergiram depois da Segunda Guerra Mundial. Os países recém-emancipados passaram a circular entre as órbitas de influência estadunidense e soviética.

A emancipação política também não implicou a instauração de regimes democráticos. Por todo o Oriente Médio, o processo de independência nacional das antigas colônias foi conturbado. Golpes de Estado e regimes ditatoriais surgiam e desapareciam de acordo com os conflitos internos e as pressões internacionais. Esses governos ditatoriais eram muito variados e assumiam até aspectos religiosos, como na Revolução Islâmica no Irã (1979) ou nos levantes populares contra a opressão israelense no Oriente Médio.

Na maioria desses países, suas fronteiras e divisões espaciais eram criações artificiais, que não tinham conexão com o passado histórico ou a cultura dos colonizados. Por exemplo, não existiu, ao longo da história, um povo que "se denominasse" iraquiano ou que se organizasse sob uma "cultura iraquiana". O território que forma o Iraque é ocupado por diversas populações, em sua maioria árabes, que foram agrupadas em um Estado durante o processo de independência.

Ao norte do país vivem os curdos, que têm uma cultura milenar e habitam também outros países da região, como a Turquia, a Síria e o Irã. Na curta história do Iraque, os curdos têm lutado pela soberania ou por mais autonomia. No centro do país vive uma maioria sunita que se manteve no poder com o apoio das potências mundiais durante quase toda a segunda metade do século XX. No sul, os xiitas são majoritários e adquiriram maior participação no governo iraquiano após o fim do regime ditatorial de Saddam Hussein, em 2003.

Essa divisão artificial de terras foi a estratégia britânica para não permitir a concentração dos poços de petróleo do Oriente Médio nas mãos de uma só nação. A unidade árabe foi minada tanto pelos interesses dos grupos internos quanto das grandes potências mundiais e das empresas transnacionais.

> O povo curdo é formado por cerca de 30 milhões de pessoas, distribuídas principalmente entre Iraque, Irã, Síria, Armênia, Azerbaijão e Turquia. A área habitada pelos curdos tem mais de 50 000 km² e é chamada de Curdistão. Contudo, a quantidade de curdos e a extensa área habitada não foram suficientes para essa região se transformar em Estado Nacional durante a emancipação dos países da Ásia.

← Crianças na aldeia de Dasht Mir Sari, perto de Zakho, cidade a poucos quilômetros da fronteira entre Iraque e Turquia, na província de Dohuk, 2013.

ATIVIDADES

SISTEMATIZAR

1. Explique quais foram as consequências do pós-Segunda Guerra Mundial na Ásia.

2. Sobre o processo de independência da Índia, reescreva em seu caderno as afirmativas verdadeiras.
   a) Mahatma Gandhi teve papel importante no processo de independência da Índia diante da Inglaterra no século XIX.
   b) A participação popular nos protestos pacíficos liderados por Mahatma Gandhi foi um dos fatores que levaram ao rompimento do sistema colonial da Inglaterra com a Índia.
   c) A espoliação dos recursos naturais da Índia foi um dos principais motivos que levaram a Inglaterra a buscar o domínio na região desde o século XIX.
   d) O processo de independência da Índia acompanhou a abolição das castas sociais no país recém-emancipado.

3. Como Gandhi desenvolveu sua filosofia de não violência?

4. Como ocorreram os movimentos de independência do Sudeste Asiático?

5. Quais foram os motivos que desencadearam o processo de modernização do Japão no pós-Segunda Guerra Mundial?

6. Por que as fronteiras entre os países do Oriente Médio foram traçadas de forma artificial?

7. Quais foram as consequências da criação de fronteiras artificiais no Oriente Médio?

REFLETIR

1. A expansão imperialista europeia ao longo dos séculos XIX e XX dominou a Índia, uma das mais antigas civilizações da Ásia. Relacione as mudanças na tradição local com a introdução de produtos industrializados na região.

2. Observe a fotografia a seguir e faça o que se pede.

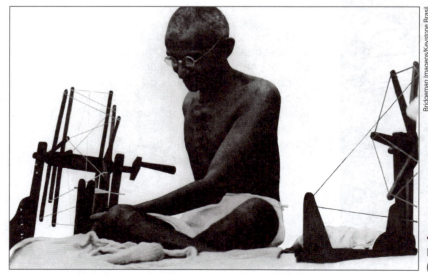

Mahatma Gandhi (1869-1948).

a) Identifique o personagem retratado.

b) Descreva a importância desse personagem para a história da Índia.

c) Indique a importância histórica dele para a história mundial.

d) Explique quais foram os desdobramentos da independência da Índia.

3. Leia o texto a seguir e faça o que se pede.

Na miscelânea étnica iraniana, a questão curda é uma das mais sensíveis politicamente. Os 6 milhões de curdos iranianos compartilham em larga escala as aspirações separatistas de seu povo, que forma a maior nação sem pátria do Oriente Médio. A causa curda também pressiona governos na Turquia, na Síria e no Iraque. Curdos sonham em fundar um grande Curdistão, que se espalhe na área montanhosa onde esses quatro países se encontram.

Historicamente, têm ascendência indo-europeia, a exemplo dos persas. Mas sua cultura é diferente, assim como sua gama de dialetos. Ao contrário dos azeris, curdos sempre resistiram ao domínio político e cultural persa. Houve frequentes revoltas curdas contra o poder central iraniano, geralmente esmagadas mediante derramamento de sangue.

[...]

Hoje em dia, os curdos têm liberdade para expressar livremente seu idioma e sua cultura, incluindo o uso de roupas típicas, como calças semelhantes à bombacha gaúcha para os homens. Mas eles não podem ter representação política nem formar partido. Jornais curdos são seguidamente fechados, e ativistas, ameaçados. Militantes se queixam de uma pressão velada para que se evite dar nomes curdos aos filhos.

Samy Adghirni. *Os iranianos*. São Paulo: Contexto, 2014. E-book.

a) Identifique quem são os curdos.

b) Explique por que o autor afirma que a questão curda é politicamente sensível.

c) Esclareça o que significa ser uma "nação sem pátria".

DESAFIO

1. O Timor Leste é uma ilha do Sudeste Asiático que ficou sob domínio estrangeiro por quase cinco séculos. Em 1975, o país iniciou o processo de independência em relação a Portugal, mas logo foi dominado pela Indonésia. Faça uma pesquisa sobre a história de independência do Timor Leste, desde a luta contra Portugal até a conquista de sua autonomia definitiva, e escreva um pequeno texto com suas conclusões.

← O Timor Leste conquistou sua independência apenas no século XXI. Localizado no Sudeste Asiático, foi ocupado pela Indonésia em 1975 e somente em 19 de maio de 2002 tornou-se independente. Na fotografia, timorenses comemoram a independência em frente ao quartel das forças da ONU em Dili, capital do país, em 20 de maio de 2002.

CAPÍTULO

3 Emancipações na África

No capítulo anterior, você estudou a independência dos países asiáticos. Neste capítulo, você vai conhecer os processos emancipatórios no continente africano.

Assim como aconteceu nas colônias asiáticas, o fim da Segunda Guerra Mundial e a mudança da ordem mundial foram influências para muitas colônias africanas alcançarem sua independência. No entanto, diferentemente do que ocorreu na Ásia, onde a libertação veio, em geral, com o fim da Segunda Guerra Mundial, as consequências do pós--guerra ocorreram de forma diferente para os africanos. Em longo processo, as emancipações foram acontecendo até a década de 1990, como a Eritreia, que se libertou em 1993.

→

Um grupo de mulheres festeja a independência da Eritreia, 1993. A emancipação política foi alcançada após um longo processo de independência iniciado na década de 1960.

Crise do colonialismo na África

Por terem consolidado os controles sobre a produção econômica africana, as metrópoles imperialistas pretendiam seguir negociando tanto com as colônias que ainda se mantinham dominadas quanto com aquelas que começavam a se libertar a partir da década de 1950.

Para alguns países, lidar com nações independentes resultava em gastos muito menores, pois as metrópoles não precisariam custear os mecanismos de dominação. Como vimos, no contexto pós--Segunda Guerra Mundial, reduzir despesas era muito importante, porque as economias europeias estavam empobrecidas.

Além dessas questões relativas às economias europeias, as derrotas dos regimes autoritários na Europa consolidaram a ideia de que o racismo, a discriminação e a violência não deveriam mais ter lugar no contexto do pós-guerra.

Ao mesmo tempo, os movimentos de resistência africanos ganhavam cada vez mais força e protagonismo nas lutas por libertação. Esses movimentos foram influenciados por ideias e doutrinas libertárias, como as defendidas pela Carta do Atlântico, mas também pelo contato com povos da Ásia que lutavam por sua independência. Desse modo, os africanos foram influenciados tanto pela linguagem utilizada nos discursos quanto pelas táticas de luta.

Por fim, os africanos que retornavam da guerra não encontraram as promessas de recompensas por terem lutado ao lado de seus colonizadores, o que os levou à revolta e ao desejo de se mobilizarem nas lutas nacionalistas contra o imperialismo.

Os processos de independência

O processo de independência dos países africanos não ocorreu da mesma forma em todas as regiões. Algumas colônias se emanciparam pela via pacífica, enquanto outras enfrentaram conflitos sangrentos para conseguir a ruptura.

Fonte: Cláudio Vicentino. *Atlas histórico: geral e Brasil*. São Paulo: Scipione, 2011. p. 154.

Em grande parte dos países da África Subsaariana, a luta contra o domínio colonial se concretizou a partir da década de 1950. A insurreição do grupo Mau-Mau, entre 1952 e 1955, no Quênia, é exemplo desse processo. Esse grupo era uma organização clandestina da etnia dos kikuyus, que surgiu no Quênia, com o objetivo de libertar o país da dominação inglesa.

Na África inglesa, o processo de emancipação foi por via pacífica. Entre 1961 e 1966, praticamente toda África Oriental inglesa estava emancipada. Já os franceses, depois de uma série de conflitos e fracassos na Argélia, procuraram desenvolver uma política menos belicosa e mais similar àquela praticada pela Inglaterra durante o restante do processo emancipatório das regiões que dominava.

No Congo Belga, as rivalidades tribais alimentadas ao longo das décadas de domínio europeu e a disputa pelas riquezas minerais geraram violentos conflitos. Violência e corrupção marcaram o país, que em 1971 teve seu nome mudado para Zaire. Em 1997, após a derrubada do poder do ditador Mobutu, o país voltou a se chamar República Democrática do Congo.

Na Rodésia, atual Zimbábue, a minoria branca proclamou a independência em 1965 e instaurou um regime de segregação racial que excluía a população negra da política do país.

Em Ruanda, ex-colônia da Bélgica, ao longo da dominação colonial, os desentendimentos tribais entre as etnias tutsi e hutu foram acirrados pelos exploradores europeus como forma de manter esses povos sob controle. A independência acirrou as rivalidades entre as duas etnias, que culminaram nos genocídios ocorridos nos anos 1990. Em torno de 800 mil tutsis e hutus foram assassinados durante poucos anos de confronto.

A independência da Argélia

Acompanhando as tendências independentistas ao redor do globo, em 1954 a Frente de Libertação Nacional (FLN) iniciou uma bem-sucedida guerra popular contra os franceses na Argélia. Apesar da repressão e dos massacres impostos pelos colonizadores, o povo argelino obteve vitórias significativas.

Em 1956, após a prisão de um grupo de líderes rebeldes, vários argelinos iniciaram uma série de atentados pelo país. Depois desses embates iniciais, as tropas francesas conseguiram vencer uma importante batalha contra os revolucionários e executar um destacado líder argelino. Essa morte provocou violentas reações populares.

Com esses reveses militares, a FLN decidiu mudar de tática e constituir um governo no exílio. Enquanto isso, generais franceses planejavam um golpe contra o presidente francês Charles de Gaulle e submeter a Argélia pela força. O golpe não foi executado e, após um clima de profunda tensão, a solução da questão argelina foi resolvida pela via pacífica, em difíceis negociações, em 1962.

No **referendo** de 1º de julho de 1962, o povo argelino optou pela independência, e a Argélia tornou-se uma nação soberana, de viés socialista.

GLOSSÁRIO

Assimilacionista: pessoa ou ideia vinculada à assimilação. Essa corrente do pensamento defende que determinado país tenha uma relação mais branda com os povos dominados e seja capaz de absorvê-lo em sua estrutura sociopolítica.

Referendo: consulta do governo aos cidadãos do país sobre algum tema.

Jovens comemorando a proclamação de independência da Argélia, julho de 1962.

As colônias portuguesas na África

A ditadura que vigorava em Portugal desde 1933 reduzia o espaço para debates e para a expressão de ideias contrárias à política colonial empregada pelo regime, assim como a possibilidade de contestação pelos africanos.

O governo luso tomava medidas que visavam manter o império colonial. Assim, se de um lado defendia a manutenção de uma tradição dita **assimilacionista**, de outro, excluía a elite local dos quadros administrativos, enquanto explorava o restante da população como mão de obra barata.

O fim da Segunda Guerra Mundial e a pressão dos movimentos de independência nas colônias asiáticas e africanas aumentaram o temor do governo português de perder suas possessões.

Membros da elite africana que tiveram a oportunidade de estudar na Europa e entrar em contato com ideias revolucionárias voltaram ao local de origem e formaram movimentos de libertação. Nomes como Agostinho Neto, em Angola; Eduardo Mondlane, em Moçambique; e Amílcar Cabral, na Guiné-Bissau e em Cabo Verde, acabaram se tornando membros importantes no processo de emancipação dos países africanos.

Angola

Os movimentos de libertação em Angola tornaram-se mais atuantes a partir da década de 1950, mas muitos protestos ocorreram antes mesmo do fim da Segunda Guerra Mundial. Entre os principais movimentos de libertação estavam a Frente Nacional de Libertação de Angola, a União Nacional para a Independência Total de Angola e o Movimento Popular de Libertação de Angola (MPLA). Esta última era uma organização marxista de alcance nacional que atraía várias etnias, pequenos burgueses e operários. Um de seus líderes mais importantes foi Agostinho Neto.

Em 1954, foi criada a União dos Povos do Norte de Angola (UPNA), que anos depois se tornaria a União dos Povos de Angola (UPA). A UPA transformou-se em um movimento nacionalista bem organizado, que atraía para sua causa diversos setores da sociedade angolana e também de outros países, como os Estados Unidos.

Em 1961, a UPA organizou uma revolta anticolonialista no norte de Angola que ficou marcada pela destruição e pelo assassinato de milhares de pessoas. A violência da ação foi usada por Portugal como justificativa para iniciar uma dura contraofensiva e uma guerra contra os movimentos nacionalistas. No ano seguinte, a UPA mudou novamente seu nome, dessa vez para Frente Nacional de Libertação de Angola (FNLA).

Em 1966, a oeste de Angola, foi criada a União Nacional para a Independência Total de Angola (Unita), cujo principal líder era Jonas Malheiro Savimbi. A Unita realizou ações armadas anticoloniais e pretendia avançar em direção ao leste, região dominada pelo MPLA, o que gerou confrontos entre os dois movimentos.

A causa independentista de Angola e de outras colônias portuguesas na África (Moçambique, Guiné-Bissau, Cabo Verde e São Tomé e Príncipe) atraiu a simpatia da opinião pública mundial. Por sua vez, em Portugal, parte dos portugueses já não apoiava o regime nem a continuidade das guerras no ultramar, que consumia divisas e vidas humanas.

Em 1974, a Revolução dos Cravos colocou fim à ditadura em Portugal e abriu caminho para a emancipação das colônias portuguesas. Em 1975, o MPLA declarou a independência da República Popular de Angola, tendo Agostinho Neto como presidente, com o reconhecimento de Portugal. A FNLA e a Unita proclamaram a República Democrática de Angola, mas esta não foi reconhecida.

Após a independência, o MPLA, apoiado pela União Soviética, e a FNLA e a Unita, apoiadas pelos Estados Unidos, travaram uma sangrenta guerra civil, que durou até 2002 e resultou em milhões de mortos e refugiados.

← O líder da União Nacional para a Independência Total de Angola (Unita), Jonas Savimbi, é recebido por uma multidão em Nova Lisboa (atual Humabo). Essa festividade ocorreu após assinatura do acordo que selou a independência de Angola em relação a Portugal. Angola, 3 de fevereiro de 1975.

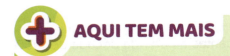

AQUI TEM MAIS

O pan-africanismo

O pan-africanismo foi um movimento criado no final do século XIX e início do século XX por intelectuais negros que viviam fora da África. A ideia central dos pan-africanistas era a união dos povos negros para lutar contra a injustiça e por melhores condições de vida. Figuram como formuladores importantes das ideias pan-africanistas Edward Burghardt Du Bois e Marcus Mosiah Garvey, cujas propostas eram divergentes.

Esse movimento foi fundamental para a história da África, pois alimentou a constituição da identidade negra, foi importante instrumento de unidade da luta dos africanos por reconhecimento, direitos humanos, igualdade racial, além de ter sido elemento agregador na luta pela independência.

→ Marcus Garvey, 1924.

1. O que foi o movimento pan-africano?

Desafios atuais

Os novos Estados africanos enfrentaram, depois da emancipação política, problemas diversos, e a divisão instaurada pelos países europeus permaneceu. Várias etnias foram obrigadas a conviver em um mesmo Estado e, em muitos casos, as rivalidades históricas continuam até hoje gerando guerras civis.

A enorme quantidade de armas, fornecida sobretudo pelas potências mundiais durante a Guerra Fria, tornou-se o aparato instrumental para conflitos e massacres em todo o continente.

Atualmente, os países africanos tentam superar enormes desafios, originados da colonização e do despreparo dos diversos dirigentes que governaram os países no período pós-emancipação.

→ Voluntária africana distribui comida para pessoas que fogem de conflitos na própria África. Acampamento na província de Kasai, região da República Democrática do Congo, 2017.

ATIVIDADES

SISTEMATIZAR

1. Como ocorreu o processo de independência dos países africanos?
2. Como se deu o acirramento étnico em Ruanda?
3. Como foi a guerra de Angola contra Portugal?
4. O que aconteceu com Angola após a independência?

REFLETIR

1. Leia o trecho a seguir e responda às questões.

A França, desde 1954, estabeleceu uma guerra sangrenta contra os guerrilheiros na Argélia que recusavam qualquer forma de autonomia gradativa no país. [...] A cidade de Argel, a partir de 1957, foi se firmando como palco principal desse embate liderado, de um lado, pelo Exército de Libertação Nacional (braço armado da Frente de Libertação Nacional) e, de outro, por militares franceses. [...]

Os métodos de luta anticolonial empreendidos pelo Exército de Libertação Nacional previam ações violentas, como ataques a prédios públicos e execução de funcionários do poder colonial. Com isso, o confronto entre independentistas e a força colonial transformou centros urbanos como Argel em campos de batalha.

Maurício Parada et al. História da África contemporânea. Rio de Janeiro: Editora PUC-Rio; Pallas, 2013. p. 119.

a) Quais eram os objetivos do Exército de Libertação Nacional?
b) Qual é a relação entre a luta armada pela independência na Argélia e o processo emancipatório desencadeado na Ásia e na África?

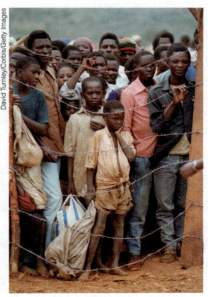

2. Durante o período de dominação colonial o desentendimento entre os tutsis e os hutus em Ruanda foi acirrado pelos exploradores. Observe a imagem ao lado e, em seguida, faça o que se pede.

a) Explique o que está retratado na imagem.
b) Discorra sobre o motivo que fez essas pessoas saírem de Ruanda e se deslocarem até a Tanzânia.

← Hutus no campo de refugiados de Benako, Tanzânia, que recebeu milhares de pessoas durante a guerra civil em Ruanda, 1994.

DESAFIO

1. Explique com suas palavras por que ocorreram conflitos em diversos países da África após a conclusão do processo de independência. Se julgar necessário, pesquise o assunto.

FIQUE POR DENTRO

O pacifista Gandhi

Vivendo em um cenário de profunda violência, Mohandas Gandhi se tornou o líder do movimento de independência da Índia. Conhecido como Mahatma Gandhi (Mahatma significa "Grande Alma"), pertencia à classe média alta indiana.

Gandhi teve a oportunidade de estudar Direito no Reino Unido e de trabalhar como advogado na África do Sul, de onde regressou em 1915. No país africano, ele presenciou a discriminação racial contra os imigrantes indianos que vinham de grupos sociais menos privilegiados para trabalhar nas minas de diamante e ouro.

↑ Mahatma Gandhi nos primeiros anos de prática jurídica em Joanesburgo, África do Sul, 1900.

Gandhi retornou para a Índia com 44 anos. Já era um político e negociador conhecido e liderava um movimento que pregava a emancipação social e política da Índia. Em 1930, ele iniciou uma campanha que pregava a desobediência civil e a resistência por meio da não violência. Ela consistia na realização de protestos não violentos pelos direitos políticos e civis, na organização de greves, no boicote às instituições e aos produtos ingleses e na aceitação sem revide dos atos repressivos do governo.

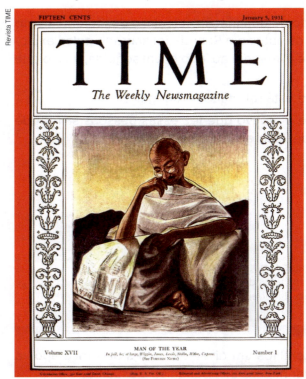

Nesse mesmo ano, Gandhi exigiu o fim do monopólio do sal, mas não foi atendido. Foi então que iniciou uma caminhada, com seus seguidores, em direção ao litoral, movimento que ficou conhecido como a Marcha do Sal. Durante os 25 dias de percurso, Gandhi conseguiu mais apoiadores, e sua luta obteve visibilidade internacional, comovendo a opinião pública mundial.

Ao chegarem ao litoral, Gandhi e seus seguidores apanharam uma pequena porção de sal, simbolizando a desobediência civil diante da dominação inglesa. Ele e milhares de apoiadores foram presos, mas o movimento continuou até Bombaim.

Em 1933 e 1939, Gandhi jejuou em protesto contra a opressão e o autoritarismo colonial, atraindo a atenção do mundo para a causa independentista. Esse caráter pacifista do movimento de independência indiano contribuiu para desarticular a posição política inglesa.

← Capa da Revista *Time* de janeiro de 1931 mostra Mahatma Gandhi como homem do ano.

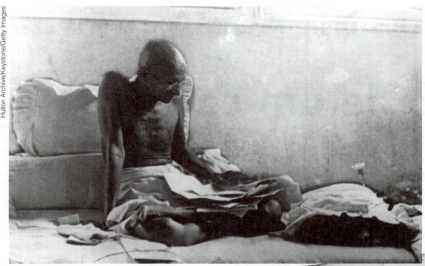

A resistência passiva promovida por Gandhi foi uma revolução de pessoas comuns, mas que se opuseram ao colonialismo britânico e alcançaram a independência do povo indiano.

↑ Mahatma Gandhi jejua em protesto contra o domínio britânico após sua libertação da prisão em Poona, na Índia, 1933.

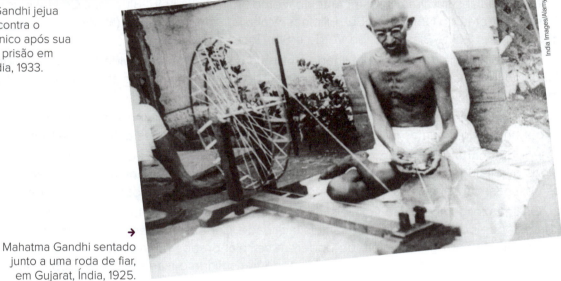

→ Mahatma Gandhi sentado junto a uma roda de fiar, em Gujarat, Índia, 1925.

Após ver frustradas diversas de suas medidas para tentar anular o poder político que Gandhi representava, em 1947 o governo inglês concedeu a independência à Índia.

Pouco tempo após a declaração oficial de independência, Gandhi foi assassinado por um fanático hindu que se opunha à sua política, que procurava pacificar hindus, siques e muçulmanos.

Para Eric Hobsbawm, um dos mais influentes historiadores do século XX, Gandhi não deve ser visto apenas como um hindu tradicionalista, mas como alguém profundamente influenciado pelo Ocidente. Apesar das suas vestes tradicionais e da presença da roca como símbolo da resistência à industrialização britânica, ele circulava bem por meios tidos como mais progressistas na Inglaterra.

O historiador britânico ainda lembra da proximidade do líder indiano com o Ocidente, ao relembrar a trajetória que o levara da Índia para estudar na Inglaterra, opção comum para jovens que almejavam uma vida melhor.

1. Observe as fotografias de Gandhi. Como você acha que essa maneira de mostrar Gandhi impactou a opinião pública internacional?

2. Sabendo que, na década de 1930, a revista Time era uma das mais importantes do mundo, o que explica a publicação dessa capa?

LABORATÓRIO DA HISTÓRIA

Elaboração de um cartaz

Você estudou que a configuração do mundo modificou-se muito após a Segunda Guerra Mundial e que várias regiões africanas e asiáticas, que estavam sob domínio europeu desde o século XIX, emanciparam-se, ou seja, conquistaram sua independência.

A transição de colônia para nação independente aconteceu de forma pacífica ou por meio de conflitos entre os países europeus e as colônias, principalmente as da França e da Inglaterra, antigas potências europeias bastante prejudicadas pela Segunda Guerra.

Novos países surgiram nesse contexto, como Índia, Paquistão, Birmânia, Ceilão, Indonésia, Laos, Camboja, Vietnã do Norte e do Sul, Filipinas, Malásia, Senegal, Congo (antigo Zaire), Argélia, Angola, Moçambique, Guiné-Bissau, Cabo Verde e São Tomé e Príncipe.

Como a história da África está ligada à história do Brasil, nesta atividade vamos nos deter a estudar os novos países africanos surgidos após a descolonização afro-asiática, para conhecer de forma adequada esse vasto continente.

Para isso, vamos elaborar cartazes contando a história da independência dos países africanos ou denunciando algumas injustiças que aconteciam nessas regiões antes de se tornarem nações.

Por que cartazes? Desde o início da sua vida escolar, você os elabora, certo? O motivo é que, expostos em lugares públicos, eles comunicam, denunciam, apresentam ou divulgam algo para muitas pessoas. Ou seja, os cartazes são poderosas fontes de informação e de propagação de ideias.

Os cartazes também são flexíveis, pois podem ser expostos pelos manifestantes ou afixados em lugares onde podem ser vistos com mais facilidade. Cartazes podem apresentar imagens ou textos, ser facilmente carregados, além de poderem ser elaborados rapidamente e com recursos simples, como lápis, caneta, entre outros, sem deixar de transmitir mensagens claras e objetivas.

Estudantes fazem trabalho em grupo.

Passo a passo

1. Com a ajuda do professor, reúna-se em dupla ou em grupo para pesquisar um dos novos países africanos citados na Introdução e depois façam um cartaz sobre seu processo de independência.
2. A pesquisa em dupla ou grupo deverá ser feita com a orientação de seu professor em material didático, paradidático e suportes diversos (jornais, revistas, internet etc.).
3. Durante a pesquisa, vocês poderão coletar imagens atuais do país, caso queiram mostrar, no cartaz, como são suas paisagens ou como nele vivem as pessoas atualmente.
4. No caderno, registre todas as informações encontradas e as discuta com o professor, a fim de aprimorá-las ou completá-las.
5. Com o mapa da África, as informações obtidas e as imagens, os grupos ou duplas deverão fazer:
    a) No caderno ou em uma folha A4, um esboço de como será o cartaz, definindo os espaços de: título em destaque; informações (na forma de texto) sintetizadas sobre o processo de emancipação do país (máximo de 300 caracteres com espaço); imagens (sempre com legendas) ou desenhos, feitos pelos próprios alunos (opcional), pertinentes ao que está sendo apresentado no texto; o mapa da África; os nomes, o ano e a turma dos alunos autores do trabalho.
    b) Depois de terminado, esse esboço deve ser mostrado ao professor para a troca de ideias e/ou de informações.
6. Cada dupla ou grupo deve escrever no caderno o texto principal de seu cartaz, assim como as legendas das imagens ou dos desenhos, para o professor verificá-los posteriormente.

Finalização

1. Na sala de aula, o professor disponibilizará para cada grupo ou dupla: 1 cartolina; 1 cola; 1 tesoura; canetinhas e lápis de cor (esse material poderá ser trazido de casa por vocês, caso combinado previamente entre a turma e o professor).
2. Com base no esboço elaborado, você e os colegas deverão, dividindo as tarefas, escrever o título do cartaz; colar o texto, o mapa, as imagens e as respectivas legendas; desenhar (opcional); escrever no canto inferior direito ou esquerdo os nomes dos autores do trabalho, o ano e a turma (se houver); fazer, com cores, a arte-final da preferência de vocês.
3. Concluído o cartaz, vocês o apresentarão e o explicarão para toda a turma na sala de aula.
4. Os cartazes podem ser expostos na sala de aula ou em outra área da escola, de acordo com a orientação do professor.

Bom trabalho!

PANORAMA

FAÇA AS ATIVIDADES A SEGUIR E REVEJA O QUE VOCÊ APRENDEU.

1. O uso dos termos "lutas de libertação" e "emancipações" para referir-se aos movimentos estudados neste Tema exprimem os processos da perspectiva dos colonizados ou dos colonizadores? De que maneira essas emancipações associam-se ao valor humano de liberdade?

2. Leia o trecho a seguir e faça o que se pede.

> Não é por nenhum item específico da lista de impostos que me recuso a pagá-la. Simplesmente desejo recusar sujeição ao Estado, afastar-me dele e manter-me à parte de modo efetivo. [...] Na verdade, serenamente declaro guerra ao Estado, a meu modo, embora eu ainda possa vir a usá-lo e obter dele as vantagens que puder, como é comum nestes casos.
>
> Henry Thoreau. *Desobediência civil*. Porto Alegre: L&PM, 2001. p. 46-47.

   a) Qual é a proposta do autor nesse trecho?
   b) Como podemos relacionar esse trecho com os movimentos de emancipação ocorridos na metade do século XX?

3. Observe a sequência de mapas a seguir e responda às questões.

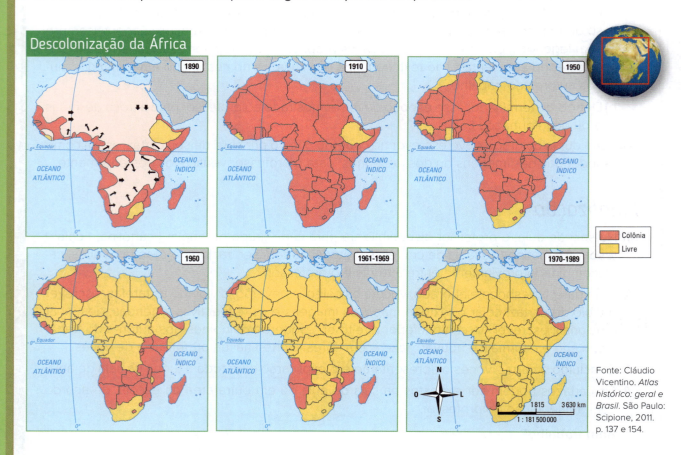

Fonte: Cláudio Vicentino. *Atlas histórico: geral e Brasil*. São Paulo: Scipione, 2011. p. 137 e 154.

   a) A partir de qual período os países ampliaram suas independências?
   b) Qual foi o evento de escala mundial que contribuiu com essa ampliação das libertações? Justifique.
   c) Pela sucessão dos mapas, é possível afirmar que as independências dos países africanos foi uma conquista rápida e imediata? Por quê?

4. Leia o seguinte trecho de uma reportagem e responda.

O presidente [francês] Emmanuel Macron afirmou, no dia 13 de setembro de 2018, que a França instituiu, no passado, um "sistema" de "tortura" na Argélia. Foi a primeira vez que um chefe de Estado do país europeu reconheceu formalmente a responsabilidade pela política de violência usada no país africano durante o período colonial.

> Matheus Pimentel. A admissão pública da violência francesa na Argélia. *Nexo Jornal,* 17 set. 2018. Disponível em: <www.nexojornal.com.br/expresso/2018/09/17/A-admissão-pública-da-violência-francesa-na-Argélia>. Acesso em: fev. 2019.

a) A que evento a fala do presidente francês se refere?
b) Quais foram as consequências desse processo histórico?
c) Como foi o desfecho desse evento histórico?
d) Em sua opinião, por que essa colocação do presidente da França é importante?

5. É possível afirmar que as independências africanas puseram fim aos desafios que existiam durante o imperialismo?

6. Observe a charge e responda às questões.

↑ Charge *Cavadores de ouro*, do século XXI.

a) Qual é o tema da charge?
b) Após a independência dos países africanos, a situação exposta na charge foi alterada? Explique.

7. Quais foram os desdobramentos da Guerra Fria na independência dos países africanos?

DICAS

▶ ASSISTA

Hotel Ruanda. Inglaterra/EUA/África do Sul/Itália/ Canadá, 2004. Direção: Terry George, 121 min. O filme narra a história do gerente de um dos hotéis mais luxuosos de Ruanda, que, em 1994, abriu as portas para centenas de pessoas que fugiam do conflito civil entre as etnias tutsi e hutu.

Invictus. Estados Unidos, 2009. Direção: Clint Eastwood, 134 min. O filme conta o episódio em que Nelson Mandela, após sair da prisão, em 1990, e se eleger presidente sul-africano, em 1994, atuou na luta contra a segregação racial usando a Copa Mundial de Rúgbi, esporte tradicionalmente praticado pelos brancos, sediada pela primeira vez no país, para tentar unir a população.

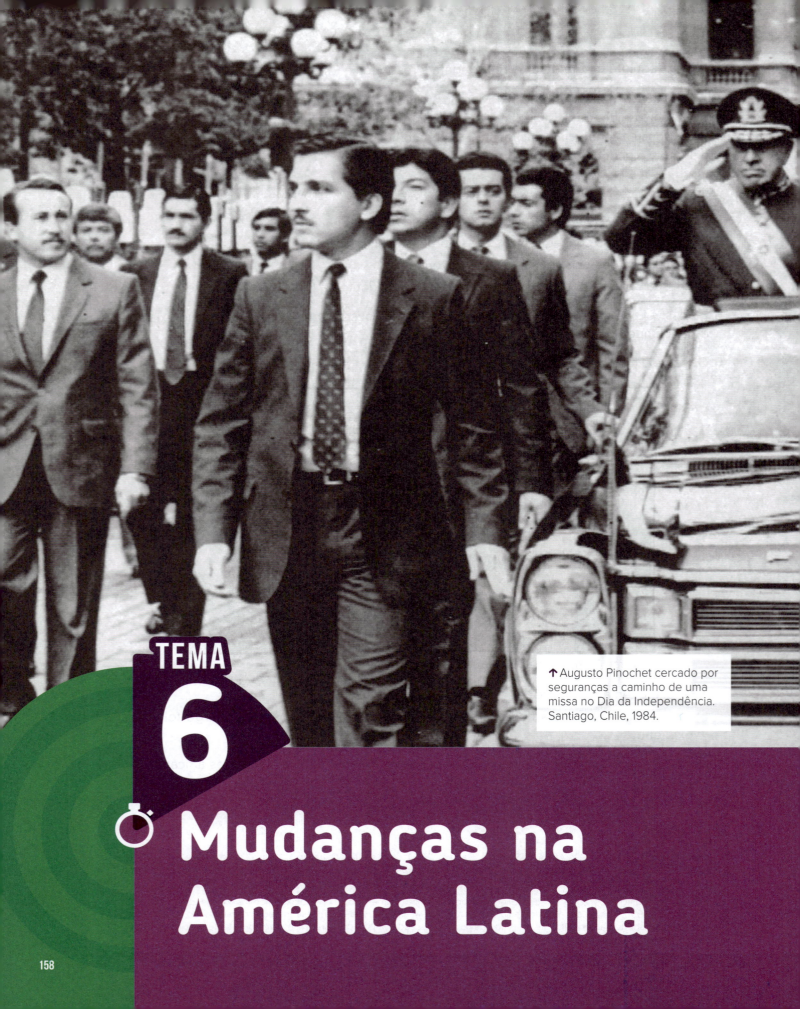

↑ Augusto Pinochet cercado por seguranças a caminho de uma missa no Dia da Independência. Santiago, Chile, 1984.

TEMA 6

Mudanças na América Latina

NESTE TEMA
VOCÊ VAI ESTUDAR:

- a América Latina no contexto da Guerra Fria;
- as transformações que ocorreram no continente latino-americano na segunda metade do século XX;
- a política de massas do Brasil;
- os golpes de Estado e as ditaduras da América Latina.

A América Latina passou por uma série de golpes de Estado que instauraram governos autoritários ao longo da segunda metade do século XX. Violência, sequestro, censura, morte e outros crimes contra a humanidade foram praticados nos países onde se instalaram esses governos.

Que processos históricos desencadearam acontecimentos como esses? Quais foram as repercussões desses golpes nas sociedades latino-americanas?

CAPÍTULO 1
A América Latina e a Guerra Fria

Neste capítulo, você vai estudar as transformações na América Latina durante a Guerra Fria e o conceito de populismo.

Em termos econômicos, ao final da Segunda Guerra Mundial, o Brasil havia se beneficiado com o aumento das exportações graças à derrocada das economias europeias. De maneira geral, outros governos latino-americanos também se beneficiaram com o comércio externo voltado aos Estados Unidos e à Inglaterra, o que gerou muitos empregos.

Esse processo foi impulsionado pela adoção de um modelo econômico baseado na substituição de importações. Destacaram-se o México, o Chile, a Argentina e o Brasil. Contudo, no caso brasileiro, como a moeda estava fortalecida, as importações passaram a ser realizadas com maior intensidade. Já as exportações, em movimento contrário, diminuíram.

As transformações em curso aprofundaram as tensões sociais e políticas em todo o continente. No Brasil, o forte crescimento econômico após o fim dos conflitos mundiais não gerou a redução das grandes desigualdades sociais. Isso também ocorreu com outros países da América Latina. Essas tensões eram alimentadas, ainda, pelo clima internacional da Guerra Fria.

Nesse cenário, havia projetos de esquerda que almejavam a revolução socialista ou políticas de reforma social; projetos de direita, que defendiam que a solução dos problemas passava por governos centralizadores e autoritários; e projetos de centro, que valorizavam as instituições democráticas e oscilavam entre as perspectivas nacional-desenvolvimentistas e as políticas mais afinadas com os interesses estadunidenses.

A convivência entre esses projetos foi possível até que, nas décadas de 1960 a 1970, ditaduras militares foram instauradas em vários países latino-americanos, abrindo caminho para ações repressivas e também para ações de reação aos regimes realizadas por grupos de oposição.

→ Campo de exploração de petróleo na província de Chubut, Argentina, 1941. No contexto de guerra, a extração de petróleo passou a ser primordial para o desenvolvimento econômico dos países da América Latina.

A "Aliança para o Progresso"

Em 13 de março de 1962, o presidente estadunidense, John Kennedy, fez um discurso que abordava a necessidade de integração dos países da América Latina. Além de promover o desenvolvimento social, econômico, artístico e cultural da região, necessário para os interesses dos próprios Estados Unidos, o principal objetivo de Kennedy era barrar o avanço das ideias socialistas no continente, sobretudo após a Revolução Cubana. Instituiu-se então um programa que ficou conhecido como Aliança para o Progresso.

Alguns meses depois do discurso de Kennedy, o Uruguai foi sede de uma reunião da qual participaram 22 países latino-americanos, entre os quais o Brasil. O objetivo era elaborar um documento, formular propostas e validar o acordo de cooperação entre os países que compunham a Aliança. Enquanto os Estados Unidos lideravam o projeto, Cuba teve sua participação vetada.

Os capitalistas acreditavam que o combate ao comunismo passava por diminuir as desigualdades sociais e lutar contra a miséria no continente americano. Também acreditavam que era fundamental impedir que as informações sobre as melhorias sociais conquistadas nos países do bloco soviético chegassem às populações latino-americanas, evitando que elas se aproximassem do comunismo. Assim, os planos da Aliança deram ênfase a políticas voltadas para saúde, habitação e educação, tendo os Estados Unidos como principal financiador.

↑ O presidente John F. Kennedy recepciona os diplomatas latino-americanos na sala de jantar da Casa Branca. Washington, Estados Unidos, 13 de março de 1962.

← Selo comemorativo do 5º aniversário da Aliança para o Progresso.

É importante enfatizar que esse programa foi resultado também de uma sequência de planos econômicos que vinha desde o *New Deal* e passava pelo Plano Marshall. A Aliança para o Progresso representou a continuidade de uma postura político-econômica estadunidense marcada pela intervenção tanto nas questões internas, como atesta o próprio *New Deal*, quanto externas, representadas pelo Plano Marshall e pela Aliança.

Cada país latino-americano recebeu montantes financeiros distintos, variáveis em função das necessidades locais e dos interesses do governo dos Estados Unidos, que buscava também abrir mercado para os investimentos de suas empresas no continente. De tal maneira, a Aliança para o Progresso pretendia levar aos países da região uma proposta reformista sem paralelo na história, que se baseava em transformações nas áreas sociais, econômicas e políticas.

O populismo no pós-guerra

A Segunda Guerra Mundial foi benéfica para as economias nacionais de muitos países latino-americanos, como os já citados Brasil, Argentina, Chile e México. A conjuntura internacional era então favorável à industrialização, urbanização e intervencionismo estatal. Com características autoritárias, os governos desses países propiciaram a centralização do Estado e outras condições práticas para a consolidação do populismo, que, conceitualmente, seria fruto da crise do liberalismo da década de 1920, e que fortalecia os projetos econômicos intervencionistas.

Outro aspecto derivado do contexto mundial e que ajudou a consolidar ainda mais os governos populistas na América Latina foi a determinação em colocar os partidos políticos de esquerda na clandestinidade. Nesse momento, a voz dos setores sociais mais pobres, especialmente dos trabalhadores, começou a se fazer ouvir, e os governantes, chamados de "populistas", reconheceram a importância de dirigir seus discursos — e, em parte, suas ações — a esses grupos (governo de massas). Eles se voltaram então para a incorporação dos setores populares à esfera política, bem como para a criação de mecanismos para manter esses grupos sob o controle do Estado.

Entre os governantes da América Latina considerados "populistas" estão: Juan Domingo Perón (1946-1955, 1973-1974), na Argentina; Getúlio Vargas (1930-1945, 1951-1954) e João Goulart (1961-1964), no Brasil. A aplicação do conceito de populismo apoia-se na **premissa** de que esses diferentes governos guardavam características em comum, tais como fazer vasto uso da propaganda política em comícios públicos, promover discursos presidenciais radiofônicos e estampar conteúdo próprio em cartilhas escolares, revistas e jornais. A propaganda populista favorecia a imagem do presidente como grande líder da nação, protetor e guia do povo, capaz de enfrentar o capital estrangeiro e as oligarquias.

Ao mesmo tempo, os governantes estabeleciam um vínculo estreito com os sindicatos de trabalhadores, buscando unificá-los em grandes **centrais sindicais** subordinadas ao Estado. O presidente apresentava-se como mediador dos conflitos de classe, empenhado em promover a conciliação entre patrões e empregados. Dessa forma, colocava-se como responsável pela harmonia e coesão nacional.

Aqueles que discordavam da forma pela qual o governo atuava não tinham lugar nesse grande pacto. Por essa razão, os regimes populistas também colocaram na prisão seus adversários considerados mais "perigosos" e não pouparam esforços para beneficiar seus apoiadores mais estratégicos. Aos apoiadores anônimos, espalhados pelas camadas populares, concederam-se direitos trabalhistas e, de acordo com a conjuntura, ganhos salariais.

> **GLOSSÁRIO**
>
> **Central sindical:** associação de sindicatos de trabalhadores que, sendo mais forte do que um sindicato individual, luta pelos interesses de várias categorias.
>
> **Premissa:** ideia inicial da qual se parte para formar um raciocínio.

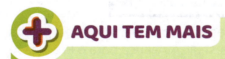

AQUI TEM MAIS

Mobilização de ideias e pessoas

Como ferramenta política, a propaganda é um poderoso instrumento para divulgar ideias e atingir as massas. A manipulação por meio da propaganda serve para construir uma imagem positiva ou negativa de um sistema político ou de uma figura pública, como foram os casos de Getúlio Vargas, no Brasil, ou do peronismo, na Argentina.

Esses conhecimentos técnicos permanecem até hoje fundamentais tanto para a manipulação de ideias da massa popular quanto para a promoção de figuras públicas.

↑ Propaganda política de Getúlio Vargas e de seu vice, João Pessoa, para as eleições de 1930.

1. De que modo a propaganda é utilizada pela política?

ATIVIDADES

SISTEMATIZAR

1. Explique o que foram as disputas de influência política na América Latina durante a Guerra Fria.

2. No período da Guerra Fria, despontaram diversos projetos políticos nas sociedades latino-americanas. Descreva esses projetos.

3. O que é o populismo e quais são suas principais características?

4. Explique a relação entre a Segunda Guerra Mundial e a economia de países da América Latina.

5. Qual era o principal objetivo da Aliança para o Progresso?

REFLETIR

1. Leia o comentário a seguir, sobre o conceito de "populismo" e responda às questões.

> Nos anos 1930, as teses favoráveis à construção de um Estado com capacidade para planejar/dividir/organizar o desenvolvimento econômico e intervir nos conflitos sociais e políticos ganharam terreno [...]. Mesmo governantes contrários ao nazifascismo procuraram introduzir em seus países um Estado forte, promotor da legislação social e mediador dos conflitos sociais, tendo à sua frente um líder carismático em contato direto com as massas. Alguns dos regimes da América Latina adotaram essa política, denominada populista por muitos autores [...] [No entanto,] agrupar os diferentes personagens e movimentos e defini-los a partir de um mesmo conceito implica a homogeneização de políticas muito distintas, como, por exemplo, a de Vargas no Brasil, Cárdenas no México e Perón na Argentina. Seria impossível apontar as semelhanças existentes entre os casos mencionados (alguns deles são tão díspares que seria difícil encontrar aspectos comuns) para questionar a validade ou não do conceito de populismo.
>
> Maria H. R. Capelato. Populismo latino-americano em discussão. In: Jorge Ferreira (Org.). *O populismo e sua história: debate e crítica*. Rio de Janeiro: Civilização Brasileira, 2001. p. 128.

a) Segundo a autora, qual foi o movimento comum entre os líderes políticos latino-americanos na década de 1930?

b) Que crítica é apresentada pela autora ao conceito de "populismo"?

2. Observe a imagem.

↑ Estátua da Liberdade, na praça Miami, em Vila Kennedy, Rio de Janeiro (RJ).

- Com um colega, pesquise a história desta estátua e o local onde ela está colocada. Depois, elaborem um texto sobre ela. Em sala de aula, em roda de conversa organizada pelo professor, conversem sobre o assunto.

DESAFIO

1. Apesar de o conceito de populismo estar atrelado a determinado período histórico, algumas estratégias utilizadas na política dos países da América Latina pós-Segunda Guerra Mundial ainda fazem parte da política brasileira. Faça um levantamento dos artifícios de cunho populista utilizados atualmente e descreva suas principais características. Se julgar necessário, pesquise o assunto.

163

CAPÍTULO 2

Reformas e revoluções

No capítulo anterior, você aprendeu que radicalismos tanto à direita quanto à esquerda marcaram a política da América Latina durante o período da Guerra Fria. Neste capítulo, você vai estudar alguns países considerados exemplos desses fatores.

O populismo na Argentina

Em 1943, oficiais integrantes do Grupo de Oficiais Unidos (GOU) chegaram ao poder na Argentina por meio de um golpe de Estado. No cenário da Segunda Guerra Mundial, eles desejavam alinhar o país ao Eixo, contra os Aliados. No entanto, em razão das pressões diplomáticas e econômicas que os Estados Unidos exerceram na Argentina, a aproximação com a Alemanha e a Itália não durou muito.

Foi durante o governo do GOU que despontou a carismática liderança do coronel Juan Domingo Perón, responsável pela Secretaria de Trabalho e Previdência. Perón estabeleceu uma relação estreita com os sindicatos, estimulando-os a aproximar-se de sua esfera de proteção. Para tanto, concedeu benefícios aos trabalhadores e, ao mesmo tempo, investiu em discursos e gestos simbólicos capazes de despertar a emoção da população. Seu êxito foi tamanho que alguns setores do GOU passaram a enxergá-lo como uma ameaça que ofuscava as demais lideranças.

Em 9 de outubro de 1945, Perón foi preso e destituído do cargo por um levante militar. A prisão dele provocou uma grande crise no governo, com intensa campanha popular comandada por líderes de sindicatos, que exigiam que ele fosse solto. Em 17 de outubro de 1945, uma multidão dirigiu-se à Praça de Maio, em Buenos Aires, para reivindicar a libertação do então general Perón. Começava assim o peronismo, movimento que se tornou central na história contemporânea da Argentina.

→ Entusiastas com *banners* e cartazes do coronel Juan Perón, ex-vice-presidente argentino, reúnem-se diante do Palácio do Governo para se manifestar pelo seu retorno. Buenos Aires, Argentina, janeiro de 1945.

O peronismo

O fim da Segunda Guerra Mundial coincidiu com a redemocratização do país. Perón candidatou-se e venceu as eleições presidenciais. Ele assumiu o comando do governo em 1946, e depois foi reeleito para o segundo mandato. Sua política era definida como anti-imperialista e antioligárquica, promotora de justiça social. O justicialismo, como Perón passou a nomeá-la, pretendia representar uma alternativa ao capitalismo e ao socialismo.

Com a ajuda de sua esposa, Eva Perón (chamada de Evita), o general fez dos trabalhadores pobres sua principal base de sustentação, dirigindo a política nacional para benefício desse grupo social. Evita também se incumbiu de exaltar o papel das mulheres como personagens ativas nas ações assistencialistas estimuladas pelo governo. Dessa forma, conquistou-se o voto feminino nesse período.

↑ Eva Perón discursa em Buenos Aires, Argentina, 1951.

Imagens de Evita e Perón eram veiculadas como guias de uma nação justa e autônoma em cartilhas escolares, comícios públicos e programas de rádio. Nessa perspectiva personalista, não restava muito espaço para discordâncias. Sindicatos de oposição foram punidos, universidades e fóruns judiciais sofreram intervenções. A imposição do justicialismo gerou um ambiente pouco propício a expressões culturais e políticas diferenciadas ou alheias a essa ideologia, o que foi muito criticado por escritores, artistas e intelectuais argentinos.

Quando, em 1952, Evita Perón faleceu, vítima de câncer, o culto personalista intensificou-se, enquanto os projetos em benefício da população foram gradualmente perdendo espaço e uma crise econômica instaurou-se no país. Com parte considerável da população descontente, Perón foi deposto em 1955 por outra intervenção militar, denominada Revolução Libertadora. O nome do golpe referia-se à imagem fomentada pelas elites do país, opositoras a Perón, que consideravam o governo dele autoritário e censor.

Juan Domingo Perón partiu para o exílio e se estabeleceu na Espanha, cujo governante na época era Francisco Franco. Antigos peronistas, entretanto, permaneceram fiéis a ele, ao mesmo tempo que novos setores sociais engrossavam as fileiras do movimento, com visões nem sempre coincidentes com as velhas crenças. Havia setores do peronismo que criticavam duramente o exílio, defendiam a luta armada em nome do anti-imperialismo e, cada vez mais, do socialismo. Mas também havia setores que defendiam a aproximação com os Estados Unidos, repudiavam o socialismo e, em alguns casos, tendiam ao fascismo.

Em 1973, foi assinado um acordo para que Perón pudesse retornar à Argentina e concorrer às eleições. Multidões de peronistas foram ao aeroporto de Buenos Aires para recebê-lo. Houve tumulto e violência entre setores peronistas de extrema-esquerda (montoneros) e de extrema-direita (os seguidores de Lopez Rega, el Brujo).

← Juan Domingo Perón no aeroporto de Buenos Aires após o retorno do exílio. Argentina, 1973.

Reforma agrária e anti-imperialismo na Guatemala

Ao longo do século XX, diferentes governos ditatoriais da Guatemala criaram condições favoráveis à intervenção dos Estados Unidos, ao mesmo tempo que oprimiam a população majoritariamente indígena e rural. A maior dessas ações foi a entrada no país da United Fruit Company, durante a ditadura de Manuel José Estrada Cabrera (1898-1920). A empresa tornou-se muito poderosa na Guatemala, principalmente graças à exploração de bananas.

Entre 1931 e 1944, a Guatemala voltou a viver sob um regime ditatorial comandado por Jorge Ubico. Seu governo permitiu que a United Fruit Company incorporasse novas extensões de terras e deu carta branca aos fazendeiros para reprimir com violência os trabalhadores contrários a essa situação.

Com o apoio amplo das camadas populares, Jacobo Arbenz Guzmán chegou à presidência da Guatemala em 1951. Seu governo caracterizou-se por uma política "anti-imperialista, democrática e popular", cujas reformas populares desagradaram às elites locais e aos Estados Unidos.

Entre as reformas promovidas por Arbenz, foi feita a desapropriação de 555 mil hectares de terra, dos quais 160 mil eram da United Fruit Company, concretizando uma ampla reforma agrária. O produto nacional, o **PIB** *per capita* e a produção de alimentos aumentaram exponencialmente, gerando também uma substancial distribuição de renda no país.

Forças militares estadunidenses, aliadas aos grandes latifundiários, à burguesia e a uma ala conservadora da Igreja Católica, encarregaram-se de pôr fim à experiência guatemalteca por meio de um golpe militar perpetrado em 1954. Entre as principais razões para a queda do governo Arbenz, estavam a desunião das forças nacionalistas e de esquerda guatemaltecas; o empenho e os pesados investimentos dos proprietários rurais para retomar o poder; o discurso anticomunista, propagado pela mídia e pelas elites, e a disposição do Departamento de Estado dos Estados Unidos de restaurar sua política imperialista no país.

Após assumir, o novo governo suspendeu as conquistas revolucionárias e legitimou as antigas práticas de exploração social. Nos anos seguintes, formaram-se bastiões de resistência à ditadura, que enfrentaram a repressão. O país viveu por décadas mergulhado em conflitos violentos, até que, em 1996, militares e movimentos civis armados concluíram negociações e assinaram um tratado de paz.

GLOSSÁRIO

Produto Interno Bruto *per capita*: é o resultado da soma dos bens e serviços produzidos por um país, dividido pelo número de habitantes. Esse dado não é definitivo, mas quanto maior o PIB per capita, o Índice de Desenvolvimento Humano (IDH) também tende a ser maior.

Desfile militar do alto escalão do exército da Guatemala. Esses militares e a CIA protagonizaram um golpe de Estado no país. Guatemala, 1954.

A via chilena para o socialismo

No século XIX, o Chile usufruía de considerável grau de estabilidade política na América Latina. Já nas primeiras décadas do século XX, foram feitas importantes reformas que ampliavam os direitos sociais e de participação política. Apesar disso, persistiam tanto a dependência de capital estrangeiro — especialmente no âmbito da mineração, fundamental para a economia chilena — como uma profunda desigualdade na distribuição social de renda.

↑ Salvador Allende discursa para uma multidão em Santiago, Chile, 1970.

Desde a década de 1960, com a chegada ao poder de Eduardo Frei, candidato da Democracia Cristã (DC), intensificaram-se as políticas chilenas voltadas à superação do subdesenvolvimento. Entre elas, estavam a reforma agrária e os esforços de nacionalização da extração do cobre, que viriam reduzir os lucros estadunidenses com o país. Já as eleições de 1970 deram a presidência a um candidato com um projeto ainda mais ousado: o médico Salvador Allende, ex-ministro da saúde do governo da DC.

Allende elegeu-se pela Unidade Popular (UP), uma coligação de partidos de esquerda, como o Socialista, o Comunista, o Radical e o Movimento da Ação Popular Unitário (Mapu), que era uma cisão da Democracia Cristã. A UP defendia a "via chilena para o socialismo", isto é, a transição para o socialismo pelo caminho das instituições democráticas. Contudo, Allende foi eleito com apenas 36% dos votos em uma sociedade dividida em três grupos políticos: liberais-nacionalistas, democratas cristãos e socialistas-comunistas.

No poder, Allende deu continuidade ao projeto de reforma agrária, investiu na construção de casas populares, nacionalizou importantes empresas estrangeiras e procurou estatizar os bancos. As medidas provocaram uma crescente polarização da sociedade — os trabalhadores manifestavam publicamente seu apoio ao governo e, ao mesmo tempo, pressionavam pela aceleração das reformas. Os empresários, por sua vez, reagiam com boicotes coletivos, o que provocou escassez de gêneros de primeira necessidade nos mercados.

Associada a essas resistências internas, o presidente chileno passou a enfrentar a oposição dos Estados Unidos, preocupados com a implantação de um governo socialista na América Latina. Desse modo, os grupos oposicionistas articularam um ataque violento das Forças Armadas à sede do governo federal, o Palácio de La Moneda, e depuseram Allende em 1973.

← Palácio de La Moneda cercado por tropas do exército durante o golpe que derrubou Salvador Allende. Santiago, Chile, 11 de setembro de 1973.

Revolução Sandinista na Nicarágua

↑ Sandinistas na cidade de Estelí, Nicarágua, 1978.

Ao longo da história, a Nicarágua sofreu uma série de intervenções militares dos Estados Unidos, sob o pretexto de garantir a ordem e a democracia no país. No começo da década de 1930, Augusto César Sandino conseguiu, com um pequeno, mas combativo exército de camponeses, expulsar os fuzileiros navais estadunidenses do país. Entretanto, Sandino foi assassinado em fevereiro de 1934, sob as ordens de Anastásio Somoza García, chefe da Guarda Nacional. A partir de então, a Nicarágua passou a ser governada pela família Somoza, apoiada pelos Estados Unidos.

O país enfrentava uma forte concentração de renda, terras e poder garantidos pelos Somozas. Nesse contexto, a oposição armada começou a se organizar no início da década de 1960, porém foi só em 1978 que as várias facções se uniram, formando a Frente Sandinista de Libertação Nacional. O governo respondeu reprimindo o movimento com aviões e armas modernas, todos de proveniência estadunidense.

Diante da violenta repressão praticada pelos Somozas, vários países romperam relações diplomáticas com o governo, entre os quais o Brasil. O assassinato de um jornalista dos Estados Unidos pela Guarda Nacional e a falta de material bélico pesado fizeram com que a situação de Somoza se tornasse insustentável. Dessa forma, em 17 de julho de 1979, ele renunciou, dando início ao Governo Provisório de Reconstrução Nacional, composto de pessoas de várias tendências políticas.

Em novembro de 1984, a Frente Sandinista de Libertação Nacional obteve vitória eleitoral elegendo para presidente da República Daniel Ortega, um guerrilheiro do movimento. Apesar das ajudas econômicas que o governo recebia, sua orientação não era alinhada aos interesses dos Estados Unidos.

Os antissandinistas, chamados pelos nicaraguenses de "os contras", operaram na Costa Rica e em Honduras. Esses grupos receberam amplo apoio dos Estados Unidos para desestabilizar o governo esquerdista da Nicarágua. A oposição provocou uma nova guerra civil no país.

Em 25 de fevereiro de 1990, Violeta Chamorro, candidata da União Nacional da Oposição (UNO), com maciço apoio dos Estados Unidos, venceu as eleições presidenciais. Daniel Ortega respeitou o resultado e, depois de 16 anos de governos neoliberais, venceu as eleições presidenciais de 2006 e foi reeleito em 2011.

→ Daniel Ortega assume o cargo de presidente da Nicarágua. Na fotografia, Fidel Castro, à esquerda, e Daniel Ortega, na cerimônia de posse, em Manágua, Nicarágua, 1985.

ATIVIDADES

SISTEMATIZAR

1. Explique a origem e as características do peronismo.

2. Que relações foram estabelecidas entre o peronismo e as Forças Armadas?

3. Explique como se deu a reforma agrária na Guatemala.

4. Em que contexto político e ideológico ascendeu o sandinismo na Nicarágua? Comente.

5. Diante do quadro geral da América Latina na segunda metade do século XX, qual foi o papel desempenhado pelos movimentos contrários às reformas sociais na região?

REFLETIR

1. Leia, a seguir, o trecho de um discurso de Eva Perón sobre o voto feminino e responda às questões.

[O voto da descamisada] será a arma que fará de nossos lares a cobrança suprema e inviolável de uma conduta pública. O voto feminino será a primeira apelação e a última [...] e nos lares argentinos de amanhã, a mulher, com seu agudo sentido intuitivo estará velando por seu país, ao velar por sua família. Seu voto será o escudo de sua fé. Seu voto será o testemunho vivo de sua esperança por um futuro melhor. [...]

Marysa Navarro. *Evita*. Buenos Aires: Planeta, 1994. p. 159. (Tradução nossa.)

a) Segundo Evita, qual é a importância do voto feminino?

b) Qual é a relação que Evita faz entre a condução política do país e os lares argentinos?

2. Leia a seguir um trecho do último discurso de Salvador Allende, em 11 de setembro de 1973, e faça o que se pede.

Dirijo-me a vocês, sobretudo à mulher simples de nossa terra, à camponesa que nos acreditou, à mãe que soube de nossa preocupação com as crianças. Dirijo-me aos profissionais da Pátria, aos profissionais patriotas que continuaram trabalhando contra a sedição auspiciada pelas associações profissionais, associações classistas que também defenderam os lucros de uma sociedade capitalista. Dirijo-me à juventude, àqueles que cantaram e deram sua alegria e seu espírito de luta. Dirijo-me ao homem do Chile, ao operário, ao camponês, ao intelectual, àqueles que serão perseguidos, porque em nosso país o fascismo está há tempos presente; nos atentados terroristas, explodindo as pontes, cortando as vias férreas, destruindo os oleodutos e os gasodutos, frente ao silêncio daqueles que tinham a obrigação de agir. Estavam comprometidos.

Relembre como foi o último discurso de Salvador Allende. *EBC*, 11 set. 2013. Disponível em: <www.ebc.com.br/noticias/internacional/2013/09/relembre-como-foi-o-ultimo-discurso-de-salvador-allende>. Acesso em: fev. 2019.

a) Com base no excerto e em seus conhecimentos, explicite qual era a posição ideológica de Salvador Allende.

b) Como Allende descreve a política oposicionista a seu governo?

DESAFIO

1. Observe a imagem e, em seguida, faça o que se pede.

↑ Salvador Allende, presidente do Chile, acompanhado de integrantes do serviço de segurança ao ser escoltado para fora do Palácio de La Moneda, sede oficial do poder, em 11 de setembro de 1973, após o golpe de Estado de Pinochet. Santiago, Chile.

- Levante hipóteses para explicar o que representa o uso de capacete e arma pelo presidente Salvador Allende nesse contexto.

169

CAPÍTULO 3
O populismo no Brasil

> No capítulo anterior, você estudou os movimentos anti-imperialistas e as revoluções que ocorreram no continente latino-americano. Neste capítulo, você vai estudar as transformações e os encaminhamentos feitos pelo governo brasileiro entre 1946 e 1964.

A América Latina passava por um período de governos de massas generalizados, e o Brasil também sentiu o impacto do fim do autoritarismo na Europa pós-Segunda Guerra Mundial. Nesse sentido, o período democrático vivenciado pelo país após o término do Estado Novo esteve inserido no contexto internacional, relacionando-se às demandas políticas e econômicas da época.

O governo Dutra (1946-1951)

Entre os anos de 1946 e 1964, depois da ditadura do Estado Novo, o Brasil viveu uma época em que os presidentes foram eleitos por voto direto e secreto. Assim, após a queda de Getúlio Vargas, o primeiro a assumir a presidência por meio do sistema democrático foi o marechal Eurico Gaspar Dutra.

↑ Capa do *Jornal do Brasil* com a renúncia do presidente Getúlio Vargas. Edição de 30 de outubro de 1945.

Logo após Dutra iniciar o mandato, convocou-se uma Assembleia Nacional Constituinte com o objetivo de elaborar uma nova Constituição para o Brasil. Em setembro de 1946, estava pronta a nova Carta Constitucional, que estabelecia algumas diretrizes: eleições diretas em todos os níveis (federal, estadual e municipal), independência entre os poderes (Legislativo, Executivo e Judiciário), mandato presidencial de cinco anos, voto obrigatório para os maiores de 18 anos (exceto analfabetos, soldados, cabos e indígenas), liberdade de imprensa, entre outras medidas.

Essa Constituição, porém, manteve intacta a estrutura fundiária, baseada nas grandes propriedades rurais. Também não contava com medidas de nacionalização de bancos, minas e seguros, o que permitia ampla abertura à entrada de capital estrangeiro, principalmente dos Estados Unidos.

Os primeiros anos do novo governo foram marcados pela aproximação cada vez maior do Brasil com os Estados Unidos. Como reflexo dessa posição e no contexto da Guerra Fria, o Brasil rompeu relações com a União das Repúblicas Socialistas Soviéticas (URSS).

Abertura econômica

Junto à quebra diplomática com a URSS, o Partido Comunista Brasileiro (PCB) foi declarado ilegal e seus parlamentares foram cassados. O Comando Geral dos Trabalhadores (CGT), sindicato trabalhista controlado pelos comunistas, também foi fechado.

Além disso, uma das características que marcaram o governo Dutra foi o afastamento da política de nacionalismo econômico adotada por Getúlio Vargas, com abertura da economia ao capital estrangeiro. A importação de bens, como brinquedos de plástico, geladeiras, rádios e depois televisores foi facilitada.

Já nos primeiros anos de governo, Dutra congelou salários e abriu o Brasil ao capital estrangeiro. A intervenção estatal foi limitada e as importações, liberadas. As greves multiplicaram-se pelo país e, como resposta, o governo suspendeu o direito de greve.

Em 1948, porém, com inflação crescente, houve a necessidade de aplicar medidas de controle. Para isso, Dutra restringiu as importações e suspendeu o congelamento de salários. Ainda tentando reverter a situação, elaborou um plano econômico para desenvolver as áreas de saúde, alimentação, transporte e energia (Salte), que teve resultados práticos irrisórios e durou pouco mais de um ano.

Paralelamente, instalou-se a Comissão Mista Brasil-Estados Unidos, cujo intuito era racionalizar a gestão dos gastos públicos, principalmente nos setores de transporte e energia, e elaborar projetos de desenvolvimento. Em decorrência dela, foi criado o Banco Nacional de Desenvolvimento Econômico (BNDE) em 1952, já no governo de Getúlio Vargas. A comissão também recomendou, como solução para a crise, uma abertura ainda maior para o capital estrangeiro, posição que se justificava pelo interesse dos Estados Unidos no petróleo brasileiro.

A volta de Getúlio Vargas (1951-1954)

Eleito em 1950, Vargas fez um governo que ficou marcado pela tentativa de retomar a política econômica de desenvolvimento da indústria de base. Sua administração adquiriu característica nacionalista e populista, recebendo apoio das camadas mais pobres da população.

O tema de um dos principais debates ocorridos no período foi a extração do petróleo brasileiro. Parte significativa da sociedade defendia que o petróleo não poderia ser entregue a empresas que não fossem nacionais e iniciou a campanha com o *slogan* "O petróleo é nosso".

Para proteger as reservas, em 1953, foi criada a Petróleo Brasileiro S. A. (Petrobras), empresa estatal que passou a deter o monopólio da exploração desse recurso natural no país. O governo também fundou outras empresas estatais, como as Centrais Elétricas Brasileiras S. A. (Eletrobras).

← Nacionalistas favoráveis ao monopólio do petróleo, na criação do primeiro Centro de Estudos e Defesa do Petróleo. Rio de Janeiro (RJ), 1948. No cartaz, vemos retratado o ex-presidente Artur Bernardes. Desde 1945, quando se elegeu deputado federal, Bernardes defendeu o petróleo e a siderurgia nacionais.

A crise e o fim do governo

A inflação alta e os baixos salários complicavam cada vez mais a situação econômica do Brasil. Em 1953, uma série de greves espalhou-se por várias cidades do país, como São Paulo, Rio de Janeiro, Santos e Belém. A greve de São Paulo, por exemplo, contou com a adesão de aproximadamente 300 mil trabalhadores.

O ministro do trabalho, João Goulart, atendeu a grande parte das reivindicações ao aumentar em 100% o valor do salário mínimo. Essa medida desagradou alguns setores sociais e causou a demissão do ministro. O rumo que o governo Vargas parecia tomar estabeleceu um ambiente de desconfiança no país, resultando em uma campanha antigetulista. Nos jornais, rádios e televisão, Vargas era acusado de ser comunista, de favorecer a corrupção e a agitação social.

Para agravar a situação, em 5 de agosto de 1954, ocorreu um atentado contra o líder da União Democrática Nacional (UDN), o jornalista Carlos Lacerda.

↑ Primeira página do jornal *Última Hora* no dia do suicídio de Getúlio Vargas, em 24 de agosto de 1954.

Com as investigações, chegou-se ao mandante do crime: Gregório Fortunato, chefe da guarda pessoal de Getúlio Vargas. Mesmo sem provas, o presidente foi envolvido no escândalo. O atentado desencadeou um impasse político, e os chefes militares passaram a exigir a renúncia do presidente. Caso não o fizesse, Vargas seria deposto.

Vargas ainda ficou no poder até 24 de agosto, quando se suicidou com um tiro no peito. Em sua carta-testamento, foi registrada a famosa frase: "Saio da vida para entrar na história".

Depois da morte de Vargas, assumiu a presidência, por um curto período (1954-1955), o então vice-presidente, Café Filho.

O governo de Juscelino Kubitschek (1956–1961)

Em 1955, após um período conturbado, foi eleito o candidato mineiro Juscelino Kubitschek de Oliveira, que era conhecido como JK. Assim que assumiu, JK tratou de pôr em prática o *slogan* de sua campanha, "50 anos em 5", ou seja, 50 anos de desenvolvimento em 5 anos de governo.

Para levar a proposta adiante, ele formulou o Plano de Metas, que consistia em emitir moeda e abrir a economia ao capital estrangeiro. Essa política econômica deu impulso ao desenvolvimento da indústria, principalmente automobilística, porém gerou um processo inflacionário crescente.

Instalaram-se no Brasil várias multinacionais montadoras de carros, nas cidades de Santo André, São Bernardo, São Caetano e Diadema, no estado de São Paulo, o que possibilitou a popularização dos automóveis entre os consumidores brasileiros. O nacional-desenvolvimentismo de JK proporcionou ainda um acelerado crescimento de algumas cidades, que atraíram milhões de trabalhadores, procedentes sobretudo das áreas rurais.

Mesmo com o crescimento econômico, o governo recorria a empréstimos para financiar as grandes obras, e as dívidas do país aumentaram. A inflação alta prejudicava a classe trabalhadora, que reivindicava aumento salarial com frequência.

A garantia de amplas liberdades democráticas foi uma marca importante do governo JK. Nos anos de sua presidência, havia liberdade de manifestação e não houve casos de prisões políticas. O Partido Comunista, entretanto, foi mantido na ilegalidade.

A construção de Brasília

Em 1960, a capital do Brasil deixou de ser a cidade do Rio de Janeiro e foi transferida para Brasília, cidade especialmente construída para essa finalidade e que se tornou uma das marcas do governo JK. Localizada no Planalto Central, em um trecho desmembrado do estado de Goiás, na área que deu origem ao Distrito Federal, a nova capital possibilitava maior integração entre as regiões do país.

Brasília foi construída em pouco mais de três anos, sendo considerada o símbolo da modernidade no período. Ela foi projetada pelo urbanista Lúcio Costa e pelo arquiteto Oscar Niemeyer, responsáveis pelo Plano Piloto e pelas construções dos prédios governamentais. As obras atraíram migrantes nordestinos, chamados de candangos, que passaram a morar nas cidades-satélite.

O breve governo de Jânio Quadros (1961)

Com o fim do mandato de JK, Jânio da Silva Quadros assumiu a presidência em 31 de janeiro de 1961. Como as escolhas de presidente e vice eram feitas separadamente, Jânio foi eleito pelo Partido Trabalhista Nacional (PTN), enquanto João Goulart foi eleito como vice, pelo Partido Trabalhista Brasileiro (PTB).

↑ Anúncio do carro Simca Chambord, na revista *Senhor*, em 1960. Esse foi o primeiro automóvel de luxo produzido no Brasil. Vale notar que a propaganda alia a imagem do carro, ícone do desenvolvimento econômico da época, à recém-construída Brasília.

👍 FORMAÇÃO CIDADÃ

A grande quantidade de carros particulares é atualmente uma preocupação constante, sobretudo entre os brasileiros que vivem nas grandes cidades, pois o excesso de veículos aumenta a poluição e o desgaste de ruas, além de reduzir a trafegabilidade, por causar congestionamentos. Em grupo, discuta a importância dos investimentos em transportes coletivos em detrimento dos demais. Registre as opiniões no caderno e, depois, discuta-as em sala de aula.

Os setores mais conservadores da sociedade acreditavam que João Goulart – conhecido como Jango – tinha tendências comunistas, considerando-o herdeiro do getulismo por sua relação com os movimentos trabalhistas.

Ao assumir a presidência, vencida com uma campanha baseada no fim da corrupção, Jânio tomou algumas medidas para estabilizar a economia. Ele desvalorizou o cruzeiro, moeda usada na época, cortou os gastos públicos e dificultou o crédito para empresários a fim de restringir o consumo.

Essas medidas, porém, contrariavam alguns grupos que o haviam apoiado, além de provocar insatisfação social. Suas ações eram geralmente contraditórias, o que reverberou na falta de sustentação significativa do Congresso Nacional e, consequentemente, em dificuldades para governar.

China e URSS

Somadas às medidas econômicas impopulares, Jânio polemizou mais ainda ao reatar relações com a URSS e a China e ao condecorar o líder revolucionário Ernesto "Che" Guevara com a medalha da Ordem do Cruzeiro do Sul. A homenagem provocou desagrado a seus aliados da UDN e opositores, pois Che tinha sido um dos líderes da Revolução Cubana.

A UDN, por meio de seu líder Carlos Lacerda, retirou o apoio ao presidente, pois previa uma aproximação com o comunismo e o acusava de estar preparando um golpe. Em agosto de 1961, com menos de sete meses de governo, Jânio renunciou à presidência alegando que "forças terríveis" haviam se levantado contra ele.

Os impasses para a sucessão presidencial

Como João Goulart estava em visita à China, a presidência foi então entregue provisoriamente a Ranieri Mazzilli, presidente da Câmara dos Deputados. Nesse período, a posse de Jango passou a ser contestada por setores sociais que o consideravam também comunista. Isso deflagrou uma grave crise política no país.

Para evitar uma guerra civil, a decisão conciliatória foi a adoção do parlamentarismo. Nesse sistema, Jango assumiria como **chefe de Estado**, permanecendo como representante da nação, enquanto o primeiro-ministro Tancredo Neves seria o chefe de governo.

> **Chefe de Estado** é a pessoa que representa oficialmente a nação em visitas oficiais para assinar tratados internacionais. Ele não administra o país nem dita as regras da economia.

O governo de João Goulart (1961-1964)

A solução foi acatada, mas não aceita por Jango e seus **correligionários**. E, como a mudança na forma de governo previa um plebiscito para referendar o novo sistema, Jango conseguiu realizá-lo em janeiro de 1963, quando cerca de 82% da população escolheu a volta do presidencialismo. Com isso, Jango finalmente assumiu o cargo com poderes de chefe de Estado e de governo.

Para resolver a situação econômica do país, o presidente propôs um conjunto de medidas políticas, denominadas Reformas de Base, que incluíam as áreas agrária, urbana, educacional, eleitoral e tributária; além de medidas nacionalistas que previam maior presença do Estado na economia. Essas mudanças atingiam diretamente alguns setores da sociedade, especialmente os grandes proprietários de terra e outros grupos que comandavam a economia no país. Jango tinha, portanto, fortes opositores, entre eles as Forças Armadas.

Em um grande comício, em março de 1964, o presidente assinou dois decretos: um que nacionalizava as refinarias de petróleo particulares e outro que desapropriava uma grande faixa de terras para fins de reforma agrária. Esse foi o estopim para o Golpe Militar.

> **GLOSSÁRIO**
> **Correligionário:** pertencente ao mesmo partido político.

João Goulart discursa no Congresso Nacional durante a solenidade do compromisso constitucional para assumir a Presidência da República. Brasília (DF), 7 de setembro de 1961.

ATIVIDADES

SISTEMATIZAR

1. Explique as medidas adotadas por Dutra para a economia brasileira no período.
2. Quais foram as principais características do segundo governo de Getúlio Vargas?
3. Caracterize o modelo de desenvolvimento econômico do governo de Juscelino Kubitschek.
4. Comente a mudança da capital do Brasil e que significado ela teve na época.

REFLETIR

1. Observe a imagem e responda às perguntas.
    a) Qual relação pode ser estabelecida entre a fotografia e a opinião pública da época em que ela foi feita?
    b) Qual era a motivação de Getúlio Vargas para sujar a mão e exibi-la?

→ Getúlio Vargas mostra a mão suja de petróleo na refinaria de Mataripe (BA), administrada pela recém-criada Petrobras, 23 de junho de 1952.

2. O projeto de Reformas de Base mobilizou milhares de pessoas, sobretudo nos centros urbanos. Observe a fotografia ao lado e faça o que se pede.
    a) Explique o que eram as Reformas de Base.
    b) A proposta das Reformas de Base causou intensa polêmica no período. Por quê?
    c) Com base na imagem, analise a participação das camadas populares no projeto das Reformas de Base.

→ Manifestação em apoio às Reformas de Base propostas pelo presidente João Goulart. Rio de Janeiro, 1964.

3. Pesquise quais são as principais diferenças entre os sistemas de governo parlamentarista e presidencialista.

DESAFIO

1. Os *jingles* são amplamente utilizados nas campanhas eleitorais como artifício para cativar os eleitores. Pesquise a letra do *jingle* da campanha de Jânio Quadros e faça o que se pede.
    a) Qual foi o objeto usado como símbolo da campanha de Jânio Quadros?
    b) Por que esse símbolo foi escolhido para a campanha?
    c) Agora pesquise algumas canções de campanhas eleitorais recentes. Avalie as letras de cada uma e estabeleça uma relação com a eficácia desses artifícios no resultado final do pleito.

CAPÍTULO

Ditaduras na América Latina

No capítulo anterior, você estudou os governos democráticos no Brasil entre 1946 e 1964. Neste capítulo, você vai conhecer algumas ditaduras na América Latina na segunda metade do século XX.

Os golpes militares barraram movimentos revolucionários em diferentes países latino-americanos, sufocaram a participação popular na política e retardaram o combate às desigualdades socioeconômicas. Eles tiveram apoio de grupos conservadores, como as Forças Armadas, empresas multinacionais, grandes latifundiários, empresários, setores da Igreja Católica e da classe média, receosos diante dos avanços dos movimentos populares de esquerda.

Além disso, os golpes ocorridos nos países da América Latina contaram em maior ou menor medida com o apoio dos Estados Unidos, a quem interessava manter a hegemonia ideológica no continente. Os estadunidenses fomentavam a ideia de que cabia às Forças Armadas de cada país cuidar da segurança nacional, evitando o avanço de ideias subversivas e combatendo os "inimigos internos" que corroíam a ordem social e a soberania do Estado.

É impossível explicar de forma genérica os golpes militares na América Latina, uma vez que as questões próprias dos países e a conjuntura política internacional definiram contornos específicos para cada processo. Assim, o governo militar que interrompeu o processo democrático no Brasil, por exemplo, é alvo de diversas interpretações.

Fonte: Jeremy Black. *World history atlas*. Londres: Dorling Kindersley, 2008. p. 152.

Os estudiosos do período se dividem entre os que defendem que esse acontecimento foi um golpe, os que sustentam que foi uma revolução e outros que o chamam de movimento. Há também discussões sobre o caráter da ditadura que se estabeleceu, se ela seria civil-militar ou somente obra dos militares.

Cada grupo justifica suas opiniões com base nos estudos de documentos textuais, relatos orais e imagens da época. Essas diferenças de visão mostram que a História é algo que está em permanente transformação, além de ser objeto de disputas entre diferentes grupos sociais.

O caso da Argentina

Em 1973, Juan Domingo Perón, que governara a Argentina de 1945 até 1955, voltou ao poder no país. Eleito presidente, Perón tinha como vice sua então esposa, Maria Estela Martínez de Perón, apelidada pela mídia local e pela população de Isabelita.

Perón reatou as relações diplomáticas com Cuba e aumentou o comércio com os países socialistas. Sua morte, em 1974, alçou Isabelita ao poder. Nos anos seguintes, a atuação clandestina da organização chamada **Triple A** deu início a políticas repressivas, que ganhariam maior envergadura após o golpe de 1976.

> **GLOSSÁRIO**
>
> **Triple A:** denominação popular para a Aliança Anticomunista Argentina, esquadrão de extrema-direita que atuou durante o governo de Isabelita Perón. Seu principal objetivo era desestabilizar o governo por meio de práticas terroristas.

Com a instauração do regime militar encabeçado inicialmente pelo general Jorge Rafael Videla, práticas como tortura, sequestro e assassinato de inimigos políticos tornaram-se constantes. Milhares de presos políticos desapareceram. A repressão à população e aos movimentos sociais feriu diversos acordos internacionais de direitos humanos.

Em 1982, Leopoldo Galtieri assumiu o poder. Para obter apoio popular ao regime, desgastado pela repressão política e por acusações de má administração, Galtieri invadiu as Ilhas Malvinas, na tentativa de reconquistá-las. Para os argentinos, as Malvinas — um conjunto de ilhas na costa do país em poder dos ingleses desde o século XIX — eram parte indivisível de seu território.

Diante do que consideravam uma afronta britânica à soberania nacional, os militares passaram a ventilar publicamente a necessidade de defesa da nação, como no texto que foi publicado pelo jornal *Así*, em outubro de 1966: "A recuperação das Ilhas Malvinas [deve servir como] causa profunda da vocação patriótica de cada argentino". O conflito contou com a participação da Otan, que lutou ao lado da Inglaterra contra a Argentina.

A derrota na Guerra das Malvinas, em 1982, apressou a queda da ditadura no país. Em 1983, realizaram-se eleições presidenciais e Raúl Alfonsín, candidato pela União Cívica Radical, saiu vitorioso. Em seu primeiro ano de mandato, foi criada a Comisión Nacional para la Desaparición de Personas (Conadep), dirigida pelo escritor Ernesto Sábato.

Os trabalhos da comissão inauguraram um processo, ainda em curso, de busca por verdade, justiça e reparação em relação aos acontecimentos do período militar. As associações denominadas Mães da Praça de Maio e Avós da Praça de Maio atuam na identificação de centenas de filhos de presas políticas que foram sequestrados e adotados, em muitos casos, por famílias leais ao regime. Ao mesmo tempo, arquivos secretos da ditadura foram abertos e estudados, desencadeando o julgamento e a condenação de militares por crimes contra a humanidade, como aconteceu com o ditador Videla, preso em 2010.

← Audiência de julgamento de ex-oficiais da marinha argentina pelos crimes de tortura durante a ditadura (1976-1983). Buenos Aires, Argentina, novembro de 2017.

O regime do Chile

O projeto de transição democrática para o socialismo, que se concretizava na eleição de Salvador Allende ao governo, representava um empecilho aos interesses geopolíticos dos Estados Unidos na América Latina. Por essa razão, a CIA participou das gestões que asseguraram o êxito do golpe militar no Chile, que pôs fim, em 11 de setembro de 1973, ao governo da Unidade Popular.

Nessa data, o general Augusto Pinochet, comandante-chefe do Exército, ordenou o bombardeio do Palácio de La Moneda, sede do governo, em Santiago do Chile, a capital federal. Durante os ataques, Salvador Allende escolheu permanecer no local, onde, vendo as tropas golpistas invadirem o palácio, decidiu tirar a própria vida.

A repressão que se seguiu aos setores próximos à Unidade Popular foi de extrema violência: estima-se que cerca de 40 mil pessoas tenham sido torturadas e mortas pelo regime. O período militar chileno, que durou de 1973 a 1990, foi provavelmente o mais brutal de todos os que ocorreram na América Latina. Durante os anos em que esteve à frente do país, o general Augusto Pinochet insistia em negar o desaparecimento de presos políticos.

AQUI TEM MAIS

Operação Condor

Entre 1973 e 1980, foi criada a Operação Condor, um órgão de cooperação entre os regimes ditatoriais na América do Sul para combater os focos de "subversão". Como era comum que os fugitivos dos regimes se refugiassem em países próximos, o objetivo dela era unificar o sistema de controle além das fronteiras nacionais. Associaram-se em torno da Operação Condor países como Brasil, Argentina, Paraguai, Uruguai e Bolívia, então governados por militares.

A Operação Condor revelou ao mundo sua força quando, em 1976, ajudou a orquestrar o assassinato de um opositor de Pinochet refugiado em Washington – Orlando Letelier, ex-ministro de Relações Exteriores e ministro da Defesa no governo da Unidade Popular.

O atentado ocorreu pouco depois de Letelier ter mobilizado o Congresso estadunidense para que aprovasse sanções contra o Chile, em razão do desrespeito do regime militar aos direitos humanos. Apesar de as vítimas da ditadura chilena terem conseguido sensibilizar o Congresso daquele país em meados da década de 1970, o apoio estadunidense a regimes corruptos e violentos em países da América Central não cessou nos anos seguintes.

↑ Atentado a bomba que matou o diplomata chileno Orlando Letelier e sua auxiliar, Ronni Karpen Moffitt. O carro dele foi explodido em Washington, Estados Unidos, em 21 de setembro de 1976.

1. A Operação Condor consistiu num acordo entre países da América do Sul que suprimiu a barreira das fronteiras entre eles com o objetivo de reprimir os opositores às ditaduras. Pesquise junto com os colegas qual foi o papel do Brasil na operação.

A ditadura no Uruguai

Assim como em outros regimes ditatoriais, o governo militar do Uruguai foi apoiado por paramilitares e pelos chamados esquadrões da morte. Essas organizações ameaçavam a população e disseminavam o medo, antes mesmo da instalação dos regimes ditatoriais.

Após o golpe militar dado em junho de 1973, esses dois grupos foram incorporados ao governo uruguaio, o que acabou servindo como uma forma de tirar do Estado a responsabilidade dos crimes cometidos contra os opositores ao governo militar. Essas práticas criminosas envolviam sequestros, torturas e assassinatos. O Estado impedia ainda a mobilização estudantil e greves operárias.

Além da alarmante violência de Estado, outra semelhança entre a ditadura uruguaia e outras ocorridas no Cone Sul foi a atuação clandestina dos Estados Unidos, que buscava garantir que o comunismo fosse contido e seus interesses garantidos. Na Argentina, Chile, Uruguai e Brasil não havia diferença entre os regimes. As forças repressivas se valeram de torturas e prisões por tempo prolongado, desaparecimento forçado e exílio em massa.

↑ Pessoas participam do 22 de Março do Silêncio, em memória dos desaparecidos durante a ditadura militar no Uruguai (1973-1985). A manifestação lembra, 41 anos depois, o assassinato de dois congressistas uruguaios no exílio na Argentina, Zelmar Michelini e Hector Gutierrez Ruiz, mortos por um comando militar em Buenos Aires durante o período da Operação Condor. Montevidéu, 20 de maio de 2017.

Militares no Paraguai

Tal como ocorrera com seus vizinhos sul-americanos, o Paraguai sucumbiu a um governo militar ditatorial, sob o comando de Alfredo Stroessner. A história política do Paraguai foi marcada, desde a conquista da independência em 1811, por longos governos ditatoriais. Os mais conhecidos e marcantes no século XIX foram os de José Gaspar Rodríguez de Francia, de Carlos António López e de seu filho, Francisco Solano López.

Na metade do século XX, alguns fatores contribuíam para a instalação da ditadura de Stroessner, membro do Partido Colorado. Uma crise econômica se abatia sobre o Paraguai, ao mesmo tempo que o país sofria instabilidade política. Esse cenário permitiu que os discursos contrários aos ideais de esquerda se espalhassem pela sociedade paraguaia.

Além desses elementos, havia os interesses dos Estados Unidos em manter um governo pró-capitalista, afastando o risco da subida ao poder de grupos favoráveis ao socialismo.

Contando com instabilidades internas e apoio externo estadunidense, o general Stroessner tomou o poder em 1954 por meio de um golpe de Estado. Para resistir a esse governo ditatorial, setores da sociedade paraguaia se mobilizaram. Movimentos guerrilheiros foram organizados, e políticos buscaram se articular para enfrentar o general. Mas os opositores foram perseguidos e eliminados – por meio de prisões e exílios ou de execuções.

O discurso de combate ao comunismo adotado pelo general foi a principal estratégia de legitimação do regime ditatorial no Paraguai. Ao reforçar a luta contra pessoas e grupos de esquerda, Stroessner garantiu não só o apoio popular necessário para se manter no poder com mais equilíbrio, mas sobretudo a ajuda dos Estados Unidos em forma de auxílio financeiro e militar, com o envio de armas para as tropas do governo.

O general também foi hábil ao manter vínculos comerciais e militares com o Brasil por meio da celebração de acordos e de trocas de informações. Um aspecto a destacar dessa parceria foi também a construção da chamada Ponte da Amizade, que une os dois países, inaugurada em 1965, e a construção da Hidrelétrica Binacional de Itaipu, entre 1975 e 1982.

Através da Ponte da Amizade, a produção agrícola do Paraná, que incluía principalmente trigo, milho e soja, poderia ser escoada mais facilmente. Atualmente, autoridades dos dois países discutem a construção de mais duas novas pontes que liguem Brasil e Paraguai.

Inauguração da Ponte da Amizade, entre Brasil e Paraguai, com os presidentes Castelo Branco (à esquerda) e Alfredo Stroessner, em 27 de março de 1965.

Os casos da Bolívia, Peru e Equador

Assim como aconteceu no Chile, com o governo de Salvador Allende, os governos democráticos da Bolívia, com Juan José Torres, e do Peru, com Fernando Belaúnde Terry, foram considerados ameaças comunistas pela Ditadura Militar brasileira. Desse modo, vendo-se ameaçado por uma suposta onda comunista na região, o governo brasileiro cerrou fileiras com os grupos anticomunistas desses países e contou com a colaboração dos Estados Unidos.

Assim, em 1971, o governo democrático boliviano de Torres chegou ao fim. O golpe militar foi operado pelas Forças Armadas do país e pela burguesia de Santa Cruz de la Sierra, com o apoio do governo brasileiro. Assumiu o poder o general Hugo Banzer Suárez e, a partir de então, a Bolívia se aproximou do Brasil e começou a receber investimentos brasileiros.

Já no Peru, três anos antes, em 1968, o general Juan Velasco Alvarado deu um golpe no governo de Fernando Belaúnde Terry, eleito pelo partido Ação Popular. Ele instalou um regime de características nacionalistas, sendo sucedido por outro general, Francisco Morales Bermúdez, que assumiu em 1975.

↑ O presidente peruano Fernando Belaúnde Terry, em uma coletiva de imprensa. Belaúnde Terry foi enviado para o exílio após o golpe militar de 3 de outubro. Buenos Aires, Argentina, 8 de outubro de 1968.

Por fim, em 1972, o Equador estava dividido entre três grupos políticos: burguesia da costa, latifundiários da serra e do altiplano e grupos de esquerda. Naquele ano, ocorreu um golpe que seguiu o modelo peruano, baseado no "nacionalismo revolucionário". O novo governo pretendia modernizar o país com o dinheiro proveniente da nacionalização da exploração do petróleo.

De maneira geral, em todos os regimes ditatoriais na América Latina, as populações sofreram não só com a violência e a falta de direitos políticos, mas também com o aumento das desigualdades sociais e a miséria. Somada a outros fatores, a degradação do modo de vida levou a movimentos populares de oposição.

Destaca-se, ainda, que os setores sociais formados pelos mais pobres, em especial pelos indígenas e mestiços, eram sistematicamente excluídos dos projetos políticos. Isso ocorreu tanto nas ditaduras como nos períodos democráticos.

Redemocratização da América Latina

Com o abrandamento e o fim da Guerra Fria, no final da década de 1980, a política externa dos Estados Unidos em relação à América Latina mudou gradualmente. Os mesmos estadunidenses que ajudaram Pinochet a implantar a ditadura passaram a pressionar o general a abandonar o cargo para o início de uma transição à redemocratização no Chile.

Na Argentina, os militares deixaram o poder após a fracassada Guerra das Malvinas. Na Bolívia, Hernán Siles Zuazo foi eleito presidente em 1980, restabelecendo o regime democrático. O mesmo ocorreu no Peru, com a eleição de Fernando Belaúnde Terry. No Uruguai, o candidato colorado Julio Maria Sanguinetti, que propunha mudanças pacíficas, venceu as eleições em 1984.

No Paraguai, o governo autoritário do general Alfredo Stroessner, no poder desde 1954, finalmente chegou ao fim, em 1989. Nas eleições livres realizadas naquele ano, o vencedor para o cargo de presidente foi o general Andrés Rodríguez. Porém, a ascensão de Rodríguez, militar e genro de Stroessner, não representou democratização.

No começo do século XXI, vários presidentes da América Latina abandonaram também o ideário neoliberal, tão em voga na década de 1990, e passaram a implementar políticas sociais mais incisivas. Entre eles estão Hugo Chávez, na Venezuela; Evo Morales, na Bolívia; e Rafael Correa, no Equador.

Outro destaque na região se refere à representatividade feminina. Entre os anos 2000 e 2010, três mulheres venceram as eleições presidenciais em países importantes da América Latina: Michelle Bachelet, no Chile; Cristina Kirchner, na Argentina; e Dilma Rousseff, no Brasil.

Com a democratização, abriu-se espaço para diferentes formas de reivindicação e manifestação políticas por parte da sociedade civil organizada, como instituições republicanas, movimentos populares, organizações não governamentais, sindicatos e as redes sociais. As sociedades latino-americanas têm buscado caminhos para enfrentar problemas de desenvolvimento econômico, igualdade de oportunidades, corrupção e descaso estatal, respeito às minorias e equilíbrio ambiental, entre tantas agendas.

Entretanto, diversos conflitos sociais, disputas de poder e tensões políticas ainda marcam o cotidiano das frágeis democracias da América Latina. Algumas situações podem ser usadas como exemplo da ação de grupos que buscam afirmar-se por vias que desrespeitam a legalidade, por meio de artifícios que corrompem os processos eleitorais ou outros mais violentos, ligados à luta armada. É o caso do Exército Zapatista de Libertação Nacional (EZLN), na região de Chiapas, sul do México, que se sublevou em 1994. O objetivo dos zapatistas era, entre outros pontos, anular os acordos comerciais do Nafta, combater o exército mexicano e seus aliados e instituir um governo autenticamente democrático.

Membros do Exército Zapatista de Libertação Nacional. Chiapas, México, 1994. O nome do movimento é uma homenagem a Emiliano Zapata, um dos líderes da Revolução Mexicana. Zapata capitaneou o Exército Libertador do Centro e do Sul do México durante a revolução, sendo assassinado em 1919.

ATIVIDADES

SISTEMATIZAR

1. Quais foram os impactos da derrota na Guerra das Malvinas para a Argentina?

2. Caracterize a intervenção dos Estados Unidos contra o governo de Allende.

3. Explique o que foi a Operação Condor.

4. Como ocorreu o processo de redemocratização na América Latina?

REFLETIR

1. Leia o texto a seguir sobre o desaparecimento de crianças durante a ditadura militar na Argentina.

[...] Este tipo de ação visava a difundir o terror entre a população; vingar-se das famílias; interrogar as crianças; quebrar o silêncio dos seus pais, torturando seus filhos; educar as crianças com uma ideologia contrária à dos seus pais e a apropriação das crianças.

Para isso, o Exército havia difundido instruções através de seis manuais específicos sobre o tema [...] [nos quais] a histeria anticomunista se fazia notar através de instruções para que os militares entregassem para orfanatos ou famílias de militares crianças com até 4 anos. Isto porque, na visão dos militares, estas crianças ainda estariam livres da "má influência" política de seus pais. As mais velhas, especialmente em torno de 10 anos, deveriam ser mortas pois já estariam "contaminadas" pela subversão de seus pais. [...]

Samantha Viz Quadrat. O direito à identidade: a restituição de crianças apropriadas nos porões das ditaduras militares do Cone Sul. *História*, ano 22, ed. 2, p. 176-181, 2003. Disponível em: <www.scielo.br/pdf/his/v22n2/a10v22n2.pdf>. Acesso em: fev. 2019.

a) De acordo com o texto, qual era o objetivo dessas ações?

b) Quais foram as justificativas para afastar as crianças de seus pais?

c) Relacione o texto aos movimentos recentes por memória, verdade e justiça.

2. Observe a fotografia ao lado e, depois, faça o que se pede.

a) Descreva a fotografia.

b) Levante hipóteses para explicar por que membros da oposição ao golpe militar foram detidos em um estádio de futebol. Se necessário, pesquise informações na internet.

→ Membros da oposição ao golpe militar detidos por militares no Estádio Nacional, em Santiago, onde foram mantidos sob vigilância e torturados. Chile, 22 de setembro de 1973.

DESAFIO

1. O Movimento das Mães da Praça de Maio, na Argentina, inspirou a criação de organizações semelhantes em outros países. As Mães de Maio em São Paulo organizaram-se após uma série de assassinatos de jovens das periferias. Elas buscam respostas para a morte dos filhos e alternativas para diminuir os índices de homicídios nas periferias do país.

Em grupo, apontem as semelhanças e diferenças entre as organizações de mães na Argentina e no Brasil. Se julgarem necessário, pesquisem informações sobre o tema.

FIQUE POR DENTRO

A construção de Brasília

A ideia de mudança da capital federal do Rio de Janeiro para o interior do país era antiga. Já em 1823, no início do Brasil Império, José Bonifácio, influente ministro de D. Pedro I, sugeriu, por motivo de segurança, a construção de uma nova sede administrativa, afastada do litoral. Mas foi somente em 1955, durante a vitoriosa campanha presidencial de Juscelino Kubitschek, que a ideia passou a ser defendida enfaticamente. JK iniciou um plano de metas com base no desenvolvimento, foco na industrialização e na construção de rodovias, cujo ápice seria a nova capital. Em setembro de 1956, o Congresso aprovou a criação da Companhia Urbanizadora da Nova Capital do Brasil (Novacap), viabilizando a construção de Brasília.

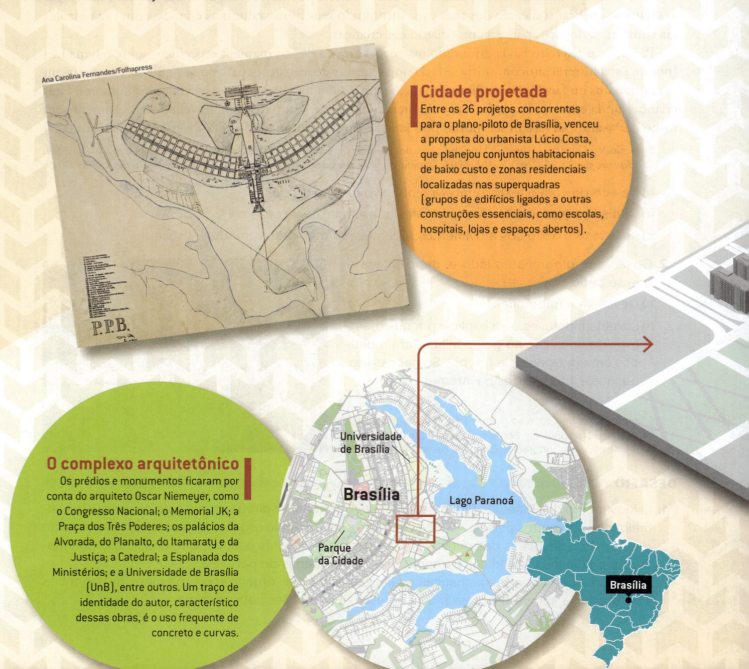

Ana Carolina Fernandes/Folhapress

Cidade projetada
Entre os 26 projetos concorrentes para o plano-piloto de Brasília, venceu a proposta do urbanista Lúcio Costa, que planejou conjuntos habitacionais de baixo custo e zonas residenciais localizadas nas superquadras (grupos de edifícios ligados a outras construções essenciais, como escolas, hospitais, lojas e espaços abertos).

O complexo arquitetônico
Os prédios e monumentos ficaram por conta do arquiteto Oscar Niemeyer, como o Congresso Nacional; o Memorial JK; a Praça dos Três Poderes; os palácios da Alvorada, do Planalto, do Itamaraty e da Justiça; a Catedral; a Esplanada dos Ministérios; e a Universidade de Brasília (UnB), entre outros. Um traço de identidade do autor, característico dessas obras, é o uso frequente de concreto e curvas.

184

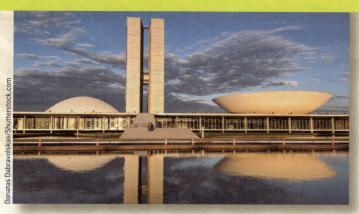

Congresso Nacional: sede do Poder Legislativo brasileiro, é formado pela Câmara dos Deputados e pelo Senado. A Câmara dos Deputados é composta de 513 representantes dos estados e do Distrito Federal, cuja distribuição é proporcional à população de cada local. Eles representam o povo; têm mandato de quatro anos e direito à reeleição ilimitada. O Senado é formado por 81 membros, três representantes de cada estado, com mandato de oito anos e direito à reeleição ilimitada.

Palácio do Planalto: é o local de trabalho do presidente da República, sede do Poder Executivo. Nessa edificação, localizam-se também o gabinete da Presidência, a Casa Civil e a Secretaria-Geral, principais órgãos de apoio ao governo. Os ministros, que também fazem parte do Executivo, trabalham nos prédios da Esplanada dos Ministérios.

Ministério da Justiça
Ministério das Relações Exteriores
Esplanada dos Ministérios
Ministério da Educação
Catedral Metropolitana Nossa Senhora Aparecida
Ministério da Saúde

Sede do STF: o Supremo Tribunal Federal (STF) é a principal Corte do Poder Judiciário. Decide as questões relacionadas à Constituição Federal, cujo nível hierárquico é superior a todas as outras leis do país. A uma decisão final do STF não cabe recurso a nenhum outro tribunal. Os ministros desse órgão são indicados pelo presidente da República e depois aprovados pelo Senado.

1. Que motivos levaram à transferência da capital do país?

2. A construção de Brasília mobilizou grande contingente de pessoas para edificar a nova sede administrativa do país. Faça uma pesquisa sobre os trabalhadores da construção civil que migraram para a região. Levante informações sobre quem eram eles, qual era sua origem e quais motivos os levaram ao Planalto Central.

EXPLORANDO O CINEMA

Machuca

O filme conta a história de dois meninos, Gonzalo Infante e Pedro Machuca, que vivem no Chile em 1973 e pertencem a diferentes classes sociais. Ambos estudam na mais tradicional escola de Santiago do Chile, o Colégio Saint Patrick, dirigido, na época, pelo padre MacEnroe. Atendendo à política de inclusão social de Salvador Allende, o padre abre as portas do colégio para alunos menos favorecidos, entre os quais se destaca Machuca, o que causa a revolta de muitos pais da elite. Diversos alunos tradicionais também se rebelam contra os novos e mais pobres colegas, e provocam uma briga entre Gonzalo e Machuca. Gonzalo evita brigar com Machuca, e tem início uma pura e intensa amizade entre os dois meninos, que supera as diferenças socioculturais.

↑ Cena do filme *Machuca* (2004), dirigido por Andrés Wood.

Contextualizando o filme

O filme *Machuca* foi lançado em 2003, ano do 30º aniversário do golpe militar no Chile. A obra se passa em 1973, ano em que o país vivia uma grande crise e no qual aconteceria a queda do governo socialista de Salvador Allende em decorrência do golpe do ditador Augusto Pinochet. Retrata, com base na história da amizade de Infante Gonzalo e Pedro Machuca, as divergências entre duas classes sociais antagônicas: a elite e os grupos sociais mais pobres, de forma geral.

Com base em um conflito gerado na escola onde estudavam os meninos, o filme apresenta as reações preconceituosas da elite à convivência de seus filhos com alunos menos favorecidos, que são também considerados inadequados a um colégio tradicionalmente elitista do Chile no período. Essa incorporação no ambiente escolar é resultado da política do governo de Salvador Allende para suavização da segregação social no país.

- **Título:** *Machuca*
- **Direção:** Andrés Wood
- **País de origem:** Chile, Espanha e Reino Unido
- **Duração:** 120 minutos
- **Ano de lançamento:** 2003

↑ Cartaz do filme *Machuca* (2004), dirigido por Andrés Wood.

Nas ruas, a crise se acentuava em manifestações favoráveis e contrárias ao governo de Allende, entre as quais Gonzalo e Machuca brincavam e se divertiam vendendo bandeirolas, sem saber, ao certo, o que faziam. Gonzalo, menino da elite branca, de descendência europeia, e Machuca, garoto tipicamente chileno, com traços indígenas e pobre, começam a se relacionar e a descobrir mundos radicalmente diferentes dos seus: Gonzalo conhece a periferia e a vida mais "livre" de Machuca; enquanto Machuca se deslumbra com a vida de riquezas e pertences pessoais de Gonzalo. Explicitando os conflitos do Chile pré-golpe, as dificuldades e angústias dos distintos grupos sociais chilenos, o filme transmite a mensagem do poder da amizade, que supera todas as diferenças sociais, políticas ou econômicas.

Por fim, *Machuca* representa criticamente ainda o início do regime militar, mostrando a destruição e a violência protagonizadas pelo golpe de direita de Augusto Pinochet.

→ Cena do filme *Machuca* (2004), dirigido por Andrés Wood.

Refletindo sobre o filme

1. *Machuca* trata da amizade de Gonzalo e Machuca, dois amigos de grupos sociais diferentes. Descreva os mundos distintos dos dois meninos apresentando as principais diferenças entre eles e fazendo uma relação com a crise do governo Salvador Allende.

2. Analise as cenas finais e descreva-as comentando qual foi a intenção do filme ao:
   a) mostrar a destruição da comunidade de Machuca;
   b) modificar a coloração normal de toda a obra;
   c) tirar a vida de um dos protagonistas.

187

PANORAMA

FAÇA AS ATIVIDADES A SEGUIR E REVEJA O QUE VOCÊ APRENDEU.

1. Trace um paralelo entre as crises políticas no Brasil e as ocorridas nos demais países da América Latina nas décadas de 1950 e 1960.

2. Observe a imagem e faça o que se pede.

↑ Presidente Juan Perón e sua esposa, Eva, acenam da sacada da Casa Rosada, a sede do governo, em Buenos Aires, 1950.

   a) Quem são as personalidades retratadas na imagem?
   b) Identifique o conceito político com o qual se caracteriza a atuação desse casal. Justifique sua resposta.

3. Observe as imagens e responda às questões.

→ Membros do Exército Zapatista de Libertação Nacional (EZLN) durante as celebrações do 20º aniversário da Insurgência Armada Indígena no México, em 31 de dezembro de 2013.

→ Partidários da Frente Sandinista de Libertação Nacional (FSLN) durante celebração do 35º aniversário da Revolução Sandinista, na praça La Fe, em Manágua, em 19 de julho de 2014.

   a) Você consegue identificar os grupos representados nas imagens? Defina-os.
   b) Qual é a relação desses movimentos com Emiliano Zapata e Augusto César Sandino? Se julgar necessário, pesquise o assunto.

4. Que política externa foi adotada no governo Dutra (1946-1951)? Como isso se refletiu na política interna brasileira?

5. Explique a origem da campanha antigetulista da década de 1950.

6. Leia o texto e faça o que se pede.

Devo agradecer em primeiro lugar às organizações promotoras deste comício, ao povo em geral e ao bravo povo carioca em particular, a realização, em praça pública, de tão entusiasta e calorosa manifestação.

[...]

Dirijo-me a todos os brasileiros, não apenas aos que conseguiram adquirir instrução nas escolas, mas também aos milhões de irmãos nossos que dão ao Brasil mais do que recebem, que pagam em sofrimento, em miséria, em privações, o direito de ser brasileiro e de trabalhar sol a sol para a grandeza deste país.

Presidente de 80 milhões de brasileiros, quero que minhas palavras sejam bem entendidas por todos os nossos patrícios. Democracia é o que o meu governo vem procurando realizar, como é do seu dever, não só para interpretar os anseios populares, mas também conquistá-los pelos caminhos da legalidade, pelos caminhos do entendimento e da paz social. Não há ameaça mais séria à democracia do que desconhecer os direitos do povo; não há ameaça mais séria à democracia do que tentar estrangular a voz do povo e de seus legítimos líderes, fazendo calar as suas mais sentidas reinvindicações. Estaríamos, sim, ameaçando o regime se nos mostrássemos surdos aos reclamos da Nação, que de norte a sul, de leste a oeste levanta o seu grande clamor pelas reformas de estrutura, sobretudo pela reforma agrária, que será como complemento da abolição do cativeiro para dezenas de milhões de brasileiros que vegetam no interior, em revoltantes condições de miséria.

Discurso de João Goulart na Central do Brasil, em 13 de março de 1964. Disponível em: <www.institutojoaogoulart.org.br/conteudo.php?id=31>. Acesso em: fev. 2019.

a) Que assunto é tratado nesse discurso de João Goulart?
b) O discurso de João Goulart destinava-se a quais camadas sociais?
c) Relacione o discurso do presidente com o contexto político do Brasil na época.

7. Os Estados Unidos apoiaram diversos golpes militares e intervenções na América Latina ao longo do século XX. No entanto, as relações entre esses países se modificaram após o fim das ditaduras, com maior aproximação ou afastamento da política econômica estadunidense.
Em grupo, pesquisem e debatam como é a relação da América Latina com os Estados Unidos atualmente.

8. Observe a imagem a seguir e comente a importância dessa ponte para os países que ela conecta.

↑ Vista aérea da Ponte Internacional da Amizade, que liga Foz do Iguaçu, no Brasil, a Ciudad del Este, no Paraguai. Foz do Iguaçu (PR).

9. Leia um conto escrito pelo autor argentino Jorge Luis Borges e responda à questão.

Juan López e John Ward

Coube-lhes por sorte uma época estranha.

O planeta tinha sido dividido em diversos países, cada um provido de lealdades, de queridas memórias, de um passado sem dúvida heroico, de direitos, de agravos, de uma mitologia peculiar, de próceres de bronze, de aniversários, de demagogos e de símbolos. Essa divisão, cara aos cartógrafos, auspiciava as guerras.

López nascera na cidade junto do rio imóvel; Ward, nos arredores da cidade pela qual caminhou Father Brown. Estudara castelhano para ler o Quixote.

O outro professava o amor a Conrad, que lhe fora revelado numa sala de aula da rua Viamonte.

Talvez tenham sido amigos, mas viram-se uma única vez frente a frente, em umas ilhas muitíssimo famosas, e cada um dos dois foi Caim, e cada um, Abel.

Foram enterrados juntos. A neve e a decomposição conhecem-nos.

O fato que narro passou-se em um tempo que não podemos entender.

Jorge Luis Borges. Conjurados. In: *Obras completas*. São Paulo: Globo, 1999. v. 3, p. 560.

• A qual conflito o conto se refere? Justifique.

10. Observe a imagem a seguir e elabore uma explicação para o fato de um selo produzido na Alemanha Oriental ter a imagem de um presidente chileno.

← Selo da antiga Alemanha Oriental com o retrato do presidente do Chile, Salvador Allende (1970-1973) e seu *slogan* da campanha para a presidência: "Venceremos".

DICAS

▶ ASSISTA

Getúlio. Brasil, 2014. Direção: João Jardim, 101 min. Os últimos dias de Getúlio Vargas são retratados nessa ficção inspirada na realidade.

No. Chile, EUA, França e México, 2012. Direção: Pablo Larraín, 118 min. O plebiscito proposto para definir se o ditador Augusto Pinochet permaneceria no governo ou se o país retornaria à democracia deixa a população dividida entre o "sim" e o "não", tornando uma grande campanha publicitária o tema principal desse filme.

↑ Soldados e tanques do Exército próximo ao Congresso Nacional. Brasília (DF), 1964.

TEMA 7

Brasil: ditadura e democracia

NESTE TEMA
VOCÊ VAI ESTUDAR:

- como ocorreu o Golpe Civil-Militar no Brasil;
- os anos dos militares no poder;
- a violência e a cultura durante a ditadura;
- os governos após a redemocratização.

De um lado, a ditadura instaurada no Brasil recebeu financiamento e apoio de parte da sociedade civil. De outro, organizações clandestinas e cidadãos contrários à ditadura resistiram às arbitrariedades do regime. Afinal, quem participou do Golpe? Quais foram as implicações para a sociedade brasileira da tomada do poder pelos militares?

CAPÍTULO 1
Novo golpe de Estado

> Neste capítulo, você vai estudar como foi planejado e executado um novo golpe de Estado no Brasil, que colocou novamente os militares no comando da nação.

No final da década de 1980, diversos estudiosos passaram a interpretar criticamente os acontecimentos das décadas anteriores, período em que perdurara um regime militar no Brasil. As pesquisas históricas de alguns autores têm contribuído para revisar algumas impressões consolidadas em torno da ditadura e dos sujeitos que dela fizeram parte.

Desmistificaram-se ideias sobre os militares, os grupos de oposição ao regime e a própria figura de Jango, o presidente deposto. Todas essas interpretações construíram um quadro muito mais abrangente sobre aqueles que participaram do golpe de Estado de 1964 e o sustentaram. Esse quadro permite que hoje tenhamos uma visão mais complexa e ampliada desse assunto, de vários ângulos possíveis e, como é próprio da história, sempre possibilitando novas revisões e interpretações.

Pouco antes do golpe, pesquisas mostravam que Jango tinha altos índices de popularidade, chegando a alcançar 72% de aprovação. A queda de um presidente da República com tanto apoio popular intrigou estudiosos, que buscaram entender a situação usando parâmetros internos e externos.

Por um lado, o ano de 1964 era marcado pelo ambiente global de Guerra Fria, com a polarização entre os blocos capitalista e socialista. Por outro, as propostas formuladas pelo governo de João Goulart criaram um clima de tensão em alguns grupos. As reformas de base, sobretudo a proposta de nacionalização das refinarias de petróleo e as discussões sobre a reforma agrária, chamaram a atenção e foram consideradas ameaçadoras por grupos conservadores, que passaram a pressionar o governo brasileiro.

Temerosos de que Jango pudesse implementar um governo com características socialistas com apoio dos países dessa tendência, militares e diversos setores civis começaram a articular a queda do presidente da República.

→ Primeira página do jornal *Última Hora* com manchete sobre o Comício da Central do Brasil em 14 de março de 1964.

Antecedentes imediatos do golpe

O Congresso Nacional não era homogêneo. A bancada do PTB e parte do PSD apoiavam Jango. Ainda assim, as constantes trocas ministeriais e das presidências de grandes empresas públicas, como Petrobras, Banco do Brasil, BNDES, Companhia Vale do Rio Doce e CSN, davam indícios de que Jango fazia movimentações contrárias ao Congresso.

A situação se agravou em 13 de março de 1964. Pelo discurso proferido por Jango no Comício da Central do Brasil, no Rio de Janeiro, seus adversários julgaram que um golpe da esquerda estaria por vir. O discurso do presidente para milhares de pessoas que participavam do comício foi recebido como uma ameaça. Desde a instauração do regime socialista em Cuba, em 1961, grupos dirigentes de diversos países da América Latina e dos Estados Unidos temiam que outros países seguissem o modelo de governo instalado na ilha e apoiado pela União Soviética.

Ainda no mesmo mês eclodiu a chamada Revolta dos Marinheiros. Os subficiais da Marinha denunciavam maus-tratos e faziam algumas exigências, o que foi visto pelos oficiais como quebra da disciplina. O episódio provocou ainda maior instabilidade entre os militares e a Presidência, e fez emergir a figura do cabo Anselmo, liderança dos oficiais de baixa patente.

No dia 30 de março, o presidente da República apareceu em um evento promovido por militares subalternos, o Clube de Sargentos, no Automóvel Clube do Brasil. Na ocasião, Cabo Anselmo leu um manifesto escrito por Carlos Marighella, dirigente do Partido Comunista Brasileiro (PCB). Com a revolta anterior ainda fresca na memória, os oficiais consideraram que Goulart estava prestigiando a quebra da hierarquia militar. Esse foi o estopim para o golpe.

João Goulart e Maria Teresa Goulart, sua esposa, no Comício da Central do Brasil. Rio de Janeiro (RJ), 13 de março de 1964.

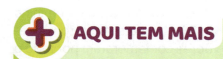 **AQUI TEM MAIS**

Divisão ideológica na Igreja Católica

Durante o processo que iria culminar no Golpe Civil-Militar de 1964, os membros da Igreja Católica tiveram posicionamentos distintos diante dos acontecimentos políticos do país. De um lado, a alta cúpula da Igreja tinha uma tendência mais conservadora e se opunha ao governo de João Goulart. De outro, parte do baixo clero estava ligada aos setores de esquerda da sociedade brasileira e participava de forma ativa dos sindicatos de trabalhadores e entidades estudantis. Eles eram amparados pela Teologia da Libertação, corrente teológica de origem latino-americana que associa as ideias socialistas ao pensamento cristão. O movimento, que se iniciou no final dos anos 1960, tornou-se conhecido por esse nome somente após 1970, ou seja, seis anos após o golpe.

Um golpe civil-militar?

Na noite de 31 de março de 1964, militares de alta patente e governadores dos estados de São Paulo, Minas Gerais e **Guanabara**, respectivamente Adhemar de Barros, Magalhães Pinto e Carlos Lacerda, entre outros, associaram-se para provocar a queda do presidente.

Sem um comando central, cada grupo contrário ao presidente organizou-se de forma independente. Durante a madrugada do dia 1º de abril, o caos se instaurou: o general Olympio Mourão Filho pôs em marcha seus soldados em direção ao Rio de Janeiro, tropas mobilizaram-se pelo país, quartéis sublevaram-se e oficiais militares articularam-se por meio de ligações telefônicas. As ações contaram com o apoio de diversos grupos civis.

Diante desse cenário, não houve resistência por parte dos apoiadores do presidente. Após apenas um ou outro confronto, consolidava-se o Golpe Civil-Militar no Brasil. João Goulart já não era mais o presidente da República.

GLOSSÁRIO
Guanabara: nome dado ao antigo estado brasileiro de 1960 a 1975; compreendia a região do atual município do Rio de Janeiro.

O apoio da sociedade civil

Conforme abordado no Tema 6, nos Estados Unidos foi criada, em 1961, a Aliança para o Progresso, que reunia países latino-americanos no combate ao avanço do socialismo no continente. Por meio dela foram financiadas campanhas que tinham o objetivo de abalar a confiança da população no governo de Jango. A mídia tradicional do período contribuía também para o descrédito do Executivo.

Tal propaganda ideológica ajudou a mobilizar a classe média contra as propostas das reformas de base. Dessa forma, apesar de o golpe não ter contado com uma organização prévia, as campanhas de desestabilização tinham sido bem articuladas. Mesmo com a popularidade em alta, Jango enfrentava oposição nas ruas, como as manifestações públicas da Marcha da Família com Deus pela Liberdade, que reuniram em São Paulo aproximadamente 500 mil pessoas. Elas receberam o apoio dos líderes políticos Adhemar de Barros e Carlos Lacerda.

De tal modo, o golpe de Estado foi apoiado por diversas camadas civis, entre as quais a Igreja (apesar da discordância de alguns religiosos), órgãos da imprensa, grandes empresas, bancos nacionais e estrangeiros e a própria população — em grande parte, a classe média. Depois do golpe, a Marcha da Vitória, no Rio de Janeiro, a Campanha da Mulher pela Democracia (Camde), a Liga da Mulher Democrata (Limde), a União Cívica Feminina (UCF) e universitários conservadores comemoraram por todo o país a tomada do poder pelos militares. Por essa razão, debates recentes entre historiadores apontam ter ocorrido uma ditadura civil-militar que durou até 1985.

← Milhares de pessoas participaram da Marcha da Família com Deus pela Liberdade em diversos estados brasileiros. Recife (PE), 1964.

Regime Militar: de Castelo Branco a Médici

Com o cargo declarado vago, o presidente da Câmara dos Deputados, Ranieri Mazzilli, imediatamente assumiu a Presidência da República. Ele governou por poucos dias e foi então substituído por uma junta militar, que depois deu posse ao marechal Humberto de Castelo Branco em 15 de abril, primeiro presidente do Regime Militar.

O novo regime recorria seguidamente a Atos Institucionais (AIs) e a decretos presidenciais, isto é, medidas jurídicas impostas como leis, pelo presidente, sem a anuência do Congresso ou da sociedade. Assim, mesmo sendo leis que não constavam da Constituição, esses dispositivos davam amplos poderes ao chefe do Executivo (presidente) e conferiam alto grau de centralização política e administrativa, legitimando o regime. O governo de Castelo Branco (1964-1967) foi sucedido pelo de Artur da Costa e Silva (1967-1969). Após o adoecimento deste, foi instaurada uma Junta Militar, que depois delegou o poder ao general Emílio Garrastazu Médici (1969-1974).

Confira as principais características desse período entre 1964 a 1974:

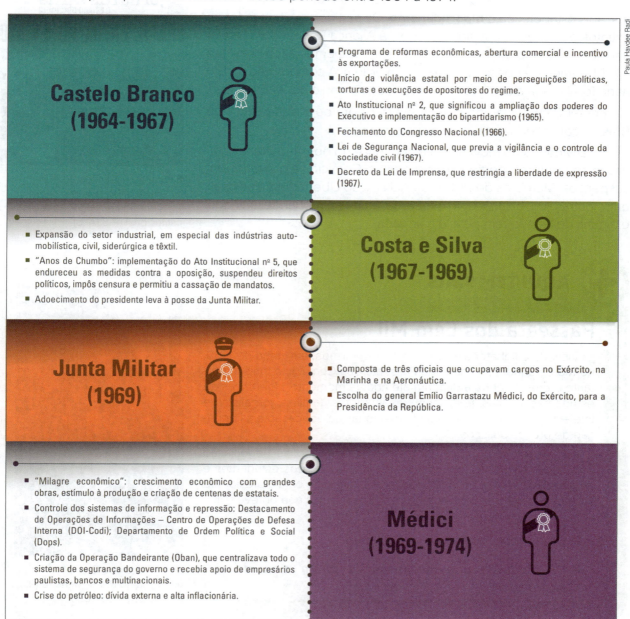

Castelo Branco (1964-1967)
- Programa de reformas econômicas, abertura comercial e incentivo às exportações.
- Início da violência estatal por meio de perseguições políticas, torturas e execuções de opositores do regime.
- Ato Institucional nº 2, que significou a ampliação dos poderes do Executivo e implementação do bipartidarismo (1965).
- Fechamento do Congresso Nacional (1966).
- Lei de Segurança Nacional, que previa a vigilância e o controle da sociedade civil (1967).
- Decreto da Lei de Imprensa, que restringia a liberdade de expressão (1967).

Costa e Silva (1967-1969)
- Expansão do setor industrial, em especial das indústrias automobilística, civil, siderúrgica e têxtil.
- "Anos de Chumbo": implementação do Ato Institucional nº 5, que endureceu as medidas contra a oposição, suspendeu direitos políticos, impôs censura e permitiu a cassação de mandatos.
- Adoecimento do presidente leva à posse da Junta Militar.

Junta Militar (1969)
- Composta de três oficiais que ocupavam cargos no Exército, na Marinha e na Aeronáutica.
- Escolha do general Emílio Garrastazu Médici, do Exército, para a Presidência da República.

Médici (1969-1974)
- "Milagre econômico": crescimento econômico com grandes obras, estímulo à produção e criação de centenas de estatais.
- Controle dos sistemas de informação e repressão: Destacamento de Operações de Informações – Centro de Operações de Defesa Interna (DOI-Codi); Departamento de Ordem Política e Social (Dops).
- Criação da Operação Bandeirante (Oban), que centralizava todo o sistema de segurança do governo e recebia apoio de empresários paulistas, bancos e multinacionais.
- Crise do petróleo: dívida externa e alta inflacionária.

Os Anos de Chumbo

Desde o breve mandato de Ranieri Mazzilli, Costa e Silva já era homem forte no governo, mas seu grupo não controlava as ações principais, que estavam nas mãos da inteligência militar. Sua chegada à Presidência consolidou o projeto de poder defendido por alguns setores das Forças Armadas conhecidos como linha-dura. Na defesa da "revolução", os integrantes mais radicais do Regime Militar defendiam maior fechamento político e aumento da repressão.

Os atos institucionais

Uma das características dos governos militares foi a constante preocupação em reforçar o poder presidencial. Para isso, foram criados os atos institucionais, em um total de 17, que reforçavam o Poder Executivo e aplicavam o conceito de segurança nacional.

O Ato Institucional nº 2 (AI-2), de 1965, foi um dos mais importantes, pois estabeleceu o **bipartidarismo**. Os partidos existentes foram extintos e dois novos partidos criados: a Aliança Renovadora Nacional (Arena), partido do governo, e o Movimento Democrático Brasileiro (MDB), partido de oposição adequado à ordem. A composição do Senado foi alterada e uma série de medidas reforçou o Poder Executivo.

Em 1968 foi declarado o AI-5, que transformou a vida política do Brasil e consolidou a ditadura militar no país.

As atividades do movimento estudantil e do operário eram vigiadas, e seus líderes, perseguidos e presos. Comícios e greves foram suspensos. Membros do PCB e da ALN (Ação Libertadora Nacional), entre outras organizações de esquerda, atuavam na clandestinidade, e alguns deles optaram pela luta armada.

> **GLOSSÁRIO**
>
> **Bipartidarismo:** sistema político com dois partidos políticos.

↑ Primeira página do *Jornal da Tarde*, 1968, cuja manchete era a entrada em vigor do Ato Institucional nº 5 (AI-5).

➕ AQUI TEM MAIS

Passeata dos Cem Mil

Visando combater a repressão, foi organizada, em junho de 1968, no Rio de Janeiro, a chamada Passeata dos Cem Mil, o mais importante protesto contra a ditadura até aquele momento. Lideranças de estudantes, artistas, religiosos, trabalhadores, famílias, jornalistas e intelectuais discursaram pedindo melhorias na educação e a libertação de presos políticos.

Ao final do protesto foi formada uma comissão de negociação com o governo para defender as reivindicações dos estudantes e da população em geral. A reunião dessa comissão com o presidente Costa e Silva ocorreu dias depois em Brasília, mas não obteve êxito.

1. O que foi a Passeata dos Cem Mil?
2. Os objetivos dos manifestantes foram plenamente alcançados?

↑ Passeata dos Cem Mil realizada no Rio de Janeiro (RJ), em 26 de junho de 1968.

Futebol e economia

A censura e a **coerção** policial faziam parte da estratégia dos militares para reprimir seus opositores. A ditadura brasileira também usou amplamente a propaganda política visando transmitir a ideia de progresso econômico. Como forma de engrandecer a nação, exaltava-se ainda a participação brasileira em eventos públicos, nacionais e internacionais, como os esportivos.

Até essa época, a Seleção Brasileira de Futebol havia conquistado o título mundial de futebol duas vezes, em 1958 e 1962. A expectativa era grande para a Copa do Mundo a ser disputada no México, em 1970. Os jogadores brasileiros confirmaram o favoritismo e sagraram-se campeões pela terceira vez. Médici aproveitou essa conquista e acrescentou-a aos discursos **ufanistas**, que eram disseminados pelos meios de comunicação submetidos ao governo. Tudo isso era embalado ainda por altos índices de crescimento econômico.

Nos primeiros anos após o Golpe de 1964, os militares procuraram combater a inflação e retomar o desenvolvimento. Para isso, utilizaram como estratégia o incentivo ao crescimento das indústrias voltadas ao consumo interno. A produção de bens de consumo duráveis (como geladeiras, fogões, aparelhos de televisão etc.) foi importante para a recuperação econômica do país, possibilitando o "Milagre Econômico", como foi chamado o período de crescimento da economia brasileira do início dos anos 1970.

Esse crescimento foi oriundo da aplicação de políticas desenvolvimentistas, segundo as quais o governo deve ser o responsável pelo planejamento econômico. A organização de investimentos públicos e privados na indústria e nas obras de infraestrutura era, portanto, parte do projeto de recuperação econômica aplicado pelos governos. A construção da ponte Rio-Niterói, da Rodovia Transamazônica e da Usina Hidrelétrica de Itaipu foram grandes marcas do Período Militar na infraestrutura do país.

Com Médici no poder, a população brasileira acompanhou a expansão da indústria, a entrada de elevada quantia de capital externo, a formação de grandes conglomerados industriais e financeiros, a ampliação do crédito e a concessão de incentivos e isenções fiscais — ainda que isso tudo fosse custar, a partir de 1974, a perda da estabilidade econômica, decorrente do aumento da inflação.

↑ Presidente Emílio Garrastazu Médici ergue a taça Jules Rimet, conquistada pela Seleção Brasileira na Copa do Mundo de Futebol no México. Brasília (DF), 1970.

GLOSSÁRIO

Coerção: repressão; coibição; coação.
Ufanista: orgulho exacerbado pelo país em que nasceu; patriotismo excessivo.

↑ Operários retiram óleo do poço SER-14D. Macau (RN), 1974.

ATIVIDADES

SISTEMATIZAR

1. Caracterize a crise política em 1964.

2. Por que se pode falar que em 1964 ocorreu um Golpe Civil-Militar?

3. Cite os diferentes posicionamentos da sociedade brasileira diante do Golpe Civil-Militar.

4. Explique o papel das Forças Armadas no Golpe de 1964.

5. Quais foram as principais mudanças ocorridas no governo do marechal Castelo Branco?

6. O que são atos institucionais?

7. Explique o processo de organização das forças políticas pós-1964.

8. Explique a tensão política e social durante o governo Costa e Silva.

REFLETIR

1. Leia o texto e responda às questões.

> Vocês fizeram uma coisa formidável! Essa revolução sem sangue e tão rápida! E com isso pouparam uma situação que seria profundamente triste, desagradável e com consequências imprevisíveis no futuro de nossas relações: vocês evitaram que tivéssemos que intervir no conflito.
>
> Fala de Lincoln Gordon (embaixador dos EUA no Brasil) para Carlos Lacerda em 2 de abril de 1964.
> In: Caio Navarro Toledo. *O governo Goulart e o Golpe de 64*. São Paulo: Brasiliense, 1993. p. 52.

a) Qual é o significado do termo **revolução** na fala do embaixador dos Estados Unidos?

b) Qual era o interesse dos EUA no Golpe Civil-Militar de 1964?

2. Observe a imagem ao lado e responda às questões.

a) Qual foi o papel da imprensa no Golpe Civil-Militar de 1964?

b) Qual era o significado da frase da manchete para o contexto do golpe de Estado?

3. Algumas das principais características das ditaduras são a suspensão do diálogo com a população, o autoritarismo, a repressão violenta à oposição etc. Em que aspectos essas características desrespeitaram os direitos dos cidadãos brasileiros durante o Regime Militar iniciado em 1964? Caso necessário, pesquise informações na internet.

Capa do *Jornal do Brasil* de 1º de abril de 1964.

4. Observe a imagem e faça o que se pede.

   a) Qual era o objetivo desse gesto?

   b) Por que ações como essa eram praticadas pela juventude daquele momento?

   c) A fotografia foi tirada em 1968, durante a Passeata dos Cem Mil, na cidade do Rio de Janeiro. Identifique uma medida tomada pelos militares nesse mesmo ano para endurecer ainda mais o regime.

→ Estudante picha um muro com a frase "Abaixo a ditadura" durante a Passeata dos Cem Mil, no Rio de Janeiro (RJ), em 26 de junho de 1968.

5. Analise o gráfico a seguir e, depois, faça o que se pede.

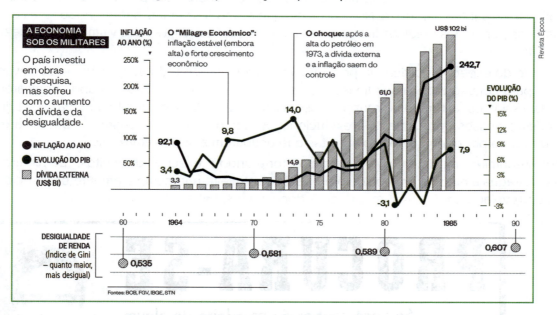

   a) Explique a relação entre o PIB e a inflação durante o período denominado "Milagre Econômico".

   b) Relacione o "Milagre Econômico" com a desigualdade de renda naquele período, apontada pelo Índice de Gini.

DESAFIO

1. O futebol é um dos esportes mais valorizados no Brasil. Anualmente, ocorrem campeonatos, festivais, partidas beneficentes etc., em várias regiões brasileiras. Há um evento, porém, que ocorre de quatro em quatro anos e mobiliza milhares de pessoas. É a Copa do Mundo da Fifa. Faça uma pesquisa sobre o contexto em que foi realizada a Copa do Mundo da Fifa no Brasil, em 2014, e escreva um pequeno texto relatando o impacto social, positivo ou negativo, da Copa e os efeitos desse evento na política do país.

2. Há algum tempo, grupos da sociedade civil que inicialmente apoiavam o governo militar passaram a fazer críticas e a reconhecer o equívoco que cometeram. Pesquise o que esses grupos alegam como justificativa para terem apoiado o golpe e por que mudaram de ideia. Depois, escreva um texto que resuma esses pontos.

CAPÍTULO 2

Violência e propaganda

No capítulo anterior, você estudou como foram os governos militares entre 1964 e 1974. Neste capítulo, você vai conhecer as práticas de violência, a propaganda e as manifestações culturais durante o Regime Militar.

Durante todo o período militar e principalmente nos anos mais duros de repressão, instaurou-se um clima de desconfiança no ambiente de trabalho, nas escolas etc. Qualquer um podia ser denunciado ou investigado por atividades subversivas — e ser torturado para dar informações aos sistemas de repressão. Muitos presos não resistiam às sessões de tortura e morriam, enquanto outros eram executados. Há vítimas do regime que foram consideradas desaparecidas por muito tempo ou das quais até hoje não se sabe o paradeiro. Nos casos em que as mortes vinham à tona, versões falsas — porém amparadas por laudos médicos fictícios — eram entregues às famílias das vítimas e aos meios de comunicação.

Do outro lado do espectro político, grupos revolucionários de oposição ao governo executavam atos violentos para conseguir recursos financeiros e intimidar o governo. Esses grupos praticaram sequestros, assassinatos, extorsões e roubos — especialmente de bancos. A luta armada foi a principal característica desses agrupamentos revolucionários, como ocorreu na chamada Guerrilha do Araguaia, organizada por guerrilheiros comunistas que ocuparam a região amazônica.

O governo reprimiu o movimento violentamente, torturando e executando muitos guerrilheiros. A Guerrilha do Araguaia ainda é um episódio da história brasileira não completamente esclarecido, que está sendo revelado conforme surgem novos documentos, entrevistas e pesquisas.

→ Cartaz com a imagem do ex-capitão do Exército Carlos Lamarca (à direita). Lamarca lutava contra a ditadura militar e era procurado por ser considerado inimigo de guerra do Estado Militar. Década de 1960.

Censura e propaganda política

A propaganda política serviu para a divulgação das ideias do governo. De um lado, disseminava-se a percepção do Brasil como potência, sugerindo a adesão e a participação popular a esse projeto. De outro, os integrantes da linha-dura usavam a força e os métodos de guerra psicológica para incutir medo e insegurança, como a transmissão de discursos de militantes que haviam sido presos e que se arrependeram da luta armada.

Slogans adotados pelo regime como "Brasil: ame-o ou deixe-o" revelam a clara intenção de manter apenas aqueles que aceitassem o governo sem contestações, enquanto aos demais restaria o exílio. De fato, muitos artistas, intelectuais e políticos deixaram o país e exilaram-se principalmente na França, Suécia, Inglaterra e em países do bloco socialista.

Outra base de sustentação do Regime Militar foi a censura, manifestada em duas vertentes.

- Censura de imprensa: dedicada aos assuntos políticos, era velada, mas eficaz. Impunha-se principalmente às redações dos meios de comunicação, nas quais os agentes do governo atuavam diretamente.
- Censura de diversões públicas: existente desde 1945, afetava o mundo artístico, sob o pressuposto da defesa da moral e dos bons costumes.

Esses dois tipos de censura baseavam-se em ideias autoritárias pautadas pela concepção da Doutrina de Segurança Nacional (DSN) – um conjunto de conceitos e propostas geopolíticas que visava elevar o Brasil à condição de potência mundial. A DSN, desenvolvida no âmbito da Escola Superior de Guerra (ESG) desde os anos 1950, envolvia pressupostos de controle político e social. A política do governo de Castelo Branco procurou se ajustar aos moldes da DSN, pautando as medidas internas e as relações exteriores na doutrina da ESG.

No período em que durou a ditadura militar no Brasil houve a expansão dos meios de comunicação de massa, principalmente a partir de 1970. Produtos como telenovelas e noticiários garantiam grande audiência na televisão.

A partir de 1975, a censura ficou mais branda e o governo aumentou o apoio à cultura de massa. Os programas de auditório – como o do Chacrinha, um dos grandes expoentes da televisão nesse período – tornaram-se campeões de audiência. Ele fazia a alegria dos telespectadores e suas frases relacionadas à comunicação ficaram famosas.

Página do jornal *O Estado de S. Paulo*. No lugar da notícia "A defesa da liberdade de imprensa não é solitária", censurada, um poema do poeta português Luís de Camões. São Paulo (SP), 4 de setembro de 1974.

Abertura política e fim do Regime Militar

O governo de Médici foi substituído, em 1974, pelo governo do general Ernesto Geisel, que ocupou o cargo até março de 1979. Durante esse período, os líderes do governo acataram pressões pela distensão do regime, apesar das disputas e das divergências internas. O Brasil passou a caminhar para o fim da ditadura, em uma transição lenta e gradual, para evitar o risco de revoltas que poderiam lançar o país em confrontos violentos e em outra fase de instabilidade política.

A lenta volta para a democracia

Para iniciar o processo de abertura, a administração Geisel começou a diminuir a censura sobre os meios de comunicação. As eleições parlamentares de 1974 já demonstraram oposição ao Regime Militar. O MDB elegeu 16 senadores e 161 deputados federais. A Arena, partido do governo, elegeu 6 senadores e 203 deputados. Cada casa ficou sob maioria de um dos partidos. Como a eleição para o Senado é majoritária, a vitória do MDB foi visível e simbólica.

O resultado das eleições causou um retrocesso no processo de distensão política. Em 1976, foi aprovada a Lei Falcão, com o objetivo de limitar o avanço eleitoral da oposição, que passou a sofrer restrições durante a propaganda gratuita de rádio e televisão.

Em 1977, percebendo que o governo perderia as eleições do ano seguinte, Geisel fechou o Congresso Nacional e determinou emendas à Constituição. Essas medidas ficaram conhecidas como Pacote de Abril, que, entre outras medidas, institucionalizou a figura do senador biônico (eleito indiretamente) para garantir a maioria de governistas no Senado Federal.

Apesar do retrocesso imposto pelas medidas dos anos anteriores, a democracia alcançou uma vitória importante: a revogação do AI-5 pelo Congresso, em 1978, acabando com a censura prévia à imprensa. Houve também a retomada da organização popular em movimentos e sindicatos. Ainda em 1978, operários de fábricas do ABC, região industrial vizinha à capital paulista, entraram em greve. Surgia o líder sindical Luiz Inácio da Silva.

O presidente João Baptista de Oliveira Figueiredo (1979-1985), sucessor de Ernesto Geisel, assumiu o compromisso de reestruturar a economia e instaurar uma democracia plena no país. Uma das medidas mais importantes tomadas durante seu governo foi a publicação da Lei da Anistia, em 1979. A lei concedia perdão aos crimes políticos cometidos contra o governo, permitindo o retorno dos exilados. O texto anistiava ainda os agentes que haviam praticado crimes em nome do Estado brasileiro, incluindo os torturadores.

↑ Metalúrgicos de uma montadora de automóveis durante greve da categoria em São Bernardo do Campo (SP), em 31 de maio de 1978.

Outra mudança foi o fim do bipartidarismo, assim, a Arena e o MDB foram extintos e seus integrantes passaram a fazer parte dos novos partidos que surgiram.

O fim do governo militar

Ainda faltava um passo fundamental para o retorno da democracia: a conquista de eleições diretas para presidente. A partir de 1983, manifestações tomaram as ruas de todo o país. Era a campanha Diretas Já, que mobilizou centenas de milhares de pessoas pelo voto direto.

O Congresso, mesmo assim, não aceitou as Diretas Já e, em 1985, elegeu, pelo voto indireto, Tancredo Neves para presidente: a Ditadura estava oficialmente encerrada. Alguns estudiosos afirmam, porém, que ela havia terminado, na prática, em 1979, na eleição de Figueiredo. Outros dizem que somente a promulgação da Constituição, em 1988, teria consolidado a democracia.

Na véspera da posse, no entanto, Tancredo foi internado e faleceu pouco mais de um mês depois, em 21 de abril. José Sarney, o vice-presidente eleito, assumiu em seu lugar e governou até 1990.

Cultura e resistência na Ditadura

↑ Integrantes do Tropicalismo – Jorge Ben, Caetano Veloso, Gilberto Gil, Rita Lee, Gal Costa, Sergio Dias e Arnaldo Baptista – na estreia do programa *Divino, Maravilhoso*, da Rede Tupi, 1968.

A cultura foi usada como instrumento tanto para a consolidação do poder do governo quanto de luta dos grupos opositores ao Regime Militar. Os militares conseguiram operar a cultura perseguindo as vozes dissidentes, modernizando as transmissões de rádio e televisão (o que favoreceu a integração do território e a segurança nacional) e controlando a produção artística do período.

Naquele período, companhias como o Teatro Oficina, o Teatro de Arena e o Teatro Experimental do Negro produziram peças icônicas de crítica à censura e à violência estatais. O cinema vivia o auge do Cinema Novo, que buscava a realidade nua e crua do Brasil. Festivais de música popular brasileira, bem como movimentos como a Tropicália, tiveram papel de destaque na propagação de novas vozes e na contestação à Ditadura.

O Tropicalismo, movimento cultural que revolucionou o comportamento e a linguagem cotidianos, misturou elementos da cultura nacional e estrangeira. Inspirado no movimento antropofágico de Oswald de Andrade, incorporou aspectos populares e eruditos.

 **AQUI TEM MAIS**

Comissão Nacional da Verdade

Em 2011, após quase 30 anos do processo de redemocratização, foi instalada no Brasil a Comissão Nacional da Verdade (CNV), com o intuito de investigar crimes contra os direitos humanos ocorridos entre os anos de 1948 e 1988, sob governos e regimes autoritários. Buscava-se com a CNV enfim formalizar uma posição do Estado brasileiro sobre o assunto.

No final de 2014, foi emitido o relatório conclusivo oficial da CNV. Ele aponta a ocorrência de detenções ilegais, torturas e desaparecimentos forçados como práticas recorrentes do Estado contra presos políticos. Também demonstra que mais de 50 mil pessoas estiveram presas, cerca de 430 direitos humanos foram gravemente violados e mais de 8 mil indígenas, assassinados.

As ações dos militares afetaram diversas famílias, que tiveram entes queridos tirados de seu convívio. Muitas nem sequer tiveram notícias de seu paradeiro, motivo pelo qual hoje são considerados desaparecidos políticos. A CNV teve, portanto, um papel fundamental na reconstituição da memória dessas famílias e de toda a sociedade.

Diferentemente do que ocorreu na Argentina e no Chile, no Brasil os militares não foram punidos pelos crimes que cometeram durante a Ditadura. Quanto a isso, o relatório da CNV tem um tom conciliatório, pois, apesar de detalhar os tipos de tortura e a ação sistemática que culminaram em mortes e desaparecimentos, a punição aos militares responsáveis exigiria a revogação da Lei da Anistia.

→ Membros da Comissão Nacional da Verdade (CNV) no momento da entrega do relatório final dos trabalhos à presidente Dilma Rousseff, em 2014.

O Movimento Negro, as mulheres e a Ditadura

A população negra havia se organizado nas primeiras décadas do século XX e elaborado diferentes maneiras de lutar por direitos e igualdade. Isso também ocorreu com as mulheres, que, nos anos 1930, no governo de Getúlio Vargas, adquiriram importantes direitos políticos.

O Regime Militar, porém, buscou esvaziar a pauta racial no Brasil. Os militares negavam que havia racismo no país, acusando seus integrantes de inventar esse problema e, assim, justificar suas ações políticas. Em meio ao ambiente desfavorável e repressivo do Regime Militar, líderes do movimento, como Flávio Carrança, Hamilton Cardoso, Vanderlei José Maria, Milton Barbosa, Rafael Pinto, Jamu Minka e Neuza Pereira, conseguiram fundar o Movimento Negro Unificado (MNU), que lutava contra a Ditadura e pelo fim de desigualdades de base racial.

↑ Ato público do Movimento Negro Unificado, no dia da comemoração da Abolição da Escravatura. Salvador (BA), 1980.

Quanto às mulheres, as organizações que promoveram o feminismo no Brasil tinham origem em grupos de esquerda e, por isso, foram colocadas na ilegalidade e perseguidas. O movimento maior ganhou vigor após a derrota da luta armada, a qual contou com mulheres em diversas de suas ações. Essas mulheres romperam a ordem política e social, pois, nos anos 1960 e 1970, esperava-se que elas fossem donas de casa zelosas e esposas dedicadas.

Com a anistia de 1979, muitas mulheres voltaram do exterior enriquecidas por novos debates e vivências. Isso resultou no desenvolvimento de grupos que lutavam por melhores condições das mulheres ao longo dos anos 1980. Muitos deles formaram organizações não governamentais (ONGs), na tentativa de poder atuar na criação de políticas públicas, como as delegacias dedicadas a combater o crime contra a mulher.

Pelo lado das forças do governo, as mulheres foram incorporadas à Polícia Militar de alguns estados, porém reforçando estereótipos. Em um clima de intensa repressão, a participação feminina nas forças de segurança pública era voltada à ajuda a crianças e idosos, ao diálogo com mulheres vítimas ou agentes da violência, à representação da polícia em eventos oficiais, aos cuidados com os migrantes, à travessia de pedestres etc.

A presença feminina na corporação da Polícia Militar atendia ao objetivo do governo de humanizar a imagem da instituição. De acordo com o ponto de vista oficial, a policial militar seria aquela que cuidaria das pessoas, que as orientaria e protegeria. Mas algumas atuaram como espiãs nas prisões, na função de agentes da repressão política.

→ Esposas de trabalhadores metalúrgicos, escoltadas pela Polícia Feminina, fazem passeata pela reabertura das negociações referentes à greve dos maridos, em São Bernardo do Campo (SP), 1980.

ATIVIDADES

SISTEMATIZAR

1. Explique como a violência foi utilizada na manutenção do Regime Militar.

2. Por que o governo militar praticava censura aos meios de comunicação?

3. Quais foram as formas de reação à Ditadura?

4. Por que a Comissão Nacional da Verdade foi um importante marco para a sociedade brasileira?

5. Cite dois eventos ocorridos entre 1979 e 1984 que contribuíram para o fim do Regime Militar.

6. Cite algumas práticas de governos ditatoriais que desrespeitam os direitos humanos.

REFLETIR

1. A censura adotada pelo Regime Militar atingiu todos os meios de comunicação, mesmo aqueles que tinham sido favoráveis ao Golpe de 1964. Observe a imagem de uma edição de jornal que sofreu censura e responda às questões.

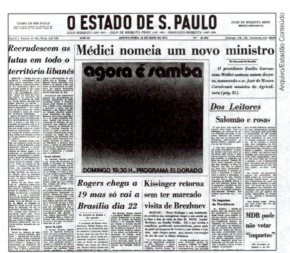

↑ Primeira página do jornal *O Estado de S. Paulo* de 10 de maio de 1973. A notícia apresentava trechos da carta que o Ministro da Cultura, Cirne Lima, enviara ao presidente Médici afirmando discordar dos métodos utilizados para a redução do índice de inflação do país. A notícia, impedida de ser publicada, foi substituída pelo anúncio "AGORA É SAMBA" de um programa da Rádio Eldorado.

a) Identifique um indício de censura nessa edição do jornal.

b) Que motivação tinham os governantes para o emprego de censores nos jornais e demais publicações?

2. Leia o texto a seguir, parte de uma entrevista concedida pelo presidente Geisel, e responda ao que se pede.

Por que o senhor não deu a anistia no seu governo?

Não dei porque achava que o processo devia ser gradual. Era necessário, antes de prosseguir, inclusive com a anistia, sentir e acompanhar a reação, o comportamento das duas forças antagônicas: a área militar, sobretudo a mais radical, e a área política da esquerda e dos remanescentes subversivos. Era um problema de solução progressiva. O compromisso que o Figueiredo tinha comigo era prosseguir na normalização do país. Como fazer, a maneira de fazer e quando era problema dele. A anistia passou a ser assunto do governo dele, no qual eu não interferia.

Maria Celina D'Araujo e Celso Castro (Org.). *Ernesto Geisel*. Rio de Janeiro: Fundação Getúlio Vargas, 1997. p. 398.

a) O que significa **anistia**? Se necessário, pesquise.

b) Geisel considerava a anistia um problema de solução progressiva. O que isso significa no contexto de seu governo?

DESAFIO

1. Durante o Regime Militar, a música foi um dos elementos culturais usados como forma de protesto e resistência contra o governo. Atualmente, existem músicas que também contestam a realidade brasileira. Faça uma pesquisa e escreva no caderno exemplos atuais de músicas de protesto, contestação ou descrição da realidade brasileira. Traga o resultado para sala de aula e, em um debate com a turma, compare a situação política dos dois momentos, isto é, a ditadura e a democracia atual.

205

CAPÍTULO 3
Redemocratização no Brasil

No capítulo anterior, você estudou a Ditadura Militar no Brasil. Neste capítulo, você vai estudar o processo de redemocratização até o governo de Fernando Henrique Cardoso.

Diretas Já

Apesar da derrota imediata do movimento Diretas Já, a mobilização popular e a organização política geraram condições para que a pauta fosse aprovada na Constituição de 1988. Assim, em 1989, o povo pôde voltar às urnas para eleger de forma direta o primeiro presidente após a Ditadura Militar.

Tancredo Neves não chegou a exercer o cargo, pois morreu antes da posse. Assim, quem assumiu a Presidência foi o vice, José Sarney. Sua posse foi vista com desconfiança, já que se tratava de um político ligado ao Regime Militar.

O presidente José Sarney governou de 1985 até 1990. Ao assumir um governo de transição entre o regime ditatorial e a redemocratização, tinha como prioridade efetivar a democracia, mas também precisava resolver com urgência a grave crise econômica em que o Brasil se encontrava. Durante os governos militares, o processo inflacionário ficou sem controle e a dívida externa aumentou enormemente.

A redemocratização do país foi feita com base na elaboração de uma nova Constituição, que garantiu algumas prerrogativas da democracia, como eleições diretas, liberdade de expressão e associação, entre outras. Por esse motivo, o conjunto de leis ficou conhecido como Constituição Cidadã. Essa expressão, de caráter nacionalista, foi criada pelos líderes da Assembleia Constituinte, especialmente Ulysses Guimarães, para celebrá-la e periodizar a história jurídica do Brasil. O país entrava em uma nova era, baseada nos princípios da democracia e da liberdade.

↑ Comício da campanha Diretas Já na Praça da Sé, São Paulo (SP), 1984. A campanha durou de 1983 a 1984, com encontros e manifestações que foram crescendo e chegaram a levar de uma só vez mais de 1,5 milhão de pessoas às ruas para exigir eleições diretas para presidente da República.

A crise econômica

Diante da grave situação econômica, o governo Sarney criou uma sucessão de planos econômicos que, no entanto, surtiram pouco efeito. Foram lançados o Plano Cruzado, o Plano Cruzado II, o Plano Bresser e o Plano Verão. Cada um deles era baseado em propostas que visavam solucionar a crise.

Houve congelamento de preços e salários, troca de moedas, reajuste de tarifas públicas, desvalorização da moeda nacional em relação ao dólar e suspensão do pagamento da dívida externa (moratória), além de cortes nos gastos públicos e privatização de empresas estatais.

↑ Desabastecimento durante o Plano Cruzado: consumidora passa por prateleiras vazias em supermercado de São Paulo (SP), março de 1986.

No início, a população apoiou o governo. Os chamados "fiscais do Sarney" eram cidadãos que, com a tabela de preços congelados do governo, iam até as lojas e mercados para verificar se os produtos estavam sendo vendidos conforme o previsto. Caso não estivessem, era comum que chamassem a polícia, que podia prender os responsáveis pela remarcação do preço e interditar o estabelecimento.

Entretanto, houve desabastecimento, e os preços superaram os tabelados pelo governo. O país também teve perda de credibilidade internacional e passou a receber menos investimentos. O resultado político dessa crise econômica foi a perda de popularidade do governo.

A Constituição Cidadã

Em 5 de outubro de 1988, a nova Constituição foi promulgada pelos deputados e senadores da Assembleia Nacional Constituinte.

Entre os destaques da nova Constituição estavam: eleições diretas para presidente, governadores e prefeitos, em dois turnos; voto obrigatório para os brasileiros de 18 a 70 anos, e facultativo para analfabetos, maiores de 70 anos e jovens de 16 e 17 anos; a criminalização do racismo e da tortura; a proteção para os povos indígenas, garantindo-lhes o direito à posse da terra que tradicionalmente ocupam; garantias trabalhistas, como a jornada semanal de trabalho de 44 horas, direito ao Fundo de Garantia do Tempo de Serviço (FGTS), abono de férias, 13º salário para aposentados e direito de greve.

As conquistas da Constituição de 1988 se devem às lutas de movimentos sociais organizados e à pressão de diversos setores da sociedade brasileira. Entre eles, podemos citar o movimento negro e a organização de grupos indígenas autônomos em prol de suas reivindicações.

No entanto, parte dos direitos garantidos pela Constituição não são executados. Por isso, movimentos sociais continuam organizando-se para que esses direitos se tornem realidade e que novas leis sejam implementadas a fim de tornar a sociedade cada vez mais justa.

← Congressistas prestam juramento à Constituição, em sua promulgação, em 5 de outubro de 1988.

Políticas neoliberais

Com o fim da União Soviética, as políticas de bem-estar social saíram da pauta de muitos políticos da Europa Ocidental, que passaram a assumir práticas neoliberais. Diversos países da América Latina também defenderam políticas liberalizantes a partir dos anos 1990. Elas foram marcadas pelas privatizações de empresas estatais e cortes no funcionalismo público, a fim de limitarem os gastos públicos. Além disso, os países que as adotaram abriam suas economias para o capital externo.

O governo Collor (1990-1992)

Fernando Collor de Mello saiu vitorioso das eleições de 1989 com o discurso de pôr fim à hiperinflação, melhorar a vida dos brasileiros e acabar com cargos de funcionários públicos com elevada remuneração e baixa produtividade.

Ao mesmo tempo que iniciava a formalização do Mercado Comum do Sul (Mercosul) – constituído inicialmente por Argentina, Uruguai, Paraguai e Brasil –, o governo adotava políticas liberalizantes privatizando as grandes empresas estatais e diminuindo a intervenção do Estado na economia.

O fracasso na solução da crise desgastou a imagem de Collor, pois seu plano econômico confiscou poupanças e congelou salários e preços. Sob acusações de corrupção, Collor sofreu um processo de *impeachment* ("impedimento", em português) e renunciou no dia 29 de dezembro de 1992. Mesmo assim, o Congresso prosseguiu o julgamento e cassou os direitos políticos do ex-presidente por oito anos.

→ Estudantes em manifestação pedindo o *impeachment* do então presidente da República, Fernando Collor de Mello, em Porto Alegre (RS), 1992. Após as denúncias contra Collor, os estudantes foram às ruas com as cores da bandeira do Brasil pintadas no rosto para pedir sua saída. Essas manifestações entraram para a história como o Movimento dos Caras-Pintadas.

O governo Itamar Franco (1992-1994)

Itamar Franco, vice de Collor, assumiu a Presidência em meio a uma grave crise política. Por essa razão, optou por um governo de conciliação, com representantes de quase todos os partidos políticos. Ele incentivou a indústria, mas também adotou práticas neoliberais, por exemplo, a privatização de empresas como a CSN, a Cosipa, a Açominas e a Embraer.

A preocupação com a economia continuava, pois permaneciam a inflação alta, a recessão econômica e a alta taxa de desemprego. Um novo plano foi elaborado pela equipe econômica do ministro da Fazenda, Fernando Henrique Cardoso (FHC). O chamado Plano Real visava estabilizar a economia, sem medidas drásticas, como congelamento de preços ou salários. Em julho de 1994, a moeda do Brasil passou a ser o real, que permanece até hoje.

Itamar terminou seu governo com grande popularidade, alavancando a candidatura de Fernando Henrique Cardoso à Presidência nas eleições de 1994.

Os governos FHC

Fernando Henrique Cardoso assumiu o cargo de presidente da República em janeiro de 1995.

Em 1997, FHC conseguiu aprovar no Congresso uma emenda constitucional garantindo a reeleição. Essa lei permite aos prefeitos, governadores e ao presidente da República serem eleitos para dois mandatos consecutivos, de quatro anos cada.

Nas eleições de 1998, FHC foi reeleito, tornando-se o primeiro presidente brasileiro por eleição direta a ocupar o governo federal por duas vezes seguidas. Seu governo, semelhante aos anteriores, continuou com o processo de privatizações. Muitos setores da sociedade foram contrários à venda de empresas como a Companhia Vale do Rio Doce (hoje, apenas Vale), líder mundial na área de mineração, e a Telebras (de telefonia). Foram também privatizadas várias rodovias federais.

↑ Itamar Franco (à direita) passa a faixa presidencial para Fernando Henrique Cardoso. Brasília (DF), 1º de janeiro de 1995.

Ainda sob a perspectiva da política neoliberal, o governo reduziu seu papel como produtor direto de bens e serviços, mantendo-se apenas como regulador do desenvolvimento econômico. Para efetivar esse papel, criou agências reguladoras, como a Agência Nacional de Telecomunicações (Anatel), a Agência Nacional de Energia Elétrica (Aneel) e a Agência Nacional do Petróleo, Gás Natural e Biocombustíveis (ANP), entre outras.

Na área social houve aumento na quantidade de famílias assentadas e de crianças matriculadas em escolas públicas. Na saúde, o programa brasileiro de combate à aids foi premiado, por ter distribuído gratuitamente o coquetel para o tratamento da doença. Houve ainda o abastecimento de medicamentos genéricos nas farmácias, com preços mais baixos que os originais.

Em seu governo também foram criados alguns programas sociais para atender à população carente, como o Bolsa Escola, o Bolsa Alimentação e o Vale Gás, que foram aproveitados e aperfeiçoados nos governos seguintes. No entanto, as mazelas sociais, como desnutrição e outras doenças ligadas à pobreza, permaneceram com níveis altos, assim como a desigualdade econômica.

No início do segundo mandato de FHC, em 1999, em meio a uma crise econômica internacional, houve forte desvalorização do real, que teve como efeito o aumento na taxa de desemprego. A popularidade de FHC caiu em razão desses acontecimentos e da crise de energia elétrica ocorrida em 2001.

Enfrentando grande oposição na política e insatisfação popular, FHC não conseguiu eleger seu sucessor nas eleições de 2002.

← Presidente Fernando Henrique Cardoso durante o lançamento do Bolsa Escola, em Capão Bonito (SP), 2001. Na ocasião, foram entregues os cartões eletrônicos das primeiras famílias beneficiadas pelo programa.

AQUI TEM MAIS

Massacre de Eldorado do Carajás

A década de 1990 foi marcada por uma série de conflitos pela terra no Brasil, muitos dos quais tiveram fim trágico. No dia 10 de abril de 1996, cerca de 2 500 pessoas iniciaram uma marcha de Curionópolis para Belém, no Pará, em protesto pela demora na desapropriação de uma área que era ocupada por eles.

No sétimo dia dessa marcha, elas passaram por Eldorado do Carajás, no Pará, em uma das rodovias que liga o sul do estado à capital. Em um trecho da rodovia, hoje conhecido como a Curva do S, a Polícia Militar, a mando do governo daquele estado, confrontou os manifestantes, tendo como resultado 19 mortos no local e cerca de 70 feridos.

Houve grande comoção pública, afastamento de políticos e policiais e um julgamento. Dois oficiais que estavam no comando da operação foram condenados, cada um a mais de 150 anos de prisão. Durante os depoimentos, houve insinuações de envolvimento direto do governo estadual, assim como suborno da polícia pelos fazendeiros da área que seria desapropriada.

Após o massacre, o arquiteto Oscar Niemeyer projetou o Monumento Eldorado Memória, que foi inaugurado em 7 de setembro de 1996. Destruído dias depois, ele tinha como objetivo lembrar as vítimas do massacre dos sem-terra. O arquiteto, porém, não ficou surpreso, pois isso já ocorrera com o monumento erguido em homenagem aos operários mortos pelo Exército na ocupação da CSN, em Volta Redonda, no Rio de Janeiro. Na Curva do S, em 1999, cerca de 800 sobreviventes do massacre fixaram 19 árvores mortas, simbolizando as vidas perdidas. A obra é chamada de "As castanheiras de Eldorado do Carajás".

→ Monumento projetado por Oscar Niemeyer em homenagem aos mortos de Corumbiara e Eldorado do Carajás.

1. Que motivo levou os sem-terra a marchar com destino a Belém, em 1996?

2. O que foi o massacre de Eldorado do Carajás?

ATIVIDADES

SISTEMATIZAR

1. A sucessão de planos econômicos solucionou a crise econômica brasileira? Justifique sua resposta.

2. O que é **moratória**? Pesquise o termo no dicionário, se necessário.

3. Por que houve o pedido do *impeachment* de Collor? Quais foram suas consequências?

4. O que foi o Plano Real?

5. Que fatores contribuíram para a vitória de Fernando Henrique Cardoso nas eleições de 1994?

REFLETIR

1. Leia um trecho do artigo 5º da Constituição de 1988 e, depois, faça o que se pede.

Art. 5º Todos são iguais perante a lei, sem distinção de qualquer natureza, garantindo-se aos brasileiros e aos estrangeiros residentes no País a inviolabilidade do direito à vida, à liberdade, à igualdade, à segurança e à propriedade, nos termos seguintes:

I – homens e mulheres são iguais em direitos e obrigações, nos termos desta Constituição;

II – ninguém será obrigado a fazer ou deixar de fazer alguma coisa senão em virtude de lei;

III – ninguém será submetido a tortura nem a tratamento desumano ou degradante;

IV – é livre a manifestação do pensamento, sendo vedado o anonimato; [...]

VII – é assegurada, nos termos da lei, a prestação de assistência religiosa nas entidades civis e militares de internação coletiva;

VIII – ninguém será privado de direitos por motivo de crença religiosa ou de convicção filosófica ou política, salvo se as invocar para eximir-se de obrigação legal a todos imposta e recusar-se a cumprir prestação alternativa, fixada em lei;

IX – é livre a expressão da atividade intelectual, artística, científica e de comunicação, independentemente de censura ou licença;

[...].

Disponível em: <www.senado.gov.br/legislacao/const/con1988/con1988_05.10.1988/con1988.pdf>. Acesso em: fev. 2019.

a) Com base nos incisos do artigo 5º de nossa Constituição, comente a importância desse texto analisando o fato de ele ter sido escrito após um período de 21 anos de ditadura.

b) A Constituição de 1988 inaugurou uma série de medidas que privilegiou muitos grupos menos favorecidos e passou a garantir a essas populações atendimento em suas demandas sob o amparo da lei. Que grupos foram esses? Quais eram suas reivindicações?

DESAFIO

1. Vimos que em meio ao processo de privatizações ocorridas no Brasil, alguns órgãos públicos passaram a desempenhar papel crucial para o desenvolvimento da economia nacional: as agências reguladoras. Sabendo disso, organize-se em grupo com uns colegas e, juntos, façam uma pesquisa sobre as agências citadas no capítulo.

CAPÍTULO 4
O Brasil no século XXI

No capítulo anterior, você estudou o processo de redemocratização no Brasil até o governo de Fernando Henrique Cardoso. Neste capítulo, você vai estudar os mandatos de Luiz Inácio Lula da Silva e de Dilma Rousseff.

Políticas sociais

A desigualdade de renda cresceu nos países que adotaram políticas neoliberais no início dos anos 1990. Isso levou muitas nações da América Latina a adotar políticas de proteção social e novas soluções para atender à população, buscando minimizar os problemas socioeconômicos.

No início dos anos 2000, movimentos sociais por direito à terra, à moradia e à educação, entre outros, ganharam espaço na política latino-americana. Diversos políticos alinhados à esquerda ascenderam ao poder amparados pelas classes populares. Entre eles, Evo Morales, na Bolívia, Hugo Chávez, na Venezuela, Rafael Côrrea, no Equador, Néstor Kirchner, na Argentina, e Luiz Inácio Lula da Silva, no Brasil.

Em 2002, Luiz Inácio Lula da Silva foi eleito presidente da República pelo Partido dos Trabalhadores (PT). Era a primeira vez que um líder sindical assumia o poder no país. A partir de 2003, Lula manteve a política econômica de seu antecessor, com controle de gastos públicos e da inflação. Houve aumento das exportações e o país começou a equilibrar a balança comercial, ou seja, as importações e as exportações alcançaram níveis semelhantes. A manutenção da estabilidade econômica possibilitou a queda das taxas de desemprego.

Na área social, a prioridade do governo foi o combate à pobreza. Foi implementado o programa Fome Zero, que atendeu aproximadamente 44 milhões de pessoas, garantindo alimentação adequada e em quantidade suficiente para brasileiros com pouca ou nenhuma renda mensal.

Outros programas assistenciais, como o Bolsa Família, caracterizaram essa gestão. Por esse programa, as famílias carentes podiam contar com um auxílio mensal em dinheiro, em contrapartida seus filhos tinham de estar matriculados na escola, uma continuidade aprimorada do programa Bolsa Escola. Luz para Todos, por sua vez, foi uma parceria entre o governo e instituições privadas. Por meio desse programa, 3,2 milhões de famílias rurais tiveram acesso à energia de 2003 a 2016.

Marca do programa Bolsa Família, do Ministério do Desenvolvimento Social e Combate à Fome.

Os governos Lula

O primeiro mandato de Lula (2003-2006) foi marcado pela expansão do Ensino Superior e por uma política externa de valorização das relações comerciais e políticas com outros países, principalmente os emergentes, como China, Índia, Rússia e África do Sul. Unidos, esses países formaram um grupo denominado Brics, um acordo de cooperação internacional com o objetivo de interferir na organização do poder econômico global.

Em 2006, já como candidato à reeleição, o presidente enfrentou várias denúncias de corrupção no governo, principalmente relacionadas à gestão da Petrobras, episódio que ficou conhecido como Mensalão. Mesmo nesse contexto, Lula manteve altos índices de popularidade e venceu as eleições, iniciando em 2007 um segundo período de governo.

Entre as principais características que marcaram seu segundo mandato estão: diminuição da taxa de desemprego e aumento do número de trabalhadores com carteira assinada; instituição do Programa Universidade para Todos (Prouni), concedendo bolsas de estudo integrais ou parciais a alunos carentes em instituições particulares de Ensino Superior; e criação do Programa de Aceleração do Crescimento (PAC), englobando um conjunto de iniciativas públicas nas áreas de infraestrutura, habitação, transportes e geração de energia.

Os governos Dilma Rousseff

Em 2010, diante da popularidade de Lula, a candidata Dilma Rousseff, que fazia parte de seu governo, foi eleita para sucedê-lo. Em seu primeiro mandato, Dilma aumentou os programas sociais do governo anterior e implementou novas políticas na educação. Um deles foi o Sistema de Seleção Unificado (Sisu), que ampliou o acesso dos estudantes da rede pública à universidade. Para os cursos de educação profissional e tecnológica, foi criado o Programa Nacional de Acesso ao Ensino Técnico e Emprego (Pronatec), para atender os alunos do Ensino Médio.

Em junho de 2013, os protestos contra o aumento das passagens dos ônibus coletivos municipais tomaram grandes proporções em diversos estados do país.

↑ A presidente eleita Dilma Rousseff ao receber a faixa presidencial de Luiz Inácio Lula da Silva durante cerimônia de posse, no parlatório do Palácio do Planalto, em Brasília (DF), 1º de janeiro de 2011.

As reivindicações foram ampliadas, tornando-se também mais genéricas, o que demonstrava um forte sentimento nas classes populares e médias contra o sistema político em vigência. Os protestos atingiam também a realização da Copa do Mundo de 2014, marcada pela construção de superestruturas que exigiram altos gastos e prejuízos sociais.

Nesse mesmo período, novos escândalos de corrupção em empresas estatais foram divulgados pela imprensa. Esse conjunto de fatores diminuiu a popularidade de Dilma. Mesmo com a popularidade em queda, a presidente foi reeleita em uma vitória apertada no pleito de 2014.

Lutas por direitos

Vários movimentos se organizaram na luta por direitos e mudanças na Constituição brasileira, mas dois tiveram excepcional destaque a partir dos anos 2000: o movimento LGBT (lésbicas, gays, bissexuais, travestis, transexuais e transgêneros) e o movimento de mulheres.

Apesar de o texto constitucional apontar que "Todos são iguais perante a lei, sem distinção de qualquer natureza, garantindo-se aos brasileiros e aos estrangeiros residentes no País a inviolabilidade do direito à vida, à liberdade, à igualdade, à segurança e à propriedade", as desigualdades construídas historicamente acabam por prejudicar ou excluir uma parcela da população brasileira. Tais movimentos lutam, portanto, pelo fim dessas desigualdades históricas.

O movimento LGBT busca os mesmos direitos dos heterossexuais. Entre suas pautas estão o casamento civil igualitário e a criminalização da **homofobia**. Isso ocorre por que, atualmente, o Brasil é um dos países com maior índice de homicídios contra a população LGBT no mundo. Diferentemente do racismo, que é considerado crime **inafiançável** e **imprescritível** (avanço conquistado por muitas lutas do movimento negro), a homofobia ainda não foi criminalizada (dados de 2018). Por isso, a luta para que a homofobia seja reconhecida pelo Estado é uma das principais pautas do movimento LGBT, que visa proteger-se de ataques físicos, mortes e estupros motivados pelo preconceito.

A luta das mulheres não é diferente. No que diz respeito aos salários, elas ainda ganham menos que homens para desempenhar as mesmas funções. Além disso, são vítimas constantes de violência doméstica e de assédio nas ruas e até no ambiente de trabalho.

Ao reconhecer os altos índices de agressão às mulheres, o governo sancionou o crime de **feminicídio**, classificando-o como hediondo, isto é, sujeito a penas mais graves. Outra conquista da sociedade brasileira foi a Lei Maria da Penha, que presta assistência a mulheres agredidas. Apesar desses avanços, as mulheres seguem em luta contra o machismo, a cultura da violência sexual e por maior representação política nas instâncias de poder brasileiras.

Em suma, os movimentos buscam aprofundar o alcance dos direitos da Constituição Cidadã, de modo que sejam válidos para todos os brasileiros. Isso inclui também os povos indígenas. O texto constitucional prevê o reconhecimento das diversas formas de organização social e costumes dos indígenas, bem como a posse das terras em que vivem. Assim, o Estado deve reconhecer e se esforçar para garantir sua sobrevivência, a manutenção de sua cultura e a convivência pacífica com os demais grupos sociais brasileiros.

Essas e outras pautas fazem parte das lutas sociais em vários lugares pelo mundo em busca de uma sociedade mais justa e igualitária, com respeito à diversidade e também ao meio ambiente do qual fazemos parte.

GLOSSÁRIO

Feminicídio: assassinato de mulheres motivado pela própria condição feminina.
Homofobia: preconceito contra homossexuais.
Imprescritível: tipo de crime que é julgado independentemente da data em que foi cometido.
Inafiançável: tipo de crime que impede o julgamento em liberdade mediante pagamento de fiança.

Vista aérea da 18ª Parada do Orgulho de Lésbicas, Gays, Bissexuais, Travestis e Transexuais (LGBT+) de São Paulo, na Avenida Paulista, São Paulo (SP), 4 de maio de 2014.

O *impeachment* de Dilma

Em 2016, o governo de Dilma Rousseff passou a sofrer forte resistência de diversos setores da sociedade brasileira, especialmente diante do aumento das acusações de corrupção que vieram à tona na Operação Lava Jato. Ao mesmo tempo, ela foi perdendo apoio parlamentar no Senado e no Congresso Nacional. O desempenho econômico brasileiro sofria drástica queda, e milhões de pessoas ficaram desempregadas.

Com isso, diante de acusações de que seu governo teria fraudado as contas públicas, no que ficou conhecido como "pedaladas fiscais", Dilma sofreu um processo de *impeachment* e foi destituída da Presidência da República.

↑ Membros da oposição da Câmara dos Deputados comemoram após votar a favor do *impeachment* da presidente Dilma Rousseff, Brasília, abril de 2016.

Diferentemente do que ocorrera com Fernando Collor de Mello, ela não perdeu seus direitos políticos e pôde concorrer nas eleições de 2018. Pleiteando uma vaga no Senado por Minas Gerais, não foi eleita pela população do estado.

Governo Temer

Michel Temer, que era o vice-presidente pelo Partido do Movimento Democrático Brasileiro (PMDB), assumiu o cargo em 31 de agosto de 2016. O novo presidente assumiu o comando do país prometendo reformas e crescimento econômico, após a grave recessão iniciada em 2014.

Outra questão que afligiu seu governo foi a continuidade das denúncias contra práticas de corrupção pela Operação Lava Jato. Membros de todos os grandes partidos brasileiros e muitos do alto escalão do governo, além de empreiteiros e outros empresários, eram citados nas chamadas delações premiadas. Lentamente, o governo, que começou contando com grande apoio do Congresso Nacional, foi perdendo sustentação política e se fragilizou.

Entre as reformas que o governo Temer havia anunciado estavam a reforma política, da previdência, fiscal e da legislação trabalhista. Apenas esta última foi concretizada. As outras reformas ficaram previstas para a agenda de 2019.

Diante da conturbação econômica e política, abateu-se sobre o país um clima de desesperança e descrédito das instituições, que se refletiram nas campanhas eleitorais de 2018.

Contudo, cabe à própria população organizar-se, informar-se e agir da forma mais consciente possível para que sejam eleitos representantes que dialoguem com suas necessidades e proponham soluções para os atuais problemas do Brasil. Após eleitos, os políticos devem ser acompanhados e cobrados pelos eleitores, de modo que estes possam avaliar seu desempenho, validando-o ou criticando-o.

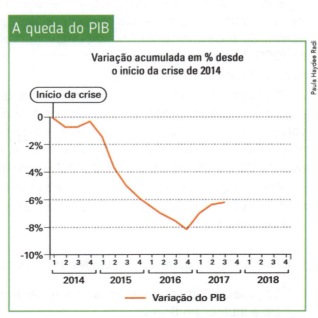

Fonte: IBGE e Ministério da Fazenda (projeções).

Lei Maria da Penha

→ Maria da Penha, caso simbólico de violência doméstica no Brasil, durante a cerimônia de sanção da Lei Maria da Penha, Brasília (DF), em 7 de agosto de 2006.

Em sua introdução, a Lei Maria da Penha (Lei nº 11.340), sancionada em 7 de agosto de 2006, declara que "cria mecanismos para coibir a violência doméstica e familiar contra a mulher, nos termos do art. 226 da Constituição Federal, da Convenção sobre a Eliminação de Todas as Formas de Discriminação contra as Mulheres e da Convenção Interamericana para Prevenir, Punir e Erradicar a Violência contra a Mulher; dispõe sobre a criação dos Juizados de Violência Doméstica e Familiar contra a Mulher; altera o Código de Processo Penal, o Código Penal e a Lei de Execução Penal; e dá outras providências".

> **GLOSSÁRIO**
>
> **Eletrocussão:** ação com fim de matar alguém por choque elétrico.

O caso que inspirou a lei foi o de Maria da Penha Maia Fernandes. Ela foi espancada de forma brutal e violentada diariamente pelo marido durante seis anos de casamento. Em 1983, por duas vezes, ele tentou assassiná-la, motivado por sentimentos extremos de ciúme. Na primeira vez, com arma de fogo, deixou-a paraplégica. Na segunda, cometeu **eletrocussão** e afogamento. Após essa tentativa de homicídio, ela tomou coragem e o denunciou.

É importante lembrar que, naquela época, a atitude de denunciar era muito rara, pois a sociedade tinha valores distintos dos atuais. Predominava, ainda, a submissão das mulheres aos homens, apesar de todas as conquistas dos movimentos feministas no Brasil e no mundo desde a década de 1960. A dependência afetiva e econômica também levava as mulheres a evitar a denúncia contra seus companheiros.

O marido de Maria da Penha só foi punido depois de 19 anos de julgamento e ficou apenas dois anos em regime fechado, para revolta de Maria com o poder público. Órgãos internacionais se envolveram no caso, como o Centro pela Justiça pelo Direito Internacional e o Comitê Latino-Americano de Defesa dos Direitos da Mulher (Cladem), e foi feita uma denúncia à Comissão Interamericana de Direitos Humanos da Organização dos Estados Americanos.

Em 2009, voluntárias criaram a Rede Social Lei Maria da Penha, cujo objetivo é compartilhar informações sobre essa lei e sua aplicação. Segundo dados oficiais, mais de 1 milhão de mulheres sofrem violência doméstica a cada ano.

1. Quais são os objetivos da Lei Maria da Penha?

2. Em sua opinião, que medidas devem ser tomadas para acabar com os casos de violência contra a mulher no Brasil?

ATIVIDADES

SISTEMATIZAR

1. Aponte as principais características sociais dos governos Lula (2003-2011).

2. Comente as melhorias sociais que vêm sendo feitas no Brasil desde o fim dos anos 1980, com a promulgação da Constituição.

3. Qual é o principal objetivo do movimento LGBT+ no Brasil?

4. Aponte os principais problemas brasileiros que ainda carecem de solução.

REFLETIR

1. É possível afirmar que a situação dos povos indígenas no Brasil melhorou ou piorou? Se necessário, faça uma pesquisa para justificar sua resposta.

2. Leia o texto a seguir e, depois, faça o que se pede.

Não há como discordar sobre a importância desse programa [Bolsa Família] para as famílias beneficiadas e para os municípios onde elas habitam. Diferentes pesquisas indicam que: a) em média, o beneficiário representa 21% do orçamento familiar; b) em vários municípios brasileiros, os recursos recebidos constituem a principal fonte de renda, superando enormemente não só a arrecadação municipal como as transferências constitucionais, os recursos destinados à saúde pública, entre outros indicadores. Há municípios em que quase a metade da população é beneficiada por esse programa. Todas as pesquisas apontam que as famílias destinam os recursos para a compra de alimentos, animando o mercado local.

Rosa Maria Marques e Áquilas Mendes. Servindo a dois senhores: as políticas no governo Lula. *Revista Katálysis*, Florianópolis, v. 10, n. 1, p. 20, 2007.

- Com base no texto, discorra a respeito da importância do programa Bolsa Família.

3. Observe a fotografia ao lado e a da página 215 e depois responda à pergunta.
    - O que é possível afirmar com base na análise dessas imagens?

→ Membros da Câmara dos Deputados durante debate que antecedeu a votação do *impeachment* da presidente Dilma Rousseff. Brasília, 17 de abril de 2016.

DESAFIO

1. Uma das promessas do governo que assumiu o poder após o *impeachment* de Dilma Rousseff era promover as reformas de que tanto o Brasil necessitava. Em grupos, pesquisem essas reformas: a da previdência, a política e a do trabalho. Levantem informações sobre quais eram as propostas de cada uma, que problemas elas visavam resolver e qual foi o debate público em torno delas. Apresentem os resultados das pesquisas por meio de imagens e textos explicativos, materiais que podem amparar a exposição oral.

FIQUE POR DENTRO

Marcha da Família com Deus pela Liberdade

Em 19 de março de 1964, Dia de São José, ocorreu, em São Paulo, a primeira das manifestações chamadas Marcha da Família com Deus pela Liberdade. Esse movimento foi organizado como uma reação de parte da sociedade a posicionamentos do presidente João Goulart considerados "esquerdistas", especialmente sua proposta de implementação de reformas de base, que visavam reestruturar o Brasil social e economicamente. Na data do comício de anúncio dessas medidas, em 13 de março de 1964, muitas manifestações demonstraram insatisfação popular, como a exposição de velas acesas nas janelas das residências no Rio de Janeiro e a reunião de um grupo de mulheres para rezar o terço em São Paulo.

Jango, em resposta a essas manifestações, teria dito: "Não podem ser levantados os rosários da fé contra o povo, que tem fé numa justiça social mais humana e na dignidade de suas esperanças". A população tomou isso como um insulto ao rosário e se organizou, em um grupo maior do que o que protestara contra o comício, no que foi chamado de Marcha da Família com Deus pela Liberdade.

O movimento civil, que temia que o Brasil se aproximasse do comunismo, era forte e tinha expressão em todas as classes sociais. Para eles, o importante era impedir que uma ditadura comunista se instaurasse no Brasil.

> Ocorrida em São Paulo, a marcha reuniu meio milhão de pessoas, sobretudo mulheres, e sua manifestação era especialmente anticomunista e contrária ao governo democraticamente eleito.

→ Em 2 de abril de 1964, estava planejada para acontecer mais uma Marcha da Família com Deus pela Liberdade. Entretanto, como o Golpe Militar ocorreu em 31 de março daquele ano, o evento foi renomeado para Marcha da Vitória. Na fotografia vemos representantes do estado do Rio Grande do Sul segurando a bandeira de Piratini. Vitória (ES).

Mulheres carregam a bandeira do estado de São Paulo durante a Marcha da Família com Deus pela Liberdade, realizada em 25 março de 1964.

Multidão reunida em frente à Catedral da Sé, na região central de São Paulo (SP), durante a Marcha da Família com Deus pela Liberdade, 19 de março de 1964.

O apoio também vinha dos meios de comunicação: em São Paulo, destacaram-se os jornais *O Estado de S. Paulo* e *Folha de S.Paulo*, que, no dia seguinte ao comício de Jango, publicaram editoriais questionando as motivações das reformas de base e indagando se as Forças Armadas ficariam inertes ou defenderiam o Brasil da ameaça comunista.

Até o dia 29 de março ocorreram passeatas em várias cidades paulistas, como Araraquara, Assis, Santos, Itapetininga, Atibaia, Tatuí e Ipaussu, bem como no Paraná, notadamente em Curitiba e Bandeirantes. O Golpe Civil-Militar, em 31 de março, que depôs Jango, não deteve as marchas. A passeata de 2 de abril, no Rio de Janeiro, reuniu cerca de 1 milhão de pessoas, sendo considerada um "desfile da vitória". Os folhetos de convocação enalteciam seu caráter cívico-religioso, "destinado a reafirmar os sentimentos do povo brasileiro, sua fidelidade aos ideais democráticos e seu propósito de prestigiar o regime, a Constituição e o Congresso, manifestando total repúdio ao comunismo ateu e antinacional".

Entre março e junho de 1964 ocorreram cerca de 70 marchas desse cunho por várias capitais e cidades interioranas do Brasil, variando em volume, mas alinhadas em seu repúdio ao comunismo e ao governo de João Goulart. Essas marchas, que serviram para legitimar o golpe dado pelos militares, denotam o caráter conservador de parte da sociedade civil, que se baseava em valores conservadores, morais e religiosos.

1. O que foi a Marcha da Família com Deus pela Liberdade?
2. Como ela pode ser interpretada no contexto da instauração do Regime Militar no Brasil?

LABORATÓRIO DA HISTÓRIA

A montagem de um sarau

A ditadura, as artes e a cultura

[...]

Em seu primeiro governo a ditadura pareceu tolerar ou negligenciar a cultura de protesto (música, cinema, literatura, artes plásticas) elaborada por artistas e intelectuais que, através de sua arte e de seu humor, criticavam a censura e o regime, incentivavam a rebeldia e denunciavam o terrorismo cultural. No momento seguinte, no entanto, no agitado ano de 1968, embora o gênero florescesse, acirrou-se a censura e apareceram grupos paramilitares de direita ameaçando e, às vezes, atacando manifestações artísticas. [...]

[...]

A cultura de protesto não desapareceu. Permaneceu nas margens e tornou a aflorar nos últimos anos da ditadura, sobretudo com o fim da censura, mas sem a relevância que fora a sua logo depois da vitória do golpe. Mudara o País, e radicalmente ensejando no mesmo movimento a mudança dos padrões culturais.

Daniel Aarão Reis Filho e Denise Rollemberg. A ditadura, as artes e a cultura. Memórias Reveladas. Disponível em: <http://memoriasreveladas.gov.br/campanha/censura-nas-manifestacoes-artisticas/index.htm>. Acesso em: fev. 2019.

Neste tema, você estudou o Regime Militar brasileiro, um difícil momento na história do país, marcado por 20 anos de repressão, censura e falta de liberdade de expressão. Muitos resistiram aos governos militares e, por isso, foram presos, sequestrados, torturados e assassinados, sem contar as centenas de pessoas desaparecidas até hoje.

Apesar disso, houve nas décadas de 1960 e 1970 valiosa produção cultural. A arte, com sua natureza de dissimular as palavras e induzir a muitos significados, driblava a censura e conseguia ser uma arma de resistência civil à Ditadura.

Que tal conhecer um pouco mais a produção cultural da época do Regime Militar organizando um sarau na sala de aula?

Um **sarau** é um evento cultural com apresentações de músicas, danças, peças de teatro, exposição de pinturas e/ou fotografias e declamações de poesias.

Era comum no século XIX, quando as pessoas, normalmente letradas, reuniam-se na casa de alguém para vivenciar um momento de interação e compartilhamento artístico.

Vamos voltar ao tempo e recriar um cenário de sarau durante o Regime Militar?

→ Sarau "O que dizem os umbigos", realizado na sede da escola de samba Unidos de Santa Bárbara, em São Paulo (SP), 2013.

Passo a passo

1. A atividade começa com uma tarefa para fazer em casa. Forme um grupo com alguns colegas e, juntos, leiam os textos dos capítulos deste tema. Conversem sobre cada texto para tentar compreendê-lo e sistematizem no caderno os pontos mais importantes.
2. Na sala de aula, leiam o trecho do texto intitulado "A ditadura, as artes e a cultura", dos historiadores Daniel Aarão Reis e Denise Rollemberg, do site Memórias Reveladas. Se quiserem, podem lê-lo na íntegra no link indicado.
3. Façam a leitura interpretando cuidadosamente o texto e analisem seu significado, procurando entender o papel da arte na Ditadura Militar brasileira.
4. Em seguida, analisem, com o professor, algumas das obras artísticas criadas durante o Regime Militar:
   - a música *Pra não dizer que não falei das flores* (Geraldo Vandré);
   - a letra-poema *Batmacumba* (Gilberto Gil/Caetano Veloso);
   - a peça *Gota d'água – Monólogo do Veneno* (Chico Buarque/Paulo Pontes);
   - a música *Cálice* (Chico Buarque/Gilberto Gil);
   - a música *Apesar de você* (Chico Buarque);
   - um trecho do filme *Eles não usam black-tie* (Leon Hirszman).
5. Fiquem atentos à explicação do professor sobre as obras e façam anotações que serão úteis para o sarau.
6. Escolham uma dessas obras para apresentar no sarau. A apresentação pode ser individual ou em grupo. Se decidirem fazer em grupo, escolham a obra e conversem sobre ela. Anotem todas as dúvidas e as esclareçam com o professor.
7. Concluída a análise da obra, definam os detalhes da apresentação.
8. Para o sarau ter mais características da época antiga, usem roupas típicas daquele período e tragam para a sala de aula comidas e bebidas – afinal, o sarau também é um momento de compartilhamento e descontração.

Finalização

1. Preparem a sala de aula para o sarau decorando-a previamente.
2. Arrumem caprichosamente uma mesa, em um canto da sala, para as comidas e bebidas. As demais carteiras devem ser afastadas e os alunos devem dispor-se em círculo e sentar no chão.
3. O professor definirá a ordem das apresentações individuais ou em grupo por sorteio.
4. Um a um, cada aluno ou grupo deve apresentar o que preparou.
5. Depois que todos tiverem se apresentado, debatam com os colegas e o professor tudo o que foi apresentado. Reflitam sobre esta atividade e comentem se ela ajudou na compreensão do conteúdo.
6. Após o debate, sirvam-se de comidas e bebidas e aproveitem para interagir com todos os colegas e o professor.

Bom trabalho!

PANORAMA

1. Que grupos brasileiros apoiaram o Golpe Civil-Militar?

2. O que eram os atos institucionais e qual foi sua função?

3. Leia o texto a seguir e responda às questões.

> Nos primeiros dias após o golpe, uma violenta repressão atingiu os setores politicamente mais mobilizados à esquerda no espectro político. Milhares de pessoas foram presas de modo irregular, e a ocorrência de casos de tortura foi comum, especialmente no Nordeste. O golpe militar foi saudado por importantes setores da sociedade brasileira e recebido com alívio pelo governo norte-americano, satisfeito de ver que o Brasil não tomaria o mesmo rumo socialista de Cuba. Os Estados Unidos acompanharam de perto a conspiração e o desenrolar dos acontecimentos: através da secreta "Operação Brother Sam", haviam decidido dar apoio logístico aos militares golpistas, caso houvesse uma longa resistência por parte das forças de Jango. [...].
>
> Celso Castro. A conspiração fardada. *Nossa História*, ano 1, n. 5, p. 45, mar. 2004.

a) Qual é o significado da palavra **golpe** usada pelo autor do texto?

b) De acordo com o texto, por que os Estados Unidos apoiaram o golpe?

c) Em sua opinião, por que a situação se agravou nos primeiros dias após o golpe de Estado?

4. A imagem ao lado, feita por Hélio Oiticica, em 1968, pode ser entendida como um questionamento e, ao mesmo tempo, uma provocação no contexto cultural do Regime Militar.

Bandeira *Seja marginal, seja herói*, criada por Hélio Oiticica em 1968. *Silkscreen* sobre tecido.

a) Explique os conceitos de **herói** e de **marginal**. Se necessário, pesquise-os em um dicionário.

b) Em sua opinião, qual foi a provocação feita pelo artista ao empregar os termos na imagem?

5. Leia o texto a seguir e responda às questões.

> Reza o artigo 5º – da Declaração Universal dos Direitos Humanos, assinada pelo Brasil, que: "Ninguém será submetido à tortura ou castigo cruel, desumano ou degradante".
>
> Em vinte anos de Regime Militar, este princípio foi ignorado pelas autoridades brasileiras. A pesquisa* revelou quase uma centena de modos diferentes de tortura, mediante agressão física, pressão psicológica e utilização dos mais variados instrumentos, aplicados aos presos políticos brasileiros. [...]
>
> A tortura foi indiscriminadamente aplicada no Brasil, indiferente à idade, sexo ou situação moral, física ou psicológica. [...] Assim, crianças foram sacrificadas diante dos pais, mulheres grávidas tiveram seus filhos abortados, esposas sofreram para incriminar seus maridos [...].
>
> O emprego sistemático da tortura foi peça essencial da engrenagem repressiva posta em movimento pelo Regime Militar que se implantou em 1964 [...].
>
> Paulo Evaristo Arns (Org.). *Brasil nunca mais: um relato para a história*. Petrópolis: Vozes, 1985. p. 34, 43 e 203.

*Refere-se à pesquisa do projeto Brasil Nunca Mais (1964-1979).

a) Durante o Regime Militar no Brasil, os direitos humanos foram ignorados? Explique.

b) Qual era a finalidade prática da tortura durante o Regime Militar?

c) Em sua opinião, quais são as consequências da tortura para o torturado?

6. Transformações econômicas e sociais estimularam a produção cultural durante a Ditadura Militar. Refletindo sobre essa afirmativa, responda às perguntas a seguir.

a) De que maneira as mudanças na infraestrutura e na economia contribuíram para a ampliação do cenário cultural brasileiro durante o Regime Militar?

b) Atualmente, que meios podem ser usados para a difusão de produções culturais?

c) O que mudou na relação do público com a cultura nos dias atuais em comparação com o período da Ditadura Militar?

7. O que foi a Passeata dos Cem Mil?

8. Explique o que foi o "milagre econômico".

9. O que foi a campanha Diretas Já e qual foi sua importância?

10. Relacione as políticas neoliberais do início da década de 1990 às políticas implementadas pelos governos latino-americanos da década de 2000.

11. A política econômica do governo Lula representou uma ruptura às políticas neoliberais do governo anterior? Justifique.

12. O Movimento dos Caras-Pintadas, no início dos anos 1990, levou muitos jovens às ruas de vários estados brasileiros. Pesquise esse movimento e responda: Quais são as diferenças e as semelhanças entre o movimento e as manifestações de junho de 2013?

13. Analise o infográfico ao lado e responda às questões.

a) Qual é o grau de conhecimento dos entrevistados sobre essa operação?

b) Segundo os entrevistados, quem é responsável pelos casos de corrupção investigados pela Operação Lava Jato? Você concorda com eles?

c) De que forma você acha que seria possível diminuir e evitar casos de corrupção?

DICAS

▶ ASSISTA

Marighella. Brasil, 2012. Direção: Isa Grinspum Ferraz, 101 min. Considerado um dos maiores inimigos da Ditadura Militar, Carlos Marighella é apresentado nesse documentário sob o ponto de vista de seus ideais, de suas relações pessoais e da trajetória até tornar-se o líder comunista da Ação Libertadora Nacional (ALN).

↖ ACESSE

IBGE. Mapas: <https://portaldemapas.ibge.gov.br>. *Link* que possibilita visualizar variados mapas e imagens do Brasil, em especial, os que apresentam informações sociais, como as relativas à habitação, saneamento e diversidade cultural. Acesso em: mar. 2019.

Movimento Negro Unificado: <http://mnu.org.br>. *Site* com diversas informações sobre a atuação desse importante movimento social brasileiro. Acesso em: mar. 2019.

TEMA 8
O mundo no tempo presente

↑ A partir da primeira década dos anos 2000, a China passou a despontar como uma potência global. Em 2012, o país inaugurou o serviço de trem-bala mais veloz do mundo na época, que percorre da capital Pequim à cidade de Guangzhou a 300 km/h.

NESTE TEMA
VOCÊ VAI ESTUDAR:

- o fim da União Soviética e a crise no bloco socialista;
- a emergência de novas potências e blocos econômicos;
- a configuração do mundo globalizado;
- as relações entre guerras e movimentos pela paz e pelo fim das discriminações.

No século XX, o modo de vida das pessoas mudou muito. Avanços tecnológicos encurtaram as distâncias e o tempo na comunicação e na locomoção. Além disso, a configuração das nações e a relação entre elas foram alteradas após as guerras mundiais e os processos de independências.

Quais são os reflexos desses acontecimentos atualmente?

De que forma podemos avaliar os desafios que virão?

CAPÍTULO 1
O fim da URSS

Neste capítulo, você vai estudar a crise do socialismo e os impactos políticos dela na URSS e nos países aliados.

Até a década de 1970, o nível de vida da população soviética manteve-se estável, graças às exportações de petróleo e de produtos de alta tecnologia. No início da década seguinte, com o processo de recessão econômica, o Estado passou a investir menos. A inflação consumia grande parte da renda da população. Além disso, os bens de consumo eram de má qualidade e cada vez mais escassos.

Em 1985, o Comitê Central do Partido Comunista elegeu o secretário-geral, Mikhail Gorbatchev, para a liderança da União Soviética. Gorbatchev implementou reformas políticas e econômicas que remodelaram o poderio soviético, afetando a influência e o prestígio internacional do país.

Entre essas reformas destacam-se a *glasnost*, que visava aumentar a transparência e proporcionar a abertura política, e a *perestroika*, que permitia a entrada gradual de empresas estrangeiras e o fechamento de empresas estatais deficitárias.

Da URSS à CEI

No início da década de 1990, Gorbatchev enfrentava sérios problemas internos, como a crise econômica e social e as disputas entre reformistas e progressistas. Nesse período, as repúblicas soviéticas intensificaram seus movimentos separatistas.

Em agosto de 1991, conservadores tentaram derrubar Gorbatchev, mas fracassaram. Gorbatchev voltou ao poder, mas estava politicamente enfraquecido. O Partido Comunista e a KGB foram dissolvidos. A oposição passou a sofrer perseguição aberta, com a demissão maciça de cargos públicos e, em casos extremos, a prisão após julgamentos sumários.

No final de 1991, Boris Iéltsin, que havia liderado a reação popular ao golpe contra Gorbatchev, deu um "golpe branco" que levou à renúncia deste. A URSS deixou de existir. Em seu lugar, com o intuito de preservar parte da unidade política preexistente, foi criada a Comunidade de Estados Independentes (CEI).

→ Grupo de catadores de lixo reúne-se em um aterro perto de Moscou em dezembro de 1991. Após o fim da URSS, vários países precisaram reorganizar a economia, e as consequências sociais foram enormes, como pobreza, desemprego e fome.

Michael Evstafiev/AFP

A liberalização do Leste Europeu

Em 1989, em razão da crise do Estado soviético e dos longos anos de repressão política e social, ocorreu uma onda liberalizante na Europa Oriental, que buscava abrir os mercados nacionais e oferecer melhores condições de vida à população.

Cada região passou por um processo particular nessa direção.

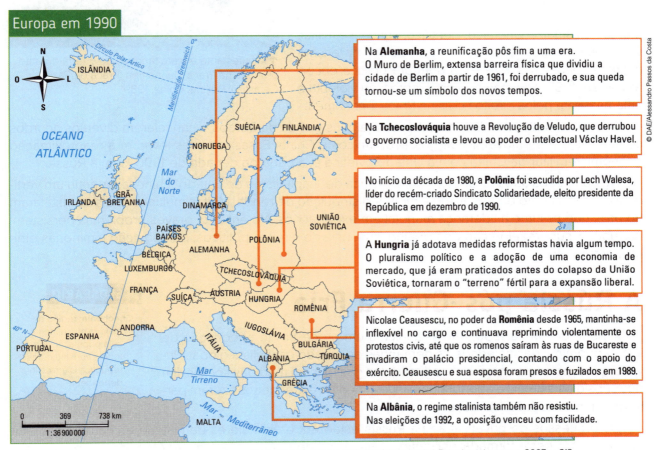

Fonte: Georges Duby. *Atlas histórico mundial*. Barcelona: Larousse, 2007. p. 313.

O fim da Iugoslávia

A Iugoslávia abrigava ampla diversidade de nacionalidades, línguas, culturas e religiões. Com a morte do líder nacional Josip Broz Tito em 1980, a economia entrou em crise, com desemprego, inflação e endividamento externo, e os conflitos étnico-religiosos afloraram.

Em 25 de junho de 1991, a Eslovênia e a Croácia declararam unilateralmente a independência. Grupos rivais que disputavam o poder desencadearam uma terrível guerra civil, com violentos ataques a populações civis e massacres étnicos. A antiga Iugoslávia desmembrou-se em várias pequenas nações: Eslovênia, Sérvia, Croácia, Bósnia e Herzegovina, Montenegro e Macedônia.

Em 2008, Kosovo proclamou a independência, mesmo com a forte oposição sérvia. Vários países reconheceram a independência, porém, por oposição da Rússia e de outras nações, o novo Estado soberano ainda não foi reconhecido pela ONU.

As reformas na China

Com a morte de Mao Tsé-Tung, em 1976, Deng Xiaoping assumiu o cargo de secretário-geral do Partido Comunista Chinês. A partir de então, a China passou por reformas de reestruturação econômica que visavam adequar o regime ao padrão capitalista ocidental.

Essas transformações foram responsáveis, durante a década de 1980, por um amplo processo de desenvolvimento industrial, econômico, científico, agrícola e militar. O governo também ampliou a liberdade de imprensa e alguns direitos civis. Mas essa abertura política encerrou-se em 1989, ano marcado pela repressão violenta a uma passeata pelos direitos civis na Praça Tiananmen.

↑ Manifestante encara tanques de guerra durante protesto na Praça Tiananmen (Praça da Paz Celestial), Beijing, China, 1989.

O evento motivou os Estados Unidos e alguns países da Europa a cancelarem diversos acordos comerciais e a promover embargos econômicos à China. Essas medidas levaram à reaproximação econômico-militar da China com a União Soviética e, a partir da década de 1990, com a Rússia.

Nos primeiros anos do século XXI, a política de "capitalismo de Estado" chinesa garantiu um vertiginoso crescimento do PIB aliado à melhor distribuição de renda. Muitas multinacionais se instalaram no país, que assume a liderança mundial em exportações. No entanto, graves problemas persistem: corrupção, superexploração do trabalho, ausência de direitos políticos, perseguição a minorias étnicas, entre outros.

A Rússia pós-Guerra Fria

A partir dos anos 1990, a Rússia iniciou um processo de adequação de sua economia e da sociedade às demandas do mundo capitalista global. Privatizações, abertura comercial, redução dos gastos com medidas sociais, fim dos subsídios estatais e abertura para investimentos estrangeiros fizeram parte da agenda econômica russa.

> **GLOSSÁRIO**
>
> **Chechênia:** região de maioria muçulmana cuja população pretendia constituir uma república islâmica independente.

Os processos de privatização na Rússia estão entre os maiores da história e criaram uma elite bilionária, em geral formada por antigos membros do Partido Comunista. Além do desemprego e outras dificuldades econômicas que marcaram o período, os russos enfrentaram também uma crise política: o Parlamento foi fechado, eclodiu a Guerra da **Chechênia** e os escândalos relacionados à corrupção tomaram a opinião pública. A popularidade de Boris Iéltsin declinava cada dia mais.

 AQUI TEM MAIS

A situação de Cuba

Os efeitos da desagregação do bloco soviético também atingiram diretamente a economia de Cuba. A URSS representava 85% do comércio exterior cubano. Os impactos desse rompimento tiveram seu ápice em 1993, quando o PIB da ilha foi reduzido à metade.

Recorrendo a novos mercados e investindo no setor turístico, o país pôde se reerguer aos poucos. O isolamento político e o embargo econômico imposto pelos Estados Unidos dificultavam a retomada de seu desenvolvimento.

A Era Putin

Vladimir Putin assumiu o governo russo em 31 de dezembro de 1999. Sua administração criou condições favoráveis para o crescimento da economia russa por meio das receitas provenientes da exportação do petróleo, cujos principais compradores eram os países europeus.

Putin também conseguiu recuperar a produtividade da indústria russa e segue tendo altos índices de popularidade. Atualmente, o país é uma das potências emergentes mais importantes do mundo: interfere e influencia questões geopolíticas, fornece apoio militar a outros governos e controla o fornecimento de gás natural para a Europa.

Contudo, o governo Putin apresenta características autoritárias, tendo colocado a imprensa em controle restrito. Fatores como o terrorismo de grupos islâmicos separatistas, as más condições de vida da população, a corrupção desenfreada e o nacionalismo exacerbado colaboram também para sua repercussão negativa.

← Policiais e pedestres passam ao lado de estátua de Vladimir Lênin diante do Estádio Luzhniki, em Moscou, Rússia, 2014.

Nos Estados Unidos...

No final da Segunda Guerra Mundial, a hegemonia econômica e militar dos Estados Unidos parecia incontestável. Esse período de crescimento econômico expressivo perdurou até meados de 1970, quando os indicadores econômicos se tornaram menos favoráveis, com aumento do desemprego e ameaça concreta de recessão econômica.

A situação começou a melhorar nos anos 1990. No governo do democrata Bill Clinton (1993-2001), o país viveu um clima de euforia, com hegemonia política e econômica no mundo. As causas dos problemas sociais estadunidenses, no entanto, não foram combatidas.

Os Estados Unidos no contexto atual

Nas eleições do ano 2000, o republicano George W. Bush conseguiu uma vitória controversa, permeada por um escândalo de fraude de votos. Em sua primeira gestão, os Estados Unidos foram alvo dos traumáticos atentados terroristas de 11 de setembro de 2001. A reação do presidente foi invadir o Afeganistão sob o pretexto de derrubar o regime talibã e buscar os autores dos ataques. A política de segurança nacional e guerra contra o terrorismo implementada pelo presidente ficou conhecida como "Doutrina Bush".

Com o apoio de parte da mídia, Bush reelegeu-se em 2004. Sua segunda gestão foi desastrosa, tanto do ponto de vista externo como interno. A crise econômica de 2008 o fez terminar o governo com baixíssimos índices de popularidade, o que contribuiu para a vitória da oposição democrata. Assim, em 2008, sagrou-se vitorioso o então senador Barack Hussein Obama, o primeiro presidente afro-americano dos Estados Unidos. Obama adotou uma postura menos beligerante e mais diplomática que seu antecessor, além de minimizar os graves efeitos da crise econômica.

A partir de janeiro de 2017, Donald Trump assumiu a presidência da República, enfrentando fortes críticas internas e externas. Entre suas propostas mais polêmicas estava a construção de um grande muro para impedir a imigração irregular pelos centro-americanos. Nesse período, os Estados Unidos estavam com altos índices de emprego, embora isso não se refletisse na distribuição de renda. Pelo contrário, acelerava o processo de concentração de renda no país.

↑ Soldados americanos revistam civis em Karez-e Sayyid, Afeganistão, 2010.

Impactos da crise de 2008

A crise de 2008 chegou a ser comparada à causada pela quebra da Bolsa de Nova York, em 1929, tamanha a sua gravidade. Ela teve origem principalmente pelo descontrole na concessão de créditos, o que formou uma "bolha imobiliária" especulativa. Contrariando a doutrina econômica liberal, o governo estadunidense utilizou dinheiro público para salvar empresas endividadas, transferindo a dívida para o Estado. Apesar das enormes reservas cambiais e da grande capacidade industrial do país, especialistas advertem que há o risco de endividamento do país, o que poderia levar a uma nova crise econômica mundial.

Entre as causas do enfraquecimento da economia estadunidense destacam-se a atual balança comercial desfavorável, o grande endividamento público e privado, a desmontagem do parque industrial (transferido para o Sudeste Asiático), a sustentação de um amplo e caríssimo complexo militar, as guerras e intervenções externas, entre outros.

→ Moradora é despejada de sua casa em Waco, Estados Unidos, 2008. Com a crise, muitas pessoas perderam o emprego e a casa, gerando um grande endividamento no país e a piora nas condições de vida dos mais pobres.

ATIVIDADES

SISTEMATIZAR

1. Como se deu o processo de democratização da Rússia após a desagregação do Estado Soviético?
2. Quais foram as principais transformações políticas no Leste Europeu após o fim da URSS?
3. Como ocorreram as transformações políticas e econômicas na China?
4. O que representou o fim da União Soviética para Cuba?

REFLETIR

1. Observe as imagens a seguir e faça o que se pede.

← As duas edições da revista estadunidense *Time* trazem na capa personalidades chinesas. Na primeira, datada de 1950, aparece o líder comunista chinês, Mao Tsé-Tung, numa edição semanal. Nela se lê: "A China vermelha de Mao". Já na segunda, a mesma revista elegeu para sua edição anual Deng Xiaoping como o "homem do ano" em 1979. Nela se lê: "Visões de uma nova China".

a) Qual é a diferença de apresentação dos líderes nas capas da revista?
b) Qual era a diferença entre o contexto político-ideológico da gestão de Deng Xiaoping e da gestão de Mao Tsé-Tung?

DESAFIO

1. Observe a fotografia a seguir e faça o que se pede.

a) Faça uma pesquisa sobre como ocorreu a derrubada do Muro de Berlim em 1989.
b) Em sua opinião, qual foi a importância histórica desse evento?

← Uma escavadeira e um guindaste derrubam o Muro de Berlim, na Alemanha Oriental, em Potsdamer Platz, a fim de abrir caminho para uma nova passagem na cidade dividida. Fotografia de 12 de novembro de 1989.

231

CAPÍTULO 2
As potências do século XXI

No capítulo anterior, você estudou o fim do socialismo e seus efeitos, além dos Estados Unidos após a Guerra Fria. Neste capítulo você vai conhecer os países considerados emergentes.

O que são países emergentes?

Os países menos desenvolvidos do mundo eram chamados de Terceiro Mundo. Essa expressão foi inventada durante a Guerra Fria, quando o Primeiro Mundo correspondia às potências capitalistas, e o Segundo, aos países de regime socialista. Ela foi utilizada com frequência até os anos 1990, quando passou a ser substituída pela expressão "países em desenvolvimento".

Entre os países em desenvolvimento há um grupo menor que passou a ser chamados de "países emergentes". Nele se incluem Brasil, Rússia, Índia, China e África do Sul. Esse termo é empregado na economia para designar os países que possuem um mercado ainda em desenvolvimento, mas com grande potencial para as empresas e os grupos empresariais transnacionais.

Os mercados desses países caracterizaram-se nas duas últimas décadas pela rápida expansão do poder de compra da população, tanto no varejo quanto no consumo de bens de consumo duráveis. Esse processo tem ocorrido, principalmente, por conta do surgimento de uma nova classe média urbana, que, após ter acesso ao crédito no mercado, passou a consumir cada vez mais, incluindo produtos de grandes marcas e a preços altos.

Contudo, alguns aspectos de precariedade são comuns a vários desses países, como: a falta de infraestrutura, sobretudo nos transportes; a má distribuição na rede de energia elétrica; a baixa qualificação da mão de obra etc. Além disso, as estruturas políticas e sociais dos países emergentes tendem a ser menos maduras, o que os sujeita também a uma tendência de instabilidade econômica.

Diante disso, a classificação como "desenvolvido" e "emergente" tem sofrido críticas, principalmente em razão dos critérios que são utilizados. Há quem aponte que as questões econômicas devem ser analisadas ao lado de índices sociais para resultar em dados relevantes. É possível, portanto, que novos estudos elaborem categorias diferentes nos próximos anos.

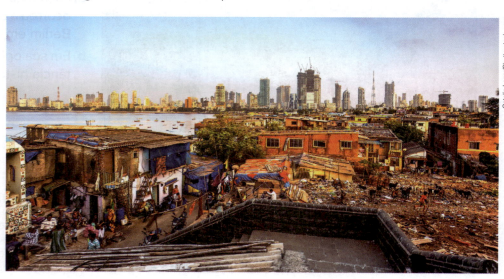

→ Vista da cidade de Mumbai, Maharashtra, Índia. A fotografia mostra o contraste entre a pobreza e a riqueza da região, 2018.

O Brics

A sigla Bric foi cunhada pelo economista inglês Jim O'Neill em 2001. Ela se refere aos quatro países com as maiores taxas de crescimento no mercado mundial na época e que, segundo as estimativas dos economistas, continuariam crescendo pelas próximas décadas: Brasil, Rússia, Índia e China. Em 2011, a sigla passou a ser Brics, com a entrada da África do Sul (South Africa, em inglês).

Esses países configuram-se como os principais mercados consumidores do mundo e também como grandes geradores de riqueza nas primeiras décadas do século XXI. Entre 2007 e 2012, o bloco foi responsável por mais da metade do PIB mundial, com grande destaque para a China.

No entanto, o Brics não se constitui um bloco oficial, ou seja, não se tornou uma instituição. Apesar de os países tentarem se alinhar em questões internacionais, o grupo não possui representantes oficiais. Em 2014 houve um passo importante para a formalização do bloco: os cinco países criaram o Novo Banco de Desenvolvimento (NBD), cujo objetivo é o financiamento de projetos de infraestrutura em países emergentes. Para muitos analistas, a organização de um bloco oficial do Brics poderia fazer frente à hegemonia estadunidense e dos países desenvolvidos.

↑ Fotografia oficial dos chefes de Estado e de governo da VI Cúpula do Brics, em Fortaleza (CE), 15 de julho de 2014.

Atuação conjunta

Em 2008, a Rússia tomou a iniciativa na criação da cúpula dos líderes do Bric, que posteriormente integraria também a África do Sul. Com isso, esses países começaram a atuar de forma coordenada em vários assuntos em âmbito global.

Autoridades responsáveis pela condução econômica e financeira do Brics se reuniram de forma regular para estabelecer diálogos entre as partes e definir ações conjuntas. Os chefes de Estado (presidentes e primeiros-ministros) também passaram a se encontrar anualmente.

Nos primeiros anos, o Brasil atuou de forma bastante ativa e influente. Contudo, analistas da política internacional brasileira vêm mostrando que o país foi perdendo espaço ao longo dos últimos anos, atuando de forma menos influente no cenário mundial. Em 2020, a presidência do NBD cabe ao Brasil, conforme sistema rotativo.

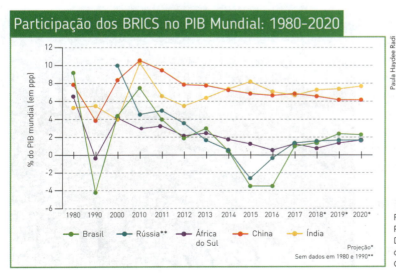

Fonte: Fundo Monetário Internacional. Perspectiva Econômica Mundial. Disponível em: <www.imf.org/external/datamapper/NGDP_RPCH@WEO/BRA/IND/CHN/RUS/ZAF>. Acesso em: mar. 2019.

Os desafios dos países emergentes

Apesar do elevado ritmo de crescimento dos países emergentes, grandes problemas sociais assolam a vida de seus habitantes. Manter as altas taxas de crescimento econômico junto com os indicadores sociais, como o Índice de Desenvolvimento Humano (IDH), é o principal desafio desses países.

A desigualdade social é alta e a maioria das pessoas são pobres ou muito pobres, sobrevivendo com menos de 4 dólares por dia. Essas pessoas vivem de trabalhos repetitivos e mal remunerados, o que não contribui para avançar nos estudos ou alterar suas condições econômicas. Dessa forma, não conseguem ascender socialmente nem garantir melhores condições de vida por meio de seu trabalho.

Por sua vez, esses países concentram uma pequena parcela da população muito rica. Em geral, os muito ricos, entre 10% e 15% da população desses países, concentram mais de 70% da renda nacional. Melhorar a distribuição de renda é um dos desafios desses países, o que permitiria criar mercados consumidores mais atraentes, além de garantir um padrão de vida saudável aos seus habitantes. Esse fator, por si só, já deveria ser entendido como uma prioridade na busca pela redução das desigualdades sociais e econômicas.

↑ Favela em Deli, Índia, 2014.

↑ Avenida Nove de Julho. Ao fundo, bairro do Itaim, em São Paulo (SP), 2012.

Outro ponto a ser considerado é a infraestrutura nos países emergentes. Em geral, os meios de transporte disponíveis são caros e pouco acessíveis para grande parte da população. Isso dificulta o deslocamento da mão de obra, a distribuição dos produtos no mercado e o acesso à educação e ao lazer.

Há também problemas de saúde pública, como as epidemias, a falta de saneamento básico e a precária distribuição de água encanada e de luz elétrica. O crescimento desordenado dos grandes centros urbanos acaba reforçando ainda mais a distribuição desigual de renda. Melhorar a infraestrutura é essencial para que novas indústrias e empresas possam se fixar nos países emergentes, além de tornar a vida de seus habitantes mais digna e próspera.

→ Favela ao lado do Morumbi, bairro de classe A, em São Paulo (SP), 2009.

A política de países em desenvolvimento

Os regimes políticos dos países em desenvolvimento são instáveis ou muito jovens. O Brasil, por exemplo, tem uma democracia recente, de pouco mais de 30 anos. Enquanto isso, a China é governada por um regime socialista de partido único, em que a participação política dos cidadãos é limitada.

Por mais complexas que sejam as relações econômicas de cada país, é inegável que os aspectos políticos as afetam diretamente. Assim, governos que tendem a impor altas tarifas a produtos e serviços estrangeiros e a alterar bruscamente as regras de sua economia afugentam investidores. Isso torna os países mais fechados ao comércio global, apresentando riscos elevados aos seus investidores e, consequentemente, diminuição na entrada de capitais.

No caso do Brasil, fatores como a volumosa dívida externa, a oscilação no preço dos produtos agrícolas de exportação e o desajuste tributário afetam o crescimento econômico nacional, entre outros. O trecho a seguir apresenta um estudo do Banco Mundial sobre os desafios que se impõem ao país na competitividade global. Leia-o e observe as informações do gráfico.

[...] o Brasil está em 125º lugar [no *ranking* de competitividade global], atrás de países emergentes como China (78º), África do Sul (82º) e Índia (100º) devido à infraestrutura deficitária, juros ainda elevados, carga de imposto pesada e insegurança jurídica.

Uma das principais medidas para melhorar essa competitividade [...] seria uma maior abertura comercial, com ampliação de acordos comerciais preferenciais, realizar reformas ao mesmo tempo em que fosse conduzido um ajuste fiscal mais amplo, com reforma tributária e revisão dos gastos do estado. Essas medidas, segundo o estudo, "poderiam tirar quase seis milhões de pessoas da pobreza e criar mais de 400 mil empregos".

Rosana Hessel. Banco Mundial: se país não melhorar produtividade, não conseguirá crescer. *Correio Braziliense*, 7 mar. 2018. Disponível em: <www.correiobraziliense.com.br/app/noticia/economia/2018/03/07/internas_economia,664403/banco-mundial-se-pais-nao-melhorar-produtividade-nao-conseguira-cres.shtml>. Acesso em: mar. 2019.

O debate atual sobre a reforma tributária no Brasil, sustentado pelo Banco Mundial, aponta a necessidade de atualizar as faixas de renda e a incidência de impostos. Hoje, a população mais pobre arca com um volume maior de encargos, um total desproporcional em relação àqueles que detêm a riqueza no país. A ideia é reduzir também a quantidade de tributos, que ultrapassam 80 diferentes formas de arrecadação do Estado.

G7, G8 e G20

O G7, como é chamado o grupo dos sete países com as economias mais avançadas do mundo, foi criado para facilitar as iniciativas econômicas globais. Desde 1975, os líderes das sete nações mais ricas se encontram todos os anos. São eles: Estados Unidos, Japão, Alemanha, Reino-Unido, França, Itália e Canadá. Atualmente, a União Europeia também está representada.

Apesar dos encontros anuais entre suas lideranças, o grupo não é considerado um órgão internacional formalmente constituído, pois o G7 não possui regras formais nem estrutura jurídica definida.

↑ Encontro dos representantes dos países do G20. Bonn, Alemanha, em 16 de fevereiro 2017.

Em 1997, a Rússia foi convidada a integrar o grupo, que se tornou o G8, ou o G7 mais a Rússia. Porém, diante das atitudes antidemocráticas tomadas por Vladimir Putin, ela foi suspensa do grupo.

Como forma de se opor ao que consideram falta de representatividade e descolamento da realidade, pelo fato de o G7 não refletir mais a realidade geopolítica atual, outros países fundaram o G20. Em 1999, 19 países mais a União Europeia se uniram com o objetivo de traçar linhas de atuação econômica conjunta entre seus integrantes.

Formas alternativas de organização

Afirmando que as potências mundiais não são capazes de atender às demandas sociais do século XXI, em especial as de minorias dos países emergentes, muitas pessoas se organizaram e criaram outros grupos e movimentos em prol da manifestação de suas necessidades e da realização de novas agendas.

O Fórum Social Mundial é um desses movimentos sociais. Criado em 2001, o objetivo de seus organizadores era o de formar uma oposição ao neoliberalismo, que havia marcado a década anterior, propondo formas alternativas à globalização e à exclusão social que afirmavam ser uma de suas consequências.

As primeiras reuniões do fórum ocorreram em Porto Alegre, no estado do Rio Grande do Sul. Seus idealizadores pretendiam se contrapor ao Fórum Econômico Mundial, realizado na cidade suíça de Davos com representantes das economias mais ricas do planeta. Desde então, o evento já passou por diversas edições, contando com intelectuais, artistas e movimentos sociais nas projeções e soluções para as questões sociais da atualidade.

O Fórum Social se desdobrou em outras organizações, como o Fórum das Migrações, que trata da questão urgente dos deslocamentos e processos de refúgio no mundo contemporâneo.

← Marcha de abertura do Fórum Social Mundial 2018 "Resistir é Criar, Resistir é Transformar", realizado entre os dias 13 e 17 de março, Salvador (BA).

ATIVIDADES

SISTEMATIZAR

1. Explique o conceito de país emergente.

2. Quais são os países integrantes do Brics?

3. Que relação pode ser estabelecida entre o Índice de Desenvolvimento Humano (IDH) e o Produto Interno Bruto (PIB)?

4. Explique a relação entre os conceitos de IDH e de infraestrutura.

5. Descreva as diferenças entre os sistemas políticos da China e do Brasil.

6. De acordo com o que você aprendeu, comente os benefícios mútuos gerados pela reunião de países em blocos, como o Brics, o G7, o G8 ou o G20.

7. Enumere os maiores obstáculos enfrentados pelo Brasil no século XXI.

8. Por que surgiram movimentos sociais como o Fórum Social Mundial?

REFLETIR

1. Analise as informações a seguir e responda ao que se pede.

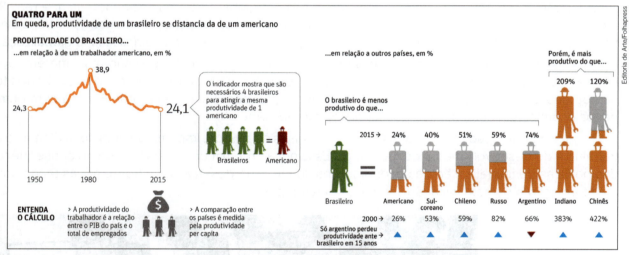

Disponível em: <https://www1.folha.uol.com.br/mercado/2015/05/1635927-1-trabalhador-americano-produz-como-4-brasileiros.shtml>. Acesso em: mar. 2019.

a) Como é feito o cálculo da produtividade dos trabalhadores?

b) Como foi o desempenho da produtividade dos trabalhadores brasileiros em relação aos trabalhadores dos Estados Unidos ao longo do tempo?

c) Analise o desempenho da produtividade brasileira em comparação com os países mostrados entre 2000 e 2015.

DESAFIO

1. Em grupo, pesquise o IDH de seu município. Em seguida, faça sugestões do que precisa ser feito para melhorá-lo.

CAPÍTULO 3
O mundo globalizado

> No capítulo anterior, estudamos os países emergentes do século XXI. Neste capítulo, vamos analisar o conceito de globalização e suas consequências.

Afinal, o que é globalização?

Vivemos no século XXI, na chamada era da globalização. Você sabe o que isso significa? Esse termo, constantemente repetido na mídia e internalizado pelas pessoas, leva-nos a pensar, por exemplo, em internet, relações comerciais dinâmicas, multiculturalismo, cultura de mercado e outros fatores que influenciam diferentes países.

O termo **globalização**, usado para explicar a realidade mundial após a década de 1980, indica que o mundo está interligado em diversos aspectos e que as fronteiras inexistem. De acordo com essa interpretação, todos os problemas e soluções são globais e estão conectados entre si. Um exemplo disso foi a crise econômica que afetou os Estados Unidos em 2008 e teve consequências em quase todo o mundo. Alguns países foram tão afetados que não conseguiram se recuperar, desenvolvendo um quadro de crises ainda maior.

A internet é um dos elementos que mostram como a globalização na sociedade atual é real. Por meio da rede é possível a comunicação, em tempo real, entre os extremos do mundo. A eficiência nos transportes e as trocas comerciais e culturais também são aspectos que exemplificam a globalização.

Alguns estudiosos acreditam que esse processo começou com a expansão marítima europeia, nos séculos XV e XVI, quando foram encontradas rotas alternativas de comércio e descobertos territórios desconhecidos pelos europeus. Desse modo, foi possível o contato da Europa com outros povos e, principalmente, o início da mundialização do comércio.

Hoje, a globalização alcança quase todos os países do mundo, imprimindo uma nova dinâmica de trabalho e de desenvolvimento de mercados. Essa nova ordem mundial emerge como consequência das políticas de liberalização das economias nacionais e do desenvolvimento de novas tecnologias da informação e da comunicação (internet, por exemplo).

→ Os jovens no Butão vivem hoje em um mundo muito diferente daquele conhecido por seus pais. A globalização e os novos modos de comunicação mudaram rápida e radicalmente como os jovens interagem uns com os outros, com suas famílias e com a sociedade. Thimphu, Butão, 2018.

Qual é o custo da globalização?

A globalização recente é um processo mundial de integração dos campos da informação, economia, política e cultura. Atualmente pessoas de diferentes países compartilham gostos, práticas e o consumo dos mesmos produtos, por exemplo, disseminados por polos culturais hegemônicos. Na economia, o termo globalização pode ser definido como "mundialização financeira", que é realizada por meio tanto da integração dos mercados e das bolsas de valores quanto da intensificação dos fluxos de investimento e de capital em escala global.

Assim, por meio dessa interconexão econômica, o processo de globalização pode gerar riquezas e desenvolvimento para as nações envolvidas. Hoje, é possível interagir e manter negócios com pessoas de quase todos os lugares do mundo sem sair de casa. O desmembramento do processo de produção possibilita às empresas transnacionais buscar menores custos de materiais e mão de obra para ampliar seus lucros.

A inserção no processo de globalização, porém, pode reverberar em mazelas sociais locais, gerando desemprego e impondo a superexploração do trabalho. Um dos exemplos disso é a China, um dos grandes fornecedores de mercadorias baratas para o mundo. As condições de trabalho nas fábricas chinesas são extremas: os funcionários chegam a trabalhar cerca de 60 h semanais, em ambientes precários e com baixa remuneração. Desse modo, as empresas ganham competitividade e mercado violando os direitos humanos.

Se o aspecto positivo da globalização é o fato de praticamente acabar com as fronteiras para qualquer tipo de transação, o negativo é que essas fronteiras ainda existem de muitas formas. Uma das grandes questões do século XXI é o crescente fluxo de deslocamentos humanos, principalmente de países pobres para ricos.

As pessoas migram de seus países de origem, no qual vivem com dificuldades, em meio a guerras civis ou em situação de miséria, em busca de melhores condições de vida. No entanto, nem sempre conseguem melhorar de vida no país de destino. Sem opção, essas pessoas engrossam a massa de mão de obra barata, sujeita à exploração trabalhista. Muitos entram clandestinamente nos países e vivem constantemente assombrados pelo risco de deportação ou prisão.

As fronteiras na globalização

Um dos paradoxos da globalização é que o trânsito de capitais é mais livre que o de pessoas, uma vez que estas ainda estão sujeitas às fronteiras nacionais. Além disso, com as empresas funcionando acima das estruturas estatais, o lucro que é produzido por determinados mercados pode ser destinado a aumentar a concentração de riqueza de regiões já privilegiadas economicamente.

← Imigrantes de países da África com destino à Itália resgatados no Mar Mediterrâneo em 6 de junho de 2015. Embora a globalização tenha como pressuposto a livre circulação, essa prerrogativa é válida apenas para produtos, pois milhares de imigrantes pobres são impedidos de entrar nos países ricos.

As manifestações no século XXI

Nos últimos anos, ondas de protestos tomaram conta do Brasil. Elas fazem parte de um momento global de ascensão de reivindicações sociais, compondo assim o corpo de manifestações que vêm ocorrendo no mundo.

Em países como Tunísia, Líbia, Egito, Síria, Iêmen, Bahrein, entre outros no norte da África e no Oriente Médio, multidões se mobilizaram entre 2010 e 2011 com o objetivo de derrubar as ditaduras estabelecidas. O conjunto dessas manifestações recebeu o nome de Primavera Árabe. Essa designação foi revista posteriormente graças à onda de violência que se seguiu aos processos de convulsão social e pelo fracasso na consolidação da democracia nesses locais.

Os participantes desses movimentos organizaram-se, sobretudo, pelas redes sociais. A pressão popular e a internacional mobilizada por eles acabou acelerando a queda das ditaduras e fomentando outras movimentações na Europa e na América. Em casos como o Egito, no entanto, a transição pela via militar tem mantido a insatisfação social, com possibilidades de novas insurreições.

Motivados pela crise do sistema financeiro de 2008, movimentos chamados *occupy*, foram organizados nas principais cidades dos Estados Unidos. O mais conhecido foi o *Occupy Wall Street*, que tomou o centro financeiro de Nova York. Ainda nos Estados Unidos, alguns estados foram tomados por ondas de protestos da juventude negra, que passou a enfrentar a ordem após casos impunes de violência policial contra civis negros. Na Espanha, os Indignados tomaram as ruas no M15M (Movimento 15 de Maio) denunciando as condições precárias da juventude espanhola e em busca de mais direitos e emprego.

↑ Ativistas reúnem-se durante o 4º *Occupy Wall Street*. Nova York, 2015.

Em junho de 2013, no Brasil, diversas cidades foram palco de manifestações massivas. Embora a motivação inicial delas fosse o aumento da tarifa dos transportes públicos, as reivindicações tomaram outras dimensões, passando a incluir melhorias na saúde e na educação, bem como o fim da corrupção e outras pautas. Uma das vitórias do movimento foi a revogação do aumento das tarifas do transporte público em algumas cidades como São Paulo e Rio de Janeiro.

Na Inglaterra, um movimento de reação aos efeitos da globalização impulsionou o plebiscito pela saída da União Europeia. A adesão da maioria da população britânica provocou a abertura do processo que ficou conhecido como *Brexit* (uma junção das palavras Bretanha e *exit*, saída, em inglês). As consequências da medida têm motivado milhares de pessoas a protestar contra a decisão do referendo.

← Manifestantes concentrados na Praça da Sé durante protesto contra o aumento da tarifa de ônibus, em São Paulo (SP), 18 de junho de 2013.

Movimentos separatistas

Em várias partes do mundo, como a região da Catalunha, na Espanha, cidadãos promovem atos a favor da independência em relação aos estados de que fazem parte. Inclusos na reunião de nacionalidades sob o domínio de Castela desde o século XV, os catalães lutam historicamente pela emancipação e formação de um novo país.

Em Taiwan, dezenas de milhares de manifestantes realizam atos em prol da independência da ilha, que é considerada pela China pertencente a seu território. A questão de Taiwan remete ao período da Revolução Chinesa, quando Chiang Kai-chek, líder do *Kuomitang*, refugiou-se na ilha e passou a governá-la.

Um barril de pólvora ainda está instalado na região dos Bálcãs. Os conflitos seculares entre os diferentes povos da região deram origem ao termo "balcanização", utilizado para definir uma fragmentação política cujos setores mantêm certa hostilidade entre si.

Alternativas na economia local

Diante da aceleração do comércio e dos efeitos ambientais causados pela produção excessiva, muitas pessoas têm procurado organizar-se para enfrentar o que consideram ameaças aos modos tradicionais de viver.

As propostas para estimular negócios e produtos baseados na autossustentabilidade e na cooperação visam estruturar a vida local de forma independente dos agentes externos.

Desse modo, esses movimentos buscam viabilizar a criação de novos laços entre os habitantes das comunidades e suas terras. Em vez de serem vistas como simples meios de produção para fins econômicos e exploração desmedida, as terras passam a ser associadas a novas expressões culturais de valorização da natureza e da diversidade ambiental local.

↑ Castanheiro carregado de castanhas. Reserva de Desenvolvimento Sustentável do Rio Iratapuru. Laranjal do Jari (AP), 2017.

As reivindicações indígenas

Entre os povos que mais dependem da terra estão os chamados povos tradicionais, compostos de diferentes grupos sociais: indígenas, quilombolas, ribeirinhos, seringueiros, ciganos, pescadores artesanais, pantaneiros, jangadeiros, sertanejos, entre outros.

Todos esses povos utilizam recursos naturais como forma de sobreviver e exercem práticas culturais próprias à sua identidade como grupo. Por exemplo, há, entre povos indígenas, locais sagrados onde os mortos são sepultados e que, portanto, devem ser preservados. Situações como essas mostram a importância da luta dos povos indígenas que, diante de constantes ameaças a suas terras e ao seu modo de viver, recorrem aos organismos oficiais para exigir que se cumpram as leis de proteção e reivindicar seus direitos.

↑ Índios da etnia kalapalo, na Aldeia Aiha, pintados e enfeitados para a dança do beija-flor. Querência (MT), 2018.

O peso das redes sociais

Desde a Primavera Árabe, as redes sociais vêm ganhando cada vez mais protagonismo nos movimentos de protesto em todo o mundo. Esse fenômeno está ligado diretamente à popularização do acesso à internet. No Brasil, por exemplo, já são mais de 100 milhões de pessoas conectadas à rede mundial de computadores (dados de 2018).

Além da dinâmica de disseminação de informações, que podem circular de forma muito mais veloz do que nas mídias tradicionais, a internet possibilita aos seus usuários que se manifestem, opinem e priorizem as informações e notícias que mais lhes interessam. Desse modo, as pessoas agem ativamente na escolha e na disseminação de conteúdos por meios digitais.

Os locais mais utilizados para esse compartilhamento ativo são as redes sociais. Nelas, as pessoas trocam ideias e informações e, geralmente, aproximam-se daqueles que compartilham das mesmas opiniões e experiências. Mas esse agrupamento de pessoas que pensam de modo semelhante nem sempre é positivo: o funcionamento das redes sociais pode reforçar os mesmos pontos de vista nem sempre promovendo a discussão respeitosa e tolerante de ideias diferentes.

Impactos das *fake news*

Outro aspecto negativo no uso da internet e das redes sociais é a produção e disseminação de conteúdos falsos, deliberadamente criados com o intuito de prejudicar determinadas pessoas ou desinformar a população. O fenômeno das *fake news* (ou notícias falsas, em português) consiste, basicamente, em mentiras que se espalham com o benefício do anonimato e da capacidade de multiplicação das redes, e acabam por produzir verdades.

A disseminação dessas *fake news* torna-se ainda maior em momentos de eleição, como as que ocorreram em 2014 e 2018. Por serem momentos em que algo importante estava em disputa, esses recursos foram utilizados como armas em uma guerra de informação. O volume de *fake news* que ganhou as redes praticamente tornava inviável a verificação da veracidade de cada uma, atitude também pouco comum entre a população em geral.

AQUI TEM MAIS

Ativismo nas redes sociais

As redes sociais foram utilizadas, por exemplo, nas manifestações de junho de 2013 no Brasil. Os eventos eram marcados nas redes e divulgados por participantes e apoiadores. Como era uma manifestação plural e organizada por grupos em regiões distintas e distantes, foi criada assim uma unidade entre os eventos de cada cidade e os que ocorriam em outros lugares. Essa estratégia possibilitou a todos os interessados que soubessem o que estava ocorrendo de modo mais amplo, passando uma imagem de unidade do movimento, o que potencializou seu efeito na sociedade.

↑ Manifestação do Movimento Passe Livre contra o aumento da tarifa do ônibus no Rio de Janeiro (RJ), 2013.

- Qual foi o papel das redes sociais na organização das manifestações de junho de 2013 no Brasil?

ATIVIDADES

SISTEMATIZAR

1. Explique o que é globalização.
2. Identifique pontos positivos e negativos da globalização.
3. Qual é o efeito da globalização na cultura?
4. Como a globalização se reflete nos movimentos migratórios?
5. Estabeleça a relação entre a Primavera Árabe e as manifestações no Brasil de 2013.
6. Cite alguns movimentos antiglobalização e explique como eles atuam.

REFLETIR

1. Leia o trecho a seguir e responda às questões.

> Não há uma globalização, mas sim globalizações, nem todas convergentes. Essas globalizações manifestam a realidade de um mundo que se tornou comum. Elas correspondem a um processo que não é nem novo nem dotado de um sentido único, e no qual frequentemente se alternam abertura e fechamento. [...] Durante cerca de dois milênios, o mundo humano foi palco de histórias paralelas, de histórias diversas, que por muito tempo permaneceram como histórias separadas. Com a globalização de hoje, tomada no sentido estrito, passou-se progressivamente da separação das histórias ao seu relacionamento no espaço.

Monique Canto-Sperber. A globalização com ou sem valores. In: Françoise Barret-Ducrocq. *Globalização para quem?*. Trad. Joana Angélica d'Ávila Melo. São Paulo: Futura, 2004. p. 50-51.

a) No texto, qual é a opinião expressa sobre a globalização?
b) Segundo o texto, quais foram as mudanças geradas pela globalização?

2. Leia o trecho e, depois, responda às perguntas.

> Estamos vivendo uma era na qual não há uma única potência dominante. [...] Novas alianças que jogam os países uns contra os outros não serão capazes de resolver os desafios do século 21. Novas formas de cooperação internacional, consulta e compromisso precisarão desempenhar um papel central em um mundo multipolar. [...]
> São necessárias novas formas de governança: em um mundo com cada vez menos recursos e no qual há uma mudança climática acelerada, os Estados podem sentir-se tentados a atender aos seus próprios interesses a fim de obter vantagens de curto prazo. [...]

Wolfgang Nowak. *A ascensão do resto do mundo:* os desafios da Nova Ordem Mundial. Disponível em: <www.fenae.org.br/portal/rn/informacoes/noticias-fenae/a-ascensao-do-resto-do-mundo-os-desafios-da-nova-ordem-mundial.htm>. Acesso em: fev. 2019.

a) O que significa dizer que o mundo é multipolar?
b) Segundo o autor, como o mundo poderá resolver os desafios do século XXI?

3. Em sua opinião, o que é necessário fazer para mudar a atual realidade?
4. Apresente a seus colegas casos que você conheça de *fake news*, explicando de que forma eles prejudicaram a sociedade local ou o país no qual foram disseminadas.

DESAFIO

1. Leia o texto e, depois, faça o que se pede.

> Para a maior parte do mundo, a globalização, como tem sido conduzida, assemelha-se a um pacto com o demônio. Algumas pessoas nos países ficam mais ricas, as estatísticas do PIB – pelo valor que possam ter – aparentam melhoras, mas o modo de vida e os valores básicos da sociedade ficam ameaçados. Isto não é como deveria ser.

Joseph Stiglitz. *A globalização e seus malefícios: a promessa não cumprida de benefícios globais*. São Paulo: Futura, 2002. p. 36.

a) Que opinião o autor manifesta em relação à globalização?
b) Com base na reflexão feita pelo autor, elabore uma redação sobre os impactos da globalização na sociedade atual.

CAPÍTULO 4
Guerra e paz

No capítulo anterior, estudamos alguns aspectos ligados à globalização e aos movimentos populares realizados em resposta a seus efeitos negativos. Neste capítulo, vamos analisar alguns conflitos que afligem o mundo e as propostas para resolvê-los.

O terrorismo no século XXI

Apesar de ainda estar nas primeiras décadas, o século XXI já deixou milhões de vítimas de conflitos violentos, atos terroristas e acidentes durante longas e perigosas travessias migratórias.

Na Europa, ataques terroristas atingiram as cidades de Paris, Londres, Estocolmo, Barcelona, Bruxelas, Nice e Berlim. Também os Estados Unidos sofreram atentados em Boston e Nova York, e o medo de uma nova investida contra a população desprotegida avança por outros lugares do mundo.

Contudo, cabe ressaltar que, apesar de o noticiário centrar-se em ataques realizados na Europa e na América, estes não são os locais que mais sofrem com esse tipo de violência. Iraque, Afeganistão, Índia, Paquistão, Filipinas, Somália, Turquia, Nigéria, Iêmen e Síria são os principais afetados pelo terrorismo. Um atentado ocorrido em Bagdá, na Arábia Saudita, em 2016, por exemplo, atingiu 382 pessoas.

São considerados ataques terroristas aqueles caracterizados pelos seguintes elementos:

- Motivação política, religiosa ou contra grupos sociais.
- Objetivo de atingir o maior número possível de vítimas.
- Geralmente premeditado.
- Ocorrência em situações fora de guerras internacionais reconhecidas.

Autoridades do mundo todo, porém, tentam encontrar soluções para combater a violência terrorista. Para isso, cada governo adota medidas que julga necessárias, como ações de inteligência e vigilância interna, ao mesmo tempo que se une a outras nações para tomarem atitudes conjuntas.

Pela televisão, em tempo real, o mundo assistiu perplexo aos ataques terroristas realizados pelo grupo Al-Qaeda, liderado por Osama bin Laden, aos Estados Unidos. Em 11 de setembro de 2001, quatro aeronaves foram sequestradas por terroristas fundamentalistas islâmicos e utilizadas para atacar alvos estratégicos em pleno território estadunidense: os dois prédios do World Trade Center, em Nova York, centro financeiro mais importante do mundo, o Pentágono e a Casa Branca, ambos na capital federal, Washington. A outra aeronave não alcançou seu objetivo, pois os passageiros se rebelaram e atacaram os terroristas, provocando o pouso em uma área desabitada.

↑ Ataque às torres do World Trade Center, Nova York, em 11 de setembro de 2001.

Como resultado, os Estados Unidos decretaram a chamada Guerra ao Terror e enviaram tropas militares para invadir o Afeganistão em busca do Talibã, grupo extremista islâmico que apoiou a Al-Qaeda nos ataques. Sob o pretexto do combate ao terrorismo e a busca por armas nucleares, os Estados Unidos deram continuidade à intervenção em regiões produtoras de petróleo, como havia feito anteriormente na Guerra do Golfo.

Mídias sociais

Em uma época marcada pela forte conectividade e presença da internet na vida cotidiana das pessoas, diversos outros ataques terroristas também foram filmados e transmitidos mundo afora, tornando os impactos desse tipo de violência ainda maiores.

Essa superexposição trouxe dois resultados imediatos mais evidentes: de um lado, os grupos terroristas como o Estado Islâmico passaram a se aproveitar disso para divulgar seus atos entre apoiadores e, de outro, a opinião pública se sensibilizou mais ainda e passou a cobrar as autoridades tanto pela captura desses terroristas quanto por soluções efetivas de prevenção.

Grupos que ameaçam a paz

Apesar de os grupos terroristas estarem espalhados por todo o mundo, eles se concentram em determinadas regiões do planeta. No Oriente Médio, em especial na Síria e no Iraque, atua o grupo terrorista Estado Islâmico. O grupo tomou forma a partir da instabilidade gerada pela Primavera Árabe e se fortaleceu com a guerra civil ocorrida na Síria. Seus integrantes defendem interpretações radicais dos preceitos religiosos do islamismo e utilizam a violência extrema para se impor e combater o multiculturalismo ocidental, por exemplo.

O Talibã, por sua vez, surgiu em 1994 no Afeganistão, impondo sua visão rígida sobre os textos islâmicos. Apesar de enfraquecido, segue ativo até hoje. Na África existem o Boko Haram, que surgiu na Nigéria em 2002 e prega o fim da cultura ocidental, e o Al-Shabaab, na Somália, aliado da Al-Qaeda e que luta contra os que chamam de "inimigos do Islã".

Refugiados de guerras e de terrorismos

Os conflitos travados pelos grupos terroristas resultaram no aumento da violência e na desagregação de países inteiros ou de regiões submetidas ao seu poder político. Recrutamentos forçados, desvios de dinheiro e de produtos, destruição das estruturas urbanas e rurais de produção e distribuição, ataques aos moradores locais: tudo isso levou milhões de pessoas a abandonar as moradias e deixar as cidades – e esse número aumenta todos os dias.

→ Refugiados sírios chegam a praia em Lesbos, na Grécia, após cruzar o mar da Turquia, em 18 de março de 2016.

O intenso deslocamento gerado pelas guerras civis e pelas ações de grupos terroristas vêm causando problemas de diferentes ordens. De um lado estão as pessoas que foram forçadas a abandonar o respectivo local de origem e a pedir refúgio em países com maior estabilidade. De outro, as populações que vivem nos países de destino sentem-se ameaçadas por esses indivíduos, alegando um aumento na criminalidade e a maior competição no mercado de trabalho.

Aqueles que são levados a abandonar o país de origem em razão de guerras ou de ameaças, como as impostas por grupos terroristas, são considerados pela Organização das Nações Unidas (ONU) como refugiados. Atualmente, milhões deles vivem em campos para refugiados, e outros milhões se dirigem a outros países em busca de oportunidades para reconstruir a vida.

Apesar da visibilidade à questão da imigração para a Europa, os países que mais têm recebido refugiados são Turquia, Paquistão, Líbano, Irã, Etiópia e Jordânia.

Imigração para a Europa

A questão dos deslocamentos em massa ganhou a grande mídia após a intensificação do fluxo de barcos fazendo a travessia de refugiados pelo mar Mediterrâneo em direção à Europa. Muitos desses barcos, com estrutura precária e invariavelmente superlotados, chegaram a naufragar em meio à viagem, vitimando milhares de famílias.

Atualmente, mais de 60% dos imigrantes que chegam à Europa, segundo a ONU, são originários da Síria, do Afeganistão e da Eritreia, países submetidos a guerras, grupos radicais religiosos e ditaduras. Ao sair do país de origem, eles levam consigo seus traumas e dramas e também suas culturas. Assim, carregam hábitos e valores que muitas vezes são considerados estranhos e problemáticos à cultura local.

Com isso, parte da população europeia passou a manifestar posturas xenofóbicas em relação aos grupos de imigrantes e refugiados recentes. Líderes políticos conservadores e de extrema direita se projetaram com discursos contrários à entrada de refugiados na Europa e conquistaram parcela significativa do eleitorado, como ocorrido na Hungria. Grupos de extrema direita da França, Alemanha e Holanda também aumentaram suas influências.

↑ Polícia húngara observa migrantes sírios pulando a cerca para entrar na Hungria, na fronteira húngaro-sérvia, próximo de Roszke, Hungria, em 26 de agosto de 2015.

Refugiados no Brasil

Apesar de ser considerado historicamente um país de imigrantes, e de ser pioneiro na legislação pró-imigração e refúgio na América Latina, o Brasil recebe relativamente poucos imigrantes. Proporcionalmente, a quantidade de imigrantes no Brasil em relação ao total da população fica abaixo de países como Argentina e Paraguai – e atinge uma das menores médias mundiais.

Nos anos 2000, o país recebeu milhares de haitianos, que receberam visto humanitário em razão da tragédia ambiental que se abateu em 2004 sobre o Haiti. Nos anos seguintes, senegaleses, nigerianos e sírios ocupavam os postos principais nas listas de imigração. Um caso relacionado à realidade brasileira é o dos refugiados venezuelanos.

Fugindo da grave crise política e econômica da Venezuela, desde 2014 mais de 2,3 milhões de pessoas abandonaram o país. Desses, cerca de 40 mil venezuelanos atravessaram a fronteira e vieram para o Brasil, segundo dados do Instituto Brasileiro de Geografia e Estatística (IBGE).

Chile, Equador e principalmente a Colômbia foram os principais destinos dos venezuelanos. No Brasil, o estado de Roraima, por fazer fronteira com a Venezuela, recebeu o maior número de imigrantes do país.

Milhares de venezuelanos entram na Colômbia pelo posto de controle de imigração da ponte Simón Bolívar, em Cúcuta, na Colômbia, em 10 de junho de 2018.

Como resultado dessa crise migratória, órgãos e autoridades políticas do Brasil passaram a debater como solucionar a situação. Fez-se urgente avaliar as condições para a instalação das famílias estrangeiras, por exemplo, uma vez que essas se instalaram em praças e vias públicas.

A chegada contínua de venezuelanos a Roraima provocou sérios conflitos sociais na região. Em alguns casos, eles chegaram a ser agredidos por pessoas contrárias à sua presença no local. Muitos moradores consideravam os estrangeiros uma ameaça ao emprego, à economia e à segurança, potencializada ainda pela crise econômica que atingia o Brasil no momento.

Como a Venezuela passava por uma grande crise de desabastecimento, muitas dessas pessoas chegaram em más condições de saúde e demandaram assistência médica gratuita. Outra questão tem relação com a documentação exigida para a entrada no país, que em muitos casos é inexistente ou não está atualizada.

Venezuelanos dormem em barracas ou em papelões na região da rodoviária internacional de Boa Vista (RR), em 7 de outubro de 2018.

LINK

Quem protege os cidadãos do Estado?

O conjunto de leis nacionais, assim como de tratados e declarações internacionais ratificados pelos países, busca garantir aos cidadãos o acesso pleno aos direitos conquistados. Há, no entanto, inúmeras situações em que o Estado coloca a população em risco, estabelecendo políticas públicas autoritárias, investindo poucos recursos nos serviços públicos essenciais e envolvendo civis em conflitos armados, por exemplo.

Existem diversas organizações internacionais que atuam de forma a evitar que haja risco para a vida das pessoas nesses casos, como a Anistia Internacional, a Cruz Vermelha e os Médicos sem Fronteiras. Por meio de acordos internacionais, essas instituições conseguem atuar em regiões de conflito em que há perigo para a população.

Os Médicos sem Fronteiras, por exemplo, nasceram de uma experiência de voluntariado em uma guerra civil, na Nigéria, no fim dos anos 1960. Um grupo de médicos e jornalistas decidiu criar uma organização que pudesse oferecer atendimento médico a toda população envolvida em conflitos e guerras, sem que essa ação fosse entendida como uma posição política a favor ou contra os lados envolvidos. Assim, seus membros conseguem chegar a regiões remotas e/ou sob forte bombardeio para atender os que estão feridos e em risco de vida.

Para que a imparcialidade dos Médicos sem Fronteiras seja possível, é preciso que as partes envolvidas no conflito respeitem os direitos dos pacientes. Para isso, a organização informa a localização de suas bases e também o tipo de atendimento que deve ocorrer ali; o objetivo é proporcionar uma atuação transparente, que sublinhe o caráter humanitário da ação dos profissionais da organização.

→ Em 3 de outubro de 2015, o hospital administrado pelos Médicos sem Fronteiras na cidade de Kunduz, no Afeganistão, foi bombardeado por militares dos Estados Unidos, que atua no país sob a justificativa de combater membros do grupo Talibã, o qual tenta retomar o poder. Nas imagens ao lado, de antes e depois do bombardeio, é possível observar que o ataque foi bastante preciso: apenas o prédio do hospital foi atingido – ao longo de quase uma hora, diversas partes do edifício receberam bombas, apesar de a organização ter informado aos dois lados do conflito que se tratava de um hospital. Foram mortas 19 pessoas – 12 membros dos Médicos sem Fronteiras e sete pacientes, entre os quais três crianças.

- Você conhece alguma situação de conflito no Brasil em que a defesa dos direitos foi realizada principalmente por uma instituição internacional?

ATIVIDADES

SISTEMATIZAR

1. Que relação pode ser estabelecida entre atos terroristas e a internet?

2. Como a vida da população é afetada nos países que sofrem com o terrorismo?

3. Estabeleça uma relação entre terrorismo e fluxos migratórios internacionais.

4. Como são chamadas as pessoas que foram obrigadas a sair do país de origem em razão do terrorismo, de guerras ou de crises econômicas e políticas? Que obstáculos essas pessoas enfrentam?

5. Explique as causas da migração de venezuelanos para o Brasil no final dos anos 2010 e suas consequências.

REFLETIR

1. Observe o mapa sobre o contexto internacional da crise migratória venezuelana.

Fonte: UN Internacional Organization for Migration.

- A que conclusão é possível chegar sobre a posição do Brasil em relação aos demais países mostrados no mapa?

2. Leia o trecho da reportagem a seguir.

Uma cidade pacata e de migrantes. É assim que muitos classificam Pacaraima, pequeno município do norte de Roraima, que se tornou nos últimos dias palco de tensão e conflito em torno da questão migratória. O pequeno município tem chamado a atenção para sérios problemas causados pelo abandono social e pela intolerância de alguns contra imigrantes venezuelanos.

A cidade ganhou visibilidade nacional e internacional quando começou a receber levas de venezuelanos fugindo da fome, da insegurança e das doenças causadas pela grave crise político-econômica que aflige o país de origem. O conflito ocorrido há uma semana retomou as atenções de todo o mundo para a cidade.

Débora Brito. Migração venezuelana gera tensão e muda perfil da pacata Pacaraima. *Agência Brasil*, 26 ago. 2018. Disponível em: <http://agenciabrasil.ebc.com.br/geral/noticia/2018-08/migracao-venezuelana-gera-tensao-e-muda-perfil-da-pacata-pacaraima>. Acesso em: fev. 2019.

a) Onde a cidade está localizada?

b) O que aconteceu na cidade citada pela reportagem?

c) Qual é a relação feita pela reportagem entre esse fluxo migratório e as condições de vida dos imigrantes?

DESAFIO

1. Cada vez mais, outro motivo para o movimento migratório tem se colocado ao lado dos conflitos violentos e crises: as tragédias ambientais. Diante de grandes alterações nos ecossistemas, populações da África, por exemplo, estão sendo obrigadas a deixar os campos em que viviam, pois estes se tornaram inférteis e não mais proveem o sustento necessário. A elevação do nível do mar também ameaça a existência de diversas cidades num futuro próximo.

Com base nisso, faça uma pesquisa sobre a questão ambiental hoje, levantando informações sobre quais perigos se colocam à população mundial. Em um infográfico composto de mapas, imagens e textos, procure relacionar esse fenômeno aos deslocamentos humanos no futuro.

249

FIQUE POR DENTRO

O mundo conectado pelas redes sociais

Com o desenvolvimento da *web* nas últimas décadas, houve uma verdadeira explosão de redes sociais. Atualmente, elas são a atração mais acessada da internet. Milhões se conectam diariamente às páginas dessas redes para conhecer pessoas novas, interagir com amigos e até fazer negócios.

Até onde?

As redes sociais surgiram como entretenimento e alternativa para contatos profissionais, mas tudo mudou quando descobriram suas possibilidades quase ilimitadas. Hoje, as redes sociais *on-line* interligam pessoas do mundo todo. As eventuais aplicações e possibilidades dessa ferramenta tão potente ainda são imensuráveis.

Sem fronteiras

As redes sociais vieram completar o conceito de globalização. Para seus usuários, praticamente não existem limites nem fronteiras. Graças às redes, o contato permanente com conhecidos pode acontecer a qualquer dia e horário, de forma quase instantânea.

AS PRINCIPAIS REDES DO MUNDO

Em quase todo o planeta, utilizam-se as redes sociais *on-line*. Cada país, porém, tem suas preferências. No mapa, está indicada a rede social dominante em cada país. Veja a seguir algumas das principais redes sociais do mundo.

Facebook
Nasceu em 2004. Com mais de 2 bilhões de usuários e apresentada em 101 idiomas, é a maior rede social do mundo.

YouTube
É uma plataforma que possibilita o compartilhamento de vídeos de pessoas do mundo todo. É considerada a segunda rede mais acessada do mundo, com 1,5 bilhão de usuários.

Instagram
Essa rede social alcançou 800 milhões de usuários em 2018. Possibilita o compartilhamento e a edição de fotografias e vídeos. Em 2012, essa plataforma foi adquirida pelo Facebook.

Qzone
Com mais de 540 milhões de usuários, essa rede social é baseada em *blogs*, e só está disponível em chinês.

Fontes: The global state of digital in 2018: from Argentina to Zambia. Hootsuite. Disponível em: <https://hootsuite.com/pt/pages/digital-in-2018>; World map of social networks: january 2018. Vincosblog. Disponível em: <http://vincos.it/world-map-of-social-networks/>; Social networks. Mail.Ru Group. Disponível em: <https://corp.mail.ru/en/company/social/>. Acessos em: mar. 2019.

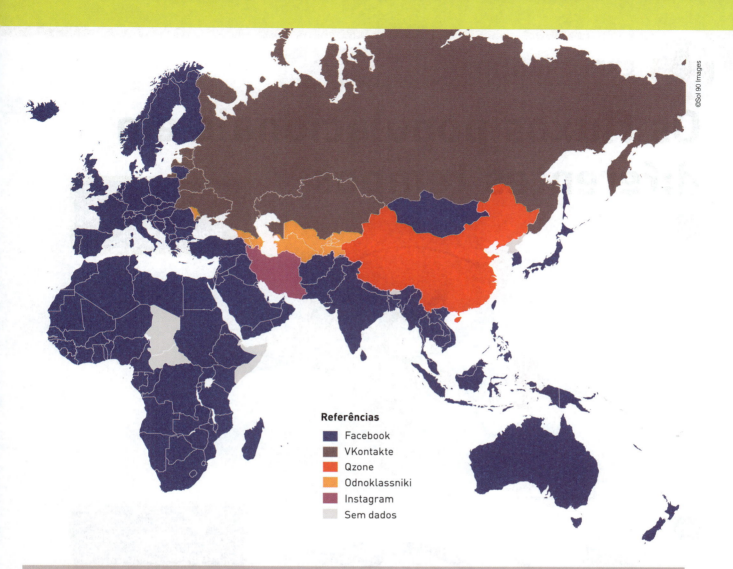

Referências
- Facebook
- VKontakte
- Qzone
- Odnoklassniki
- Instagram
- Sem dados

CONTATAR QUALQUER PESSOA EM APENAS SEIS PASSOS

Várias das redes sociais baseiam-se na "Teoria dos seis graus de separação". De acordo com essa teoria, surgida nos anos 1930, uma pessoa pode se comunicar com qualquer outra do planeta por meio de apenas seis contatos.

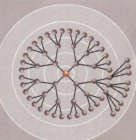

Essa teoria apoia-se no fato de que cada pessoa teria em média cem contatos. Ao serem acionadas, essas cem pessoas acionariam outras cem, até superar em muito a quantidade de habitantes do planeta.

	Contatos
1º passo	100
2º passo	10 000
3º passo	1 000 000
4º passo	100 000 000
População mundial*	7 600 000 000
5º passo	10 000 000 000
6º passo	1 000 000 000 000

*Dados: Perspectivas da População Mundial: Revisão de 2017 (ONU).

Twitter
Surgiu em 2006. Com aproximadamente 300 milhões de usuários, seu diferencial são as postagens de até 280 caracteres.

LinkedIn
A rede de contatos profissionais por excelência foi lançada em 2003 e conta com, aproximadamente, 260 milhões de usuários.

VKontakte (VK)
É a rede social mais popular em países como Rússia, Ucrânia e Bielorrússia, com quase 100 milhões de usuários.

Odnoklassniki
Rede social com mais de 70 milhões de usuários, é popular em países que fizeram parte da ex-URSS, como Geórgia, Moldávia e Uzbequistão.

1. Que motivos levam as pessoas a se conectar pelas redes sociais?

EXPLORANDO OS MAPAS

Os fluxos populacionais em diferentes tempos

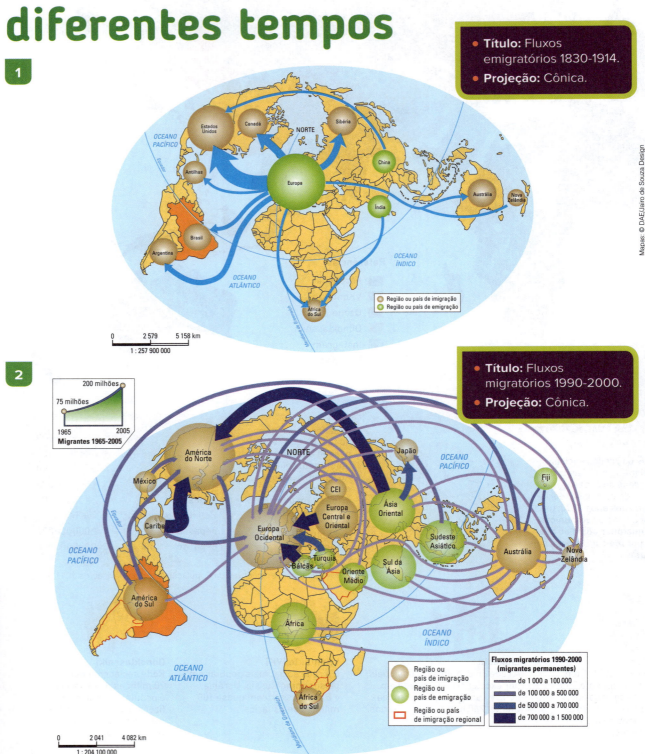

Fonte: Boniface Pascal; Hubert Védrine. *Atlas do mundo global*. São Paulo: Estação Liberdade, 2009. p. 42.

A função do mapa

Todo mapa é a representação de um espaço geográfico com diversas informações acerca da região representada. Esses dados podem tratar: do limite entre fronteiras, de acidentes geográficos, de dados culturais, históricos, políticos etc. Conhecer a leitura cartográfica é aprender a ler e interpretar as informações contidas nos mapas.

Quando lemos um mapa, devemos considerar os seguintes aspectos:

- Título: nele você encontra o assunto que será abordado no mapa.
- Orientação: indica a região representada com base nos pontos cardeais (Norte, Sul, Leste e Oeste). É comum que no mapa haja uma rosa dos ventos, na qual encontramos a referência da localização de uma região em relação às outras.
- Legenda: nela encontramos o significado de todos os pequenos símbolos presentes no mapa e que indicam trajetos, cores ou texturas que diferenciam regiões.
- Projeção: é a escolha de como representar um território na sua forma plana – afinal, um mapa é um desenho plano de um espaço esférico. A projeção diminui as distorções do desenho e aproxima o mapa da sua versão real.
- Escala: indica quantas vezes o mapa foi reduzido ou ampliado para a representação escolhida.
- Data: em História, é indispensável conhecer o período retratado no mapa, já que ocorrem muitas mudanças que se refletem nos espaços representados.

Contextualizando os mapas

Para fazermos a leitura comparativa dos mapas, devemos considerar o fato de que um mapa é uma linguagem, por isso precisamos levar em conta todas as informações que ele transmite. Em primeiro lugar, os dois mapas abordam um tema semelhante: o deslocamento migratório populacional. Ambos apresentam escala e rosa dos ventos para orientar o leitor e têm uma escolha de projeção cônica, que torna mais simples a comparação de dados.

Para uma leitura cartográfica eficiente, devemos observar as informações contidas nas legendas e interpretá-las corretamente. No caso, cada um dos traços ou setas indicativas mostra um número de pessoas e seu trajeto; cada círculo colorido indica a origem da população (emigrantes) e o destino dela (imigrantes).

Outro elemento essencial que deve ser considerado é o período em que esses fluxos migratórios ocorreram. Enquanto o primeiro mapa indica o período entre 1830 e 1914, o segundo mapa mostra o período de 1990 a 2000.

Quando levamos em conta a data que o mapa representa, estamos contextualizando a informação – é com base no contexto que podemos levantar hipóteses para interpretar historicamente os dados apresentados no mapa.

Refletindo sobre os mapas

1. Explique qual é a função de um mapa.

2. Explique o que podemos concluir a respeito do fluxo migratório dos países retratados nesses dois momentos históricos.

3. De acordo com o que você estudou até agora, qual seria a explicação para essa mudança de fluxos migratórios, considerando os períodos em que ocorreram?

PANORAMA

FAÇA AS ATIVIDADES A SEGUIR E REVEJA O QUE VOCÊ APRENDEU.

NO CADERNO

1. Leia o trecho e, depois, responda às questões sobre o socialismo.

   Penso que aqui seja adequado destacar uma característica especial do socialismo: o alto grau de proteção social. De um lado, é sem dúvida um benefício e uma grande conquista, mas, de outro, faz de algumas pessoas uns parasitas.

   Na realidade, não existe desemprego: o Estado encarregou-se de assegurar a ocupação. Mesmo uma pessoa dispensada por indolência ou violação da disciplina de trabalho tem de ter outro emprego. [...] A assistência médica é grátis, bem como a educação. Os indivíduos são protegidos dos reveses da vida e sentem-se orgulhosos disso.

   Mas constatamos também que pessoas desonestas tentam explorar essas vantagens do socialismo. Conhecem apenas seus direitos, mas não querem saber de seus deveres. [...] Dão pouco à sociedade, mas conseguem, apesar disso, obter tudo o que é possível dela, e até mesmo o que parece ser impossível: vivem de rendas imerecidas.

   Mikhail Gorbatchev. *Perestroika: novas ideias para o meu país e o mundo*. São Paulo: Best Seller, 1998. p. 30-31.

   a) Qual é a principal característica do socialismo apontada por Mikhail Gorbatchev?
   b) Quais foram as contradições que essa característica do socialismo gerou para a sociedade soviética?
   c) Que relação há entre as críticas ao socialismo contidas no trecho e as políticas implementadas por Mikhail Gorbatchev na União Soviética? Explique.

2. Leia o texto e analise a imagem a seguir, relativos ao movimento social estadunidense Nós Somos os 99%.

   [...] a beleza dos 99% é que se trata de convocações para a solidariedade e para a identificação, não para o protagonismo individual das figuras famosas e reconhecíveis.

   Diana Taylor. Performando a cidadania: artistas vão às ruas. *Revista de Antropologia*, São Paulo: USP, v. 56, n. 2, p. 137-151, 2013.

↑ Cerca de mil pessoas se reúnem e formam "99%" na Praça da Liberdade, Washington, D.C., EUA, 2011.

   • O que significa a demarcação do número "99%" na manifestação? Como o texto e a imagem demonstram esse poder?

3. Pesquise o que é o movimento **Nós Somos os 99%** e redija um texto com informações sobre ele, relacionando-o com a crise econômica de 2008, além de suas reflexões críticas com base nos conteúdos estudados no capítulo.

4. Neste século XXI as manifestações populares por melhorias na qualidade de vida e direitos iguais têm sido cada vez mais constantes. Na sua opinião, de que modo a mobilização popular pode contribuir para as mudanças em nosso país?

5. Por que alguns estudiosos afirmam que o processo de globalização teve início nos séculos XV e XVI, no contexto da expansão marítima europeia? Justifique.

6. Leia o texto e responda à questão a seguir.

O mundo como é: a globalização como perversidade

De fato, para a grande maior parte da humanidade a globalização está se impondo como uma fábrica de perversidades. O desemprego crescente torna-se crônico. A pobreza aumenta e as classes médias perdem em qualidade de vida.

O salário médio tende a baixar. A fome e o desabrigo se generalizam em todos os continentes. Novas enfermidades como a SIDA se instalam e velhas doenças, supostamente extirpadas, fazem seu retorno triunfal. A mortalidade infantil permanece, a despeito dos progressos médicos e da informação. A educação de qualidade é cada vez mais inacessível. Alastram-se e aprofundam-se males espirituais e morais, como os egoísmos, os cinismos, a corrupção.

A perversidade sistêmica que está na raiz dessa evolução negativa da humanidade tem relação com a adesão desenfreada aos comportamentos competitivos que atualmente caracterizam as ações hegemônicas. Todas essas mazelas são direta ou indiretamente imputáveis ao presente processo de globalização.

Milton Santos. *Por uma outra globalização: do pensamento único à consciência universal*. Rio de Janeiro: Record, 2003. p. 9-10.

- Ao abordar a globalização como perversidade, o autor Milton Santos fala em egoísmo e competição. Você concorda que a globalização alimenta o egoísmo e a competição nas pessoas? Justifique.

7. Observe a tirinha e responda às questões.

Tirinha de Calvin e Haroldo, de Bill Watterson, 1995.

a) Qual é o assunto tratado na tirinha?
b) Qual é a relação entre a velocidade e o uso de máquinas modernas?
c) Que papel o computador desempenha no mundo globalizado?

8. Leia um trecho do discurso proferido pelo presidente dos Estados Unidos em 2002, George W. Bush.

Hoje somos um país que despertou para o perigo e que foi conclamado a defender a liberdade. Nosso pesar se tornou ira, e nossa ira se tornou determinação. Quer tragamos nossos inimigos à Justiça ou quer levemos justiça aos nossos inimigos, saibam que a justiça será feita. (Aplausos)

[...]

Em 11 de setembro, os inimigos da liberdade cometeram um ato de guerra contra o nosso país. [...]

O discurso de Bush: texto na íntegra. *BBC Brasil* 12 set. 2001. Disponível em: <www.bbc.com/portuguese/noticias/2001/010912_bush.shtml>. Acesso em: fev. 2019.

a) A qual evento o presidente se refere?
b) Quem foi responsabilizado pelos fatos descritos por ele?
c) Como a determinação de "fazer justiça" após o 11 de setembro foi efetivada por Bush?

DICAS

▶ **ASSISTA**

Encontro com Milton Santos: mundo global visto do lado de cá. Brasil, 2006, 89 min. Direção: Silvio Tendler. O documentário aborda o conceito e a história da globalização sob o olhar da Geografia, reflete e propõe um debate sobre a sociedade de consumo, territorialidade e desigualdade social.

Junho: o mês que abalou o Brasil. Brasil, 2014, 72 min. Direção: João Wainer. O documentário narra as manifestações ocorridas em todo o Brasil contra o aumento da tarifa dos transportes públicos.

▶ **ACESSE**

Como a Europa quer "terceirizar" a triagem de imigrantes. *Nexo jornal*. A reportagem traz diversos dados sobre as consequências da crise migratória na Europa e *links* para outras páginas eletrônicas que ampliam as informações apresentadas. Disponível em: <www.nexojornal.com.br/expresso/2018/07/02/Como-a-Europa-quer-'terceirizar'-a-triagem-de-imigrantes>. Acesso em: mar. 2019.

Referências

ADGHIRNI, Samy. *Os iranianos*. São Paulo: Contexto, 2014.

ALVES, Syntia. García Lorca anunciando a Guerra Civil Espanhola. *Revista Contemporânea*, ano 3, v. 2, n. 4, 2013.

ASH, Timothy Garton. *The magic lanterna*: the revolution of '89 witnessed in Warsaw, Budapest, Berlin and Prague. Nova York: Random House, 1999.

BERSTEIN, Serge; MILZA, Pierre (Dir.). *História do século XX:* o mundo entre a guerra e a paz. São Paulo: Companhia Editora Nacional, 2007. v. 2.

BERTOLLI FILHO, Claudio. *De Getúlio a Juscelino (1945-1961)*. São Paulo: Ática, 2000.

CARR, Edward Hallet. *A revolução russa de Lenin a Stalin* (1917-1929). Rio de Janeiro: Zahar Editores, 1981.

CARVALHO, José Murilo de. *Cidadania no Brasil*: o longo caminho. Rio de Janeiro: Civilização Brasileira, 2007.

COELHO, Lauro Machado. *O fim da União Soviética*: dez anos que abalaram o mundo. São Paulo: Ática, 1996.

COSSERON, Serge. *Alemanha*: da divisão à reunificação. São Paulo: Ática, 1998.

COUTO, José Geraldo. *Brasil*: anos 60. São Paulo: Ática, 2003.

DIAS JR., José Augusto; ROUBICEK, Rafael. *Guerra Fria*: a era do medo. São Paulo: Ática, 2000.

FERRO, Marc. *A reviravolta da história*: a queda do Muro de Berlim e o fim do comunismo. São Paulo: Paz & Terra, 2011.

FIGUEIREDO, António de. *Portugal*: 50 anos de ditadura. Rio de Janeiro: Civilização Brasileira, 1976.

FONTES, Virginia; MENDONÇA, Sonia Regina. *História do Brasil recente*: 1964-1992. São Paulo: Ática, 2004.

GASPARI, Elio. *A ditadura envergonhada*. 2. ed. Rio de Janeiro: Intrínseca, 2014.

GASPARI, Elio. *A ditadura escancarada*. 2. ed. Rio de Janeiro: Intrínseca, 2014.

HERNANDEZ, Leila Leite. *África na sala de aula*: da descoberta à conquista, uma experiência europeia, 1492-1550. São Paulo: Edusp, 1997.

HOBSBAWM, Eric J. *A Era dos Extremos*: o breve século XX. São Paulo: Companhia das Letras, 1995.

KOCHAN, Lionel. *Origens da Revolução Russa*: 1890-1918. Rio de Janeiro: Zahar Editores, 1968.

LUKÁCS, John. *Uma nova república*: história dos Estados Unidos no século XX. Rio de Janeiro: Jorge Zahar Editor, 2006.

MARQUES, Adhemar; COLLART, Alzira. *A grande guerra de 1914*: uma guerra para acabar com todas as guerras. Belo Horizonte: Lê, 2000.

_____; OSTERMANN, Nilse. *Revolução russa*: da desconstrução da URSS. Belo Horizonte: Lê, 2000.

MORALES MORENO, Humberto. La historiografía del populismo en la región. *Revista de Historia de América*, n. 140, 2009.

POMAR, Wladimir. *Era Vargas*: a modernização conservadora. São Paulo: Ática, 2008.

RAMONET, Ignácio. *Guerras do século XXI*: novos temores e novas ameaças. Petrópolis: Vozes, 2003.

REIS Filho, Daniel Aarão. *A aventura socialista no século XX*. São Paulo: Atual, 2001.

RODRIGUES, Alberto Tosi. *Diretas Já*: o grito preso na garganta. São Paulo: Fundação Perseu Abramo, 2002.

ROUQUIÉ, Alain. *O Estado militar na América Latina*. São Paulo: Alfa-Ômega, 1984.

SARTI, Cynthia A. Feminismo e contexto: lições do caso brasileiro. *Cadernos Pagu*, Campinas: Unicamp, n. 16, p. 31-48, 2001.

SEVCENKO, Nicolau. *A corrida para o século XXI*: no *loop* da montanha-russa. São Paulo: Companhia das Letras, 2001.

SKIDMORE, Thomas E. *Brasil*: de Getúlio Vargas a Castelo Branco (1930-1964). Rio de Janeiro: Paz e Terra, 1975.

TOLEDO, Caio Navarro. *O governo Goulart e o Golpe de 64*. São Paulo: Brasiliense, 1993.